Baptismus-Dokumentation 4

Der Streit über den Weg der Baptisten im Nationalsozialismus

Jacob Köbberlings Auseinandersetzung
mit Paul Schmidt
zu Oxford 1937 und Velbert 1946

Roland Fleischer

Oncken-Archiv Elstal 2014

Baptismus-Dokumentation Band 4
Schriftenreihe
herausgegeben vom Oncken-Archiv
des Bundes Evangelisch-Freikirchlicher Gemeinden in Deutschland K.d.ö.R.

Redaktionelle Bearbeitung:
Reinhard Assmann, Ines Pieper

Johann-Gerhard-Oncken-Str. 5, 14641 Wustermark
Tel. 033234 74-280, onckenarchiv@baptisten.de

2. durchgesehene und verbesserte Auflage 2016

Fotonachweis: S. 157 (E.-M. Mascher, Cremlingen-Weddel), S. 166 (Oncken-Archiv Elstal)

Herstellung und Verlag: BoD – Books on Demand, Norderstedt
ISBN: 978-3-7357-8618-0

Inhalt

Zum Autor

Roland Fleischer wurde am 30.1.1945 in Stetten im Remstal geboren und ist in Schorndorf und Stuttgart aufgewachsen. Er stammt aus einem baptistischen Elternhaus. Nach dem Abitur studierte er evangelische Theologie in Tübingen, Hamburg und Göttingen (Abschluss mit Fakultätsexamen 1973).  Nach einem Kandidatenjahr am Theologischen Seminar in Hamburg diente er als Pastor des Bundes Evangelisch-Freikirchlicher Gemeinden den Gemeinden Duisburg-Mitte (1975-1979), Bad Oldesloe (1979-1985), Wiehl (1985-1990), Hamburg-Bergedorf (1991-1999) und Eisenach (1999-2008). Seit 2008 lebt er im Ruhestand in Hamburg.

Zu seinen übergemeindlichen Tätigkeiten gehörten u.a. die Mitarbeit in der Arbeitsgemeinschaft Christlicher Kirchen in Nordrhein-Westfalen und im Vertrauensrat der Pastorenschaft des Bundes. Im Bund Evangelisch-Freikirchlicher Gemeinden wirkt er mit im Arbeitskreis Zeitzeugenbefragung, im historischen Beirat des Bundes und im Kreis der Interimspastoren.

Seit vielen Jahren bemüht sich Roland Fleischer, das Schicksal judenchristlicher Mitglieder aus Baptistengemeinden im „Dritten Reich" zu erforschen und aufzuklären. Eine erste Sammlung von Kurzbiografien konnte 2010 veröffentlicht werden.[1] Andrea Strübind würdigt sie als die bisher „vollständigste Reihe von Lebensläufen judenchristlicher Baptisten und Baptistinnen", die „weitere Nachforschungen ermöglicht".[2]

Roland Fleischer ist seit 1971 verheiratet mit Brigitte, geb. Berger. Sie haben drei Töchter.

Geleitwort

„Immer wieder sahen wir den größeren Gewinn darin, den Evangeliumsdienst so lange wie nur möglich und so stark wie nur möglich zu tun, als ihn zu früh aufs Spiel zu setzen. [...] Und so ist es gekommen, dass wir heute rückschauend von einem gesegneten starken Zeugnisdienst der Gemeinden durch die Jahre hindurch sprechen können, dass wir

---

[1] R. Fleischer, Judenchristliche Mitglieder in Baptistengemeinden im „Dritten Reich", in: Hans-Joachim Leisten, Wie alle anderen auch. Baptistengemeinden im Dritten Reich im Spiegel ihrer Festschriften, Hamburg 2010, S. 157-184.

[2] A.a.O., S. 7; vgl. auch den Aufsatz von R. Fleischer: Baptisten jüdischer Herkunft in der NS-Zeit. Schicksale, Umgang, Hintergründe, in: Theologisches Gespräch (2012), Heft 3, S. 107-128.

8

aber auf keine besondere Reihe von KZ- oder anderen Märtyrern hinzuweisen vermögen." (Paul Schmidt, Unser Weg, 1946)

„Und wenn wirklich dieser Zeugnisdienst erkauft wäre mit bewusstem Verzicht auf das Martyrium, mit klarer kalter Berechnung von Gewinn und Verlust, was für eine Haltung spräche daraus? Es wäre die Haltung von Leuten, die mit diesem teuflischen Staate glaubten verhandeln und Verträge schließen zu können. Das aber ist eben nicht die Haltung auf den Glauben." (Jacob Köbberling, Der Weg einer Freikirche, 1947)

Diese beiden Zitate markieren den entscheidenden Unterschied. Sie stehen für die unterschiedliche Haltung des führenden Leitungsverantwortlichen des Bundes der Baptistengemeinden (ab 1941 Bund Evangelisch-Freikirchlicher Gemeinden) und einem aktiven Mitglied von der Gemeindebasis. Auf Seiten des Bundesdirektors Paul Schmidt kommt eine bewusst gewählte Anpassung an die Gegebenheiten und Zwänge der NS-Diktatur zum Ausdruck, obwohl er als ehemaliger Reichstagsabgeordneter die menschenverachtende Ideologie und politische Praxis von Anfang an kannte. Auf der anderen Seite steht die kritisch-oppositionelle Haltung Jacob Köbberlings, der sich schon früh mit dem Kampf der Bekennenden Kirche solidarisierte. Schmidt und mit ihm die gesamte Riege der Bundesleitung taktierte, paktierte und arrangierte sich mit dem NS-Regime, um die missionarischen Aktivitäten und den Bestand der Gemeinden zu sichern. Das sich verantwortlich wissende Gemeindemitglied Jacob Köbberling mahnte angesichts des Totalitätsanspruches der NS-Diktatur dagegen dazu, sich mit allen Christen und Christinnen zusammen im Kampf um die Freiheit des Evangeliums zu bewähren. Rückblickend auf die verheerenden Folgen des „Dritten Reiches" begrüßte der eine die relativ unbeschadete Überwinterung des Gemeindebundes, der andere rief zu einer grundlegenden Buße und einem allein daraus erwachsenden Neubeginn auf.

Den Herausgebern dieser bisher einzigartigen Dokumentation, Roland Fleischer und Reinhard Assmann in Zusammenarbeit mit der Archivarin des Oncken-Archivs, Ines Pieper, ist von Herzen zu danken. Durch die Veröffentlichung der Quellen, die in akribischer Arbeit bearbeitet und kritisch kommentiert wurden, ermöglichen sie der Leserschaft einen tiefgehenden Einblick in die kirchenpolitischen Strategien und Bewertungen innerhalb des deutschen Baptismus während und nach der NS-Diktatur. Die entscheidenden Stellungnahmen (1937 und 1947) der Protagonisten Schmidt und Köbberling werden dankenswerterweise ergänzt durch zeitgenössische Korrespondenz, die in besonderer Weise den innerbaptistischen Diskurs deutlich werden lässt und zu einer differenzierten Beurteilung beitragen kann. Ich hoffe sehr, dass diese Dokumentation eine breite Rezeption findet, da sie letztlich immer noch die Frage nach der notwendigen Freiheit der Freikirche stellt angesichts eines Staates oder anderer Mächte, die die Freiheit der Kirche und des Einzelnen nicht achten, sondern verachten und zu vernichten suchen.

Prof. Dr. Andrea Strübind

I. Vorwort

Der vorliegende vierte Band der Schriftenreihe des Oncken-Archivs dokumentiert Quellen zum Weg des Bundes der Baptistengemeinden bzw. des Bundes Evangelisch-Freikirchlicher Gemeinden in Deutschland während der Zeit des Nationalsozialismus[3]. Diese werfen ein neues Licht auf die Geschichte unserer Freikirche von 1933 bis 1945 und zeigen, dass es zum eingeschlagenen Weg der Anpassung durchaus eine Alternative gab.

Zu danken ist Eva-Maria Mascher, geb. Köbberling, (Cremlingen-Weddel bei Braunschweig), dass sie zahlreiche Schriften und Briefe aus dem Nachlass ihres Vaters Jacob Köbberling bereitwillig für diesen Dokumentationsband zur Verfügung gestellt hat. Die meisten waren bisher unbekannt bzw. nie veröffentlicht worden.

Auch dieser Dokumentationsband hat eine Vorgeschichte. Von Jacob Köbberling[4] war bekannt, dass er zu den Ereignissen von Oxford 1937 Stellung bezogen hat. Er antwortete auf den offiziellen Bericht des damaligen Bundesdirektors Paul Schmidt[5] über die Weltkirchenkonferenz mit einem offenen Rundschreiben. Es ließ an profilierter Deutlichkeit nichts zu wünschen übrig. Erst spät – 1987 – wurde seine Stellungnahme in einem Quellenband der Öffentlichkeit zugänglich[6]. Der sich an das Rundschreiben anschließende Briefwechsel war bisher völlig unbekannt und zeigt lebhaftes Interesse am rechten Weg der Baptisten im totalitären Staat in pro und contra.

Ein zweites Mal hat Jacob Köbberling zu einem Bericht Paul Schmidts Stellung genommen. Zum ersten Bundesrat nach dem Krieg 1946 in Velbert erschien dessen Rechtfertigungsschrift „Unser Weg als Bund Evangelisch-Freikirchlicher Gemeinden in den Jahren 1941-1946". Auch dazu verfasste Köbberling eine Gegenschrift (1947), die er den Mitgliedern der damaligen Bundesleitung in Briefform zusandte. Sie wird hier erstmalig ungekürzt dokumentiert.[7] Diese Gegenschrift galt lange Zeit als verschollen und wurde erst Anfang der 1990er Jahre von Köbberling selbst wiederentdeckt, als mit Andrea Strübinds bahnbrechender Arbeit „Die unfreie Freikirche"[8] (1989/1991) eine neue Diskussion über die Haltung der Baptisten im „Dritten Reich" begann. Köbberling wollte ursprünglich zusammen mit seinem Schwa-

---

[3] Im Folgenden kurz: NS-Zeit.

[4] Dr. med. Jacob Köbberling (1911-2005) war Mediziner in Lötzen/Ostpreußen und später in Holzminden; er gehörte zur jeweiligen Baptistengemeinde; s. Kurzbiografie im Anhang (IV.1.).

[5] Paul Schmidt (1888-1970), Prediger der Baptisten in Breslau und Zürich 1919 bis 1928, danach Schriftleiter in Kassel, seit 1935 Leiter des Bundeshauses der Baptisten in Berlin, s. Kurzbiografie im Anhang (IV.4.).

[6] H. Kretzer (Hg.), Quellen, S. 273-276.

[7] Vgl. den bisherigen kurzen Auszug in: H. Szobries, Schuldbekenntnisse, S. 47-50.

[8] A. Strübind, Die unfreie Freikirche, s. Literaturverzeichnis.

ger Rufus Flügge seine Ausarbeitung und andere Texte veröffentlichen, was aber nicht gelang und später ganz unterblieb.[9] In den 1990er Jahren wurde Günter Balders[10] auf die erhaltene Gegenschrift aufmerksam. Doch eine Veröffentlichung kam wieder nicht zustande. Erst heute (2014) kann der Wunsch Jacob Köbberlings (mit Zustimmung seiner Tochter, der ihr Vater persönlich auch den Briefwechsel anvertraute) in Erfüllung gehen und seine Schrift der Öffentlichkeit zugänglich gemacht werden. Auch daran schloss sich wieder ein aufschlussreicher Briefwechsel an, der Einblick in das Denken leitender Baptisten und anderer Beteiligter gibt. Auch diese Korrespondenz wird erstmalig dokumentiert.

Beide Briefwechsel (Oxford 1937 und Velbert 1946/1947) offenbaren eindrücklich, dass Köbberling mit seiner Position keineswegs allein stand. Seine Schau, dem Totalitätsanspruch des NS-Staates mit einem klaren Bekenntnis zur Freiheit des Evangeliums gegenüberzutreten und sich somit der Bekennenden Kirche zu nähern, teilten nicht wenige, selbst aus der Bundesleitung. Das zeigt, dass es zum Weg des offiziellen Baptismus im Nationalsozialismus durchaus eine Alternative gab, die jedoch von den meisten nicht verstanden bzw. abgewiesen wurde.

Zur Wiedergabe der Quellen, die teils im Original (Briefe), teils in Briefdurchschlägen (Stellungnahme zu Oxford 1937 und Gegenschrift von 1947) vorliegen, gilt:

Der Text wurde behutsam an die heutige Rechtschreibung angeglichen, offenkundige Schreibfehler stillschweigend verbessert, Briefköpfe geringfügig gekürzt (z.B. Telefon-, Kontoangaben). Die kursiv gefassten Einführungen sowie die Anmerkungen stammen vom Verfasser, teilweise auch von Reinhard Assmann.

Ein besonderer Dank gilt Eva-Maria Mascher für ihre freundliche Großzügigkeit, die erhaltenen Quellen aus dem Nachlass des Vaters zur Verfügung zu stellen. Somit kann Jacob Köbberling endlich den ihm gebührenden Platz in der Geschichte des neueren Baptismus einnehmen und als Befürworter eines alternativen Weges der Baptisten im NS-Staat gewürdigt werden.

Zu danken sind weiterhin Ines Pieper für ihre umsichtige Betreuung des Dokumentationsbandes von Seiten des Oncken-Archivs und Reinhard Assmann für seine wesentliche Mithilfe bei den Recherchen bei Familie Mascher und beim Auswählen und Digitalisieren des bedeutsamen historischen Materials aus dem Nachlass Köbberlings.

Hamburg, im Februar 2014
Pastor i.R. Roland Fleischer

---

[9] Erhalten ist nur das Vorwort mit dem Datum April 1948. Ihre Schrift titelten sie: „Unveröffentlichtes zum deutschen Baptismus aus den Jahren 1937-1947", s. III.0.

[10] Günter Balders, Dozent für Kirchengeschichte am Theologischen Seminar in Hamburg/Elstal 1973-1979 und 1989-2007, Lektor im Oncken-Verlag 1979-1989.

II. Einführung:
Zur Geschichte der Baptisten im Nationalsozialismus

Basierend auf den bekannten Darstellungen von Günter Balders[11] und Andrea Strübind[12] gebe ich einen gerafften, keinesfalls vollständigen Überblick zur Geschichte unserer Freikirche von 1933 bis 1945. Mit den hier vorliegenden Dokumenten setze ich einige Akzente, die, wenn auch nur zum Teil neu, unsere Sicht auf die vergangenen Ereignisse weiter erhellen können.

Spät, fast am Ende der Weimarer Zeit, erhielt der Bund der Baptistengemeinden in Deutschland die Anerkennung als Körperschaft des öffentlichen Rechts. Die Anerkennung erfolgte durch das preußische Staatsministerium am 18.8.1930. Damit sahen viele die „Stunde der Freikirche"[13] gekommen und fühlten sich den großen Kirchen ebenbürtig. Es gab nach wie vor eine kritische Distanz zwischen Landeskirchen und Freikirchen. Die Freikirchen suchten noch lange Zeit ihre Identität durch Abgrenzung von anderen Kirchen zu gewinnen, während die großen Kirchen ihre bisherigen Privilegien zäh verteidigten.

Die meisten Baptisten hielten sich einerseits in „pietistischer Unwissenheit und Ängstlichkeit" (Adolf Pohl) von der Politik fern, waren andererseits seit der Kaiserzeit die loyale Unterordnung unter die Anordnungen des Staates gewohnt. Nur wenige setzten sich mit den politischen und sozialen Fragen der Zeit auseinander.[14] Man lebte in der Distanz der Gemeinde zur „Welt" und geriet so in die Nähe der lutherischen Zwei-Reiche-Lehre. Die Welt wurde zu einem eigengesetzlichen Raum, der zwar auch von Gott gelenkt wurde, aber (vermeintlich) außerhalb der Gemeinde blieb. Andere vertraten eine heilsgeschichtlich-apokalyptische Welt- und Gemeindesicht, die aus der Distanz politische und gesellschaftliche Entwicklungen beobachtete und deutete, ohne jedoch Verantwortung für diese Bereiche zu übernehmen.

Die Bundeskonferenz in Königsberg 1930 brachte insofern eine Änderung als die Delegierten aufgefordert wurden, sich aktiv am demokratischen Staat zu beteiligen, durch „Dienst, Einflussnahme und Mitarbeit" im staatlichen Bereich. Besonders Paul Schmidt plädierte da-

---

[11] G. Balders (Hg.), Ein Herr, ein Glaube, eine Taufe. 150 Jahre Baptistengemeinden in Deutschland, s. Literaturverzeichnis.

[12] A. Strübind, Die unfreie Freikirche. Der Bund der Baptistengemeinden im „Dritten Reich", s. Literaturverzeichnis.

[13] G. Balders, Ein Herr, S. 93.

[14] Auf solche unerledigten Fragen wiesen Johannes Schneider, Albert Hoefs und Carl Neuschäfer 1926 bis 1928 hin, vgl. Balders, Ein Herr, S. 82f, 84f. Auch Max Slawinsky plädierte für die Übernahme politischer Verantwortung seitens der Christen. Sie sollten „die Stimme Gottes und die Stimme der Heiligen Schrift als Warnerin in Politik und Gesellschaft" zu Gehör bringen, in: Jungbrunnen (1927), Nr. 3, S. 50f, zitiert nach G. Balders, Ein Herr, S. 229.

für und warb für die Partei des Christlich-Sozialen Volksdienstes (CSVD), als deren Abgeordneter er von 1930 bis 1932 im Reichstag saß. Er gab die grundsätzliche Trennung der Gemeinde vom Staat nicht auf, die Gemeinde sollte vielmehr „das Gewissen des Staates" bleiben. Insgesamt setzte sich die politisch-soziale Einflussnahme aber mehrheitlich nicht durch. Der Vorwurf lautete, hier werde Religion und Politik vermischt. Einig war man sich dagegen, das Feld der Mission zu beackern. Deutsch-nationales Denken war verbreitet und der gottlose Bolschewismus in Russland und die Christenverfolgung dort waren Thema in den Gemeinden wie auch auf der genannten Bundeskonferenz.[15]

Als die NS-Bewegung aufkam, waren die Meinungen zu Anfang sehr geteilt. Es gab Befürworter und Gegner. Die kritische Haltung Paul Schmidts näherte sich nur vorsichtig der neuen Regierung an. Hieß es bei ihm noch 1932: „Links von der Gemeinde formiert sich die Front blanker und brutaler Gottlosigkeit, rechts von ihr bahnt sich eine Vergötzung des Staates an, eine Verherrlichung der Rasse und des Blutes. [...] Beides ist für die Gemeinde lebensgefährlich"[16], so kommentierte er jetzt, immer noch distanziert aber mit einem gewissen Wohlwollen: „Wir können in allem Gottes Hand sehen – zum Heil, zum Gericht [...]. Aber weil wir Gottes Hände sehen [...], können wir Zuversicht haben und das Gute erwarten. Beten wollen wir darum und helfen wollen wir [...]." [17] Eine allgemeine Begeisterung für die nationale Revolution griff um sich, gerade bei jungen Baptisten. Manche waren davon überzeugt, man könne zugleich ein guter Baptist und ein guter Nationalsozialist sein.[18] Die neue Regierung forderte „die Freiheit aller religiösen Bekenntnisse im Staat" und erklärte, sie sehe „im Christentum die unerschütterlichen Fundamente des sittlichen und moralischen Lebens unseres Volkes" – und man glaubte ihr.[19] Dass das Parteiprogramm Juden unter „Fremdengesetzgebung" stellen wollte und vom „Sittlichkeits- und Moralgefühl der germanischen Rasse" sprach, ging daneben unter. Andere warnten entschieden vor der NS-Partei wegen der Haltung zu den Juden, der Vergötzung des Staates und der Verherrlichung der Rasse und des

---

[15] A. Strübind, Die unfreie Freikirche, S. 55ff.

[16] Aus: Der Wahrheitszeuge (1932), S. 229; zitiert nach G. Balders, Ein Herr, S. 89.

[17] Aus: Der Wahrheitszeuge (1933), S. 54; zitiert ebd.

[18] So Heinrich Euler (1880-1945) 1933 in seinen Rundbriefen „an die baptistischen Mitglieder der NSDAP", vgl. Anm. 77; und Wilhelm Hörmann berichtet in seinen Lebenserinnerungen „Auch diese Zeit ist Gottes Zeit. Erinnerungen", Wuppertal und Kassel 1981, S.23: „Hinein in die SA wurde eine Zeitlang selbst jungen Pastoren geraten. Das Ringen um den weltanschaulichen Kurs sei noch nicht entschieden."

[19] Zitiert nach: M. Greschat, H.-W. Krumwiede (Hg.), Das Zeitalter der Weltkriege und Revolutionen, S. 72, 75. Noch 1937 zitiert Hans Luckey zustimmend die Regierungserklärung Hitlers vom 23. März 1933, dass „die Regierung entschlossen ist, die politische und moralische Entgiftung unseres öffentlichen Lebens vorzunehmen", und somit „schafft und sichert sie die Voraussetzungen für eine wirklich tiefe Einkehr des religiösen Lebens", in: Der Hilfsbote (1937), Nr. 9, S. 191f.

Blutes.[20] So mahnte Hans Rockel 1933: „zwischen völkischer Erhebung und geistlicher Erweckung besteht ein himmelweiter Unterschied"[21] und Johannes Fleischer, Baptistenpastor in Bukarest, warnte schon 1932: „Auch der Nationalsozialismus ist eine Religion. [...] Auch da geht es nicht um eine neue Regierungsform, sondern zugleich um eine Religion, und zwar mit dem gleichen Grundcharakter wie im Bolschewismus: Vergötterung der Staatsidee im Diktator."[22]

Der totalitäre Staat zeigte sich mehr und mehr, alle Lebensbereiche wurden gleichgeschaltet. In der Evangelischen Kirche begannen die Auseinandersetzungen mit den Deutschen Christen. Der offizielle Baptismus versuchte sich in der Mitte zwischen den Fronten zu halten, gewissermaßen neutral, wie man meinte. Tatsächlich sonnte man sich im Wohlwollen des neuen Staates und nahm erleichtert zur Kenntnis, dass an eine Eingliederung der Freikirchen in die Reichskirche nicht gedacht sei. Kirchenkampf und Barmer Erklärung wurden zwar beachtet, aber man bezog keine klare Stellung, und der Kampf der Bekennenden Kirche gegen die Deutschen Christen wurde als „Kirchenstreit" innerhalb der Landeskirchen abgetan. Als in der Bekennenden Kirche die Frage aufbrach, ob eine Freikirche zu bilden wünschenswert wäre und man sich letztlich für die volkskirchliche Struktur entschied, blieb von Seiten des offiziellen Baptismus die traditionelle Distanz zur evangelischen Kirche bestehen.[23] Der offizielle Baptismus zog sich in eine vermeintliche Neutralität zurück und war bestrebt, sich das Wohlwollen der Machthaber zu erhalten. Dies führte letzten Endes zu „Anpassung und Schweigen" (Günter Balders). Der Kurs der loyalen Haltung zum Staat hatte den Zweck, Gemeinden und Werke vor Eingriffen zu schützen. Führende Baptisten traten der Partei bei und gaben Loyalitätserklärungen ab. Dadurch wurde die Einheit des Bundes gewahrt, aber um den Preis der Glaubwürdigkeit der Freikirche, die aus Angst um die eigene Existenz handelte.

1934, im Jahr des baptistischen Weltkongresses in Berlin, lebte man von der Zusicherung völliger Freiheit und Unterstützung für den Kongress seitens des NS-Regimes und wurde dadurch instrumentalisiert, die Freiheit im neuen Staat zu verteidigen. In dem Hochgefühl, als Freikirche eine nie gekannte öffentliche Wahrnehmung und Anerkennung zu genießen, wurde vielen diese Instrumentalisierung nicht bewusst. Ein Traktat über den vom NS-Regime geförderten baptistischen Weltkongress mit ausführlichen Pressezitaten, das schon eine Auflage von über 60 Tausend Exemplaren erreicht hatte, wurde ein Jahr später verboten.[24] Die

---

[20] Dazu gehörten u.a. die Baptistenprediger Naphtali Rudnitzky, Alfred Bärenfänger, Hans Fehr, Hans Rockel, Arnold Köster, Johannes Fleischer.

[21] Zitiert nach: G. Balders, Ein Herr, S. 90; zu Hans Rockel s. Anm. 89.

[22] Täufer-Bote (1932), Nr. 3, S. 5.

[23] A. Strübind, Die unfreie Freikirche, S. 129-135 („Die Bekennende Kirche und die Freikirchen").

[24] C.A. Flügge, Die Botschaft der Baptisten im Echo der Presse. Erklärungen führender Männer über religiöse Duldsamkeit im Neuen Deutschland, Kassel 1934, 3. Aufl. 1935; von der Gestapo verboten

Einschränkung der Freiheit wurde erkennbar, der offizielle Baptismus blieb jedoch bei seinem Kurs der Anpassung durch Unterordnung. Sehr wohl sah z.b. Paul Schmidt nun: „die Religion wird dem Staat untergeordnet".[25] Die Konsequenzen aus dem erkannten Totalanspruch des Staates führten dazu, dass der Weg des Baptismus im NS-Staat künftig hieß, „sich von jeder Auseinandersetzung mit der Staatsideologie fern[zu]halten".[26] Zu dem Verbot des Traktats zum Weltkongress im Herbst 1935 kam eine Anklage gegen den Vorsitzenden der ostpreußischen Vereinigung und Vertrauensmann der Pastorenschaft Martin Klumbies (1885-1973) im März 1936.[27] Mit einer Disziplinarstrafe des Bundes für den bekannten Prediger wurden Gestapo, Oberstaatsanwalt und Reichskirchenministerium Genüge getan. Klumbies wurde verurteilt und zugleich amnestiert. Der offizielle Baptismus versuchte durch „angstbesetzte und daher devote Haltung" (Andrea Strübind) sich seine längst eingeschränkte Freiheit zu erhalten. Die Gemeinden wurden durch entsprechende Rundschreiben ermahnt, sich ganz staatsloyal zu verhalten. Der Weg der Baptisten wurde mehr und mehr gekennzeichnet durch „Rückzug in die Innerlichkeit bei gleichzeitigem politischen Wohlverhalten", durch „Neutralität im Kirchenkampf sowie unbedingte Loyalität zum NS-Staat" (Andrea Strübind). Das „Führerprinzip", 1933 eingeführt, wurde zwar formal 1936 wieder aufgehoben und die Bundesleitung auf sieben Personen erweitert mit einem 1. und 2. Vorsitzenden sowie einem Ehrenmitglied[28], aber leitende Baptisten verstanden sich nach wie vor als Führungspersönlichkeiten. Nach einer internen Absprache pflegte Paul Schmidt die Kontakte zum Reichskirchenministerium und zur Vereinigung Evangelischer Freikirchen.

Im Dezember 1936 stellte sich Paul Schmidt aufgrund einer geforderten Stellungnahme des Reichskirchenministeriums schützend vor die „wenigen" judenchristlichen Mitglieder in den Gemeinden. 1938 jedoch, als der einzig verbliebene judenchristliche Pastor Siegfried Schmal in Grünberg/Schlesien aus seinem Dienst aufgrund behördlicher Anordnung entfernt wurde, protestierte und widersetzte sich der offizielle Baptismus nicht, sondern verschwieg diesen Eingriff des Staates den Gemeinden gegenüber. Man konzentrierte sich auf die Hilfe

---

im Oktober 1935 (vgl. Oncken-Archiv Elstal, Bestand A5, Bundesleitungs-Protokoll v. 19.10.1935: „Die Botschaft der Baptisten im Echo der Presse ist von der Gestapo beschlagnahmt worden. Simoleit und Schmidt sollen deswegen in Berlin vorstellig werden."). Zu C.A. Flügge gibt es ein umfangreiches unveröffentlichtes Manuskript von Kurt Jägemann, Hamburg 2004 (Privatbesitz Dr. Sabine Jägemann, Hamburg), vgl. Anm.36.

[25] A. Strübind, Die unfreie Freikirche, S. 206.

[26] A.a.O. S. 206.

[27] A.a.O. S. 207-209; vgl. auch K. Zehrer, Evangelische Freikirchen und das „Dritte Reich", S. 42, 91f.

[28] Vgl. z.B. Jahrbuch 1937 des Bundes der Baptistengemeinden, S. 2: Fr. Rockschies (1. Vors.), W. Baresel (2. Vors.), B. Zimmermann, H. Fehr, P. Kuczewski, P. Pohl, P. Schmidt, F.W. Simoleit (Ehrenmitglied).

bei der letztlich erfolgreichen Emigration.[29] Die bis heute ermittelten 42 Gemeindeglieder jüdischer Herkunft wurden mit einer Ausnahme (Ruth Baresel-Köbner in Stuttgart) sämtlich aus den Gemeinden verdrängt und bis 1941 aus den Mitgliederlisten entfernt.[30] Unter den Aufnahmebedingungen zum Predigerseminar in Hamburg heißt es: „Die Meldung soll auch den Nachweis über die arische Abstammung enthalten."[31] Der Arierparagraf wurde nie offiziell eingeführt, aber aufgrund der staatsloyalen Anpassung von Gemeinden und Bund letztendlich hingenommen und praktisch vollzogen.

Das Bekenntnis zur Herrschaft Jesu Christi angesichts des Totalitätsanspruches des Staates wurde vermieden, mit dem Kampf und dem Leiden der Bekennenden Kirche solidarisierte sich die baptistische Freikirche ebenso wenig wie die anderen Freikirchen.[32] Die traditionelle Distanz zur Landeskirche wirkte immer noch nach. In einem Brief von 1937 wird eine Äußerung von Hans Luckey[33] so wiedergegeben: „Wenn heute Dibelius, Marahrens, Wurm etc. genügend Macht in Händen hätten, dann wären die Freikirchen baldigst erledigt."[34] Hans Luckey begründete die Nichtteilnahme am Kirchenkampf so: „Nie sind die Versuche von kirchlicher Seite unterblieben, uns als eine volksfremde Sekte hinzustellen und als staatsgefährlich zu verdächtigen"[35] – während andere Baptisten wie Jacob Köbberling, C.A. Flügge[36] und Jo-

---

[29] Vgl. dazu Roland Fleischer, Judenchristliche Mitglieder in Baptistengemeinden im „Dritten Reich", in: Theologisches Gespräch (2012), Beih. 12, Biogramm Siegfried Schmal: www.theologisches-gespraech.de/beihefte/beihefte.html.

[30] A.a.O.

[31] G. Balders (Hg.), Festschrift. Hundert Jahre Theologisches Seminar, S. 137. G. Balders datiert „um 1940".

[32] Vgl. dazu als Ausnahme den Konferenzvortrag „Mutiges Bekennertum" von Hans Rockel, in: Jungbrunnen (1936), Nr. 10, S.183f: „[...] die Vertreter der Regierungen werden stillstehen und Christo allein die Ehre geben. Christus allein der Herr! [...] Die Angst führt nicht zum Bekenntnis, sondern höchstens zum Geständnis.", zitiert nach A. Strübind, Die unfreie Freikirche, S. 214f. Zur Distanz der Freikirchen von der Bekennenden Kirche vgl. A. Strübind, a.a.O., S. 129-135.

[33] Dr. phil. (1925), Dr. theol. (1930) Hans Luckey (1900-1976), Studium am Predigerseminar Hamburg von 1920-1923, Baptistenpastor (und Weiterstudium) in Königsberg-Salzastraße (1923-1926), Berlin-Charlottenburg (1926-1929), Lehrer am Predigerseminar Hamburg seit 1929, Schriftleiter des „Hilfsboten" seit 1935, Schriftleiter von „Wort und Werk, Zeitschrift für den Dienst am Evangelium und an der Gemeinde", hg. von der Vereinigung Evangelischer Freikirchen seit 1940. Veröffentlichungen: Johann Gerhard Oncken und die Anfänge des deutschen Baptismus, Kassel o.J. [1934]; Gottfried Wilhelm Lehmann und die Entstehung einer deutschen Freikirche, Kassel o.J. [1939]; vgl. Kurzbiografie in G. Balders, Ein Herr, S.351f.

[34] Brief von Dietrich Müller vom 23.10.1937, s. III.1.3.4.

[35] Zitiert aus seinem Beitrag in: Der Hilfsbote (1937), Nr. 10 (Oktober), S. 217 („Unsere Stellung zu Oxford").

[36] C.A. Flügge (1876-1948), Missionsgehilfe in Pommern, Studium am Predigerseminar Hamburg 1897-1901, evangelistisch und sozialdiakonisch begabter Pastor in Hamburg-Eimsbüttel, Verfasser und Herausgeber vieler Schriften zu sozialen Fragen, 1921-1939 Leiter der Christlichen Traktatgesellschaft in Kassel, Herausgeber des Kinderblatts „Morgenstern" und des missionarischen Wochen-

hannes Schneider[37] Kontakte zur Bekennenden Kirche pflegten und öffentlich die Solidarität mit der Bekennenden Kirche forderten[38], was dem offiziellen Baptismus missfiel.[39] Es wäre eine eigene Untersuchung wert, was mit den nicht anpassungswilligen Baptisten geschah.[40] C.A. Flügge erhielt noch vor Erreichen des Ruhestands die Beurlaubung von Seiten des Bundes. Er wurde offenbar für den offiziellen Baptismus durch sein unerschrockenes Vorgehen zu unbequem.[41]

---

blatts „Der Friedensbote"; seine zahlreichen Traktate, Schriften und Bücher erreichten Millionenauflage; 1939 von der Bundesleitung beurlaubt und in den vorzeitigen Ruhestand geschickt; verheiratet mit Maria Novotny aus Prag, sieben Kinder; drei Söhne studierten Theologie und wurden Pastoren; 1948 in Kassel verstorben; vgl. Kurzbiografie in G. Balders, Ein Herr, S. 345f. und Wikipedia-Artikel: www.de.wikipedia.org/wiki/Carl_August_Flügge_(Evangelist).

[37] Johannes Schneider (1895-1970), studierte 1915-1922 und 1923-1926 Philosophie, Theologie, Geschichte und Staatswissenschaften, 1923 Dr. rer. pol., 1926 Dr. theol., bis 1930 Sekretär der Deutschen Christlichen Studenten-Vereinigung, danach Prof. für Neues Testament in Berlin; zahlreiche Veröffentlichungen; Anhänger der Bekennenden Kirche und Gegner des Anpassungskurses des offiziellen Baptismus; vgl. Kurzbiografie in G. Balders, Ein Herr, S. 360f.

[38] Vgl. G. Balders, Ein Herr, S. 93, 120; G. Balders, Johannes Schneider, in: J. Schneider, Das Evangelium nach Johannes (Theologischer Handkommentar zum Neuen Testament, Sonderband, Berlin 1985 (3. Aufl.), S.341-344, bes. 342; A. Strübind, Die unfreie Freikirche, S. 135, 315.

[39] Aus einem Brief von Lydia Flügge an Jacob Köbberling vom 8.11.1945: „Flügge verbreitete immer die Nachrichten der Bekenntniskirche, – (und man wollte das einfach nicht wissen, was Flügge da verbreitete! ‚Behalt Deine ‚Enten' für Dich', schrieb Hans Fehr, ‚ich verbitte mir solche Zusendungen')", im Privatbesitz Eva-Maria Mascher (s. III.2.3.23.); Brief von Lothar Haase an Kurt Jägemann vom 10.12. 1998: „Von meinem Großvater Georg Hammann – er war mit C.A. Flügge befreundet, beide waren Älteste in der Gemeinde Kassel-Möncheberg und haben im Christlich-Sozialen Volksdienst und in der Kasseler Gruppe der Bekennenden Kirche mitgearbeitet – erfuhr ich, dass die Geheime Staatspolizei seit Mitte der Dreißiger Jahre ein Auge auf C.A. Flügge geworfen hatte"; zitiert aus dem Manuskript von K. Jägemann, Hamburg 2004.

[40] Die Baptistenpastoren Wilhelm Krause (1905-1970), Ostpreußen, und Otto Meinhold (1897-1984), Vogtland/Sachsen, wurden 1940 inhaftiert. Sie hatten in apokalyptischer Weise über Krieg, Geschichte und den Antichristen gepredigt, weil sie „klarer den antichristlichen und widergöttlichen Charakter des totalitären Regimes" (G. Balders) erkannten, vgl. A. Strübind, Die unfreie Freikirche, S. 289-291 und G. Balders, Ein Herr, S. 98-101. Otto Meinhold erreichte einen Freispruch, aber Wilhelm Krause wurde zu vier Jahren Haft verurteilt und die Bundesleitung beschloss seine endgültige Streichung von der Predigerliste.

[41] Bundesleitungs-Protokoll vom 3. Juli 1939, Hamburg: „2. C.A. Flügge hat auf den Antrag auf Anerkennung als Schriftleiter einen abschlägigen Bescheid bekommen. Die Anwesenden sind sich darin einig, dass Fl. den Bund auf Vereinigungstagungen nicht mehr vertreten soll. Schmidt und Schröder sollen feststellen, welche Gründe zur Ablehnung geführt haben. Flügge selbst soll keinerlei Schritte unternehmen. 3. Flügge wird bis auf weiteres beurlaubt." (Oncken-Archiv Elstal, Bestand A5-5 BL-Protokolle 7.1.1936-12.9.1939, S. 168); vgl. Brief Lydia Flügge vom 8.11.1945 (Privatbesitz Eva-Maria Mascher) (s. III.2.3.23.) und Brief Köbberlings an K. Jägemann von 1996 (s. III.2.3.22.). Im Nachruf von Martin Elsholz von 1948 heißt es verklausuliert: ein „Machtspruch von außen" habe seinen Dienst beendet, s. Die Gemeinde (1948) Nr. 10, S. 76.

1937 entsandte die Vereinigung Evangelischer Freikirchen zwei Vertreter zur Weltkirchen-konferenz nach Oxford: Bischof F.H. Otto Melle[42] von der Methodistenkirche und Paul Schmidt. Ihnen war bekannt, dass es der Deutschen Evangelischen Kirche untersagt wurde, Vertreter zu entsenden. „Ende Mai wurden den Oxford-Delegierten Niemöller und Albertz die Pässe abgenommen"; im Juni begann eine Verhaftungswelle in der Bekennenden Kirche und am 1. Juli wurde Martin Niemöller verhaftet.[43] Als die Konferenz eine Resolution verab-schiedete, „tief bewegt von dem Leid vieler Pfarrer und Laien, die sich völlig und von allem Anfang an in der Bekennenden Kirche für die Herrschaft Christi und für die Freiheit der Kir-che Christi, sein Evangelium zu verkünden, eingesetzt haben", kam es zu einem öffentlichen freikirchlichen Gegenwort. Sie seien „dankbar für die uneingeschränkte Freiheit der Verkün-digung von Christo" und „sie haben die nationale Erhebung des deutschen Volkes als eine Tat göttlicher Vorsehung betrachtet". Auch weitere Äußerungen musste die Bekennende Kir-che als Affront verstehen, wenn die freikirchlichen Vertreter erklärten, der „Kirchenstreit" hät-te mit der Frage zu tun „wie man die 28 Volkskirchen in eine Reichskirche zusammenschlie-ßen könne" und sei entstanden „wegen der Versäumnisse der Christen, die zu solch einem Gericht führten." (s. Dokumentation III.1.1.)

Dagegen wandte sich Jacob Köbberling vehement in seiner Stellungnahme. Er vermisse, dass die baptistische Freikirche nicht in einer Front stehe mit der Bekennenden Kirche. Als Sympathisant der Bekennenden Kirche und geschult an der Theologie Karl Barths (s. seinen Brief an J. Meister, III.2.3.18.) erkannte er die fehlende Einsicht in den Kirchenkampf, dass hier eine Kirche für die Herrschaft Jesu Christi gegen die Einschränkung durch den Totali-tätsanspruch des Staates kämpfe. Er entlarvte den Rückzug der Freikirche „auf ihr inneres Leben" und kritisierte scharf, dass sie „die Gunst der kirchenfeindlichen Staatsbehörden hö-her als die Einheit mit den verfolgten Brüdern" achte (s. III.1.2.).

Aus der Korrespondenz zu Oxford geht hervor, dass auch andere Baptisten wie z.B. Heinrich Euler, Hans Rockel, August Rausch und möglicherweise Friedrich Rockschies ähnlich dach-ten. Wilhelm Baresel, 2. Vorsitzender der Bundesleitung, schrieb offen, die beiden Freikir-chen-Vertreter wären in dieser Situation besser nicht nach Oxford gefahren (Brief vom 2.12.1937, s. III.1.3.11.).

Die Tragik war, und es war wohl auch seinem Führungsstil zuzuschreiben, dass Paul Schmidt in seinen Briefen nie inhaltlich auf Köbberling einging und beide in ihrer unterschied-lichen Sicht nicht zueinander fanden. Die eingeschlagene Bundeslinie der loyalen Anpas-sung hatte Vorrang. Köbberling und andere waren unbequeme Außenseiter, die nicht ernst genommen wurden. Innerhalb der Bundesleitung kam es offensichtlich nicht zum Streit, auch

---

[42] S. Anm. 86.

[43] Vgl. E. Bethge, Dietrich Bonhoeffer. Theologe-Christ-Zeitgenosse (1967) 5. Aufl. 1983, S. 652ff, Zitat S. 653.

wenn es abweichende Ansichten gab. Die Bruderliebe und damit die Einheit des Bundes
wurden höher geachtet als eine öffentliche Auseinandersetzung in den Gemeinden über den
rechten Weg im NS-Staat.

Als Paul Schmidt 1946 seinen Rechenschaftsbericht für die erste Nachkriegs-
Bundeskonferenz schrieb (III.2.1.) und darin die Zusammenführung der Bünde (Baptisten-
und Brüdergemeinden), die Haltung des Bundes zum NS-Staat und die Schuldfrage behandelte, sah sich Jacob Köbberling noch einmal herausgefordert zu einer Gegenschrift
(III.2.2.). Die Einheit der Christen zu fördern, z.b. durch Zusammenschlüsse wie den zum
BEFG, begrüßte er ausdrücklich. Aber mit den Begründungen Paul Schmidts für „unseren
Weg" in der NS-Zeit ging er kritisch ins Gericht. Hier wurde ihm zu viel gedeutet, gerechtfertigt und auf den Druck, dem sich alle Kirchen im NS-Staat ausgesetzt sahen, verharmlosend
oder überhaupt nicht eingegangen. Von einer „Vermehrung des christlichen Zeugnisses"
könne keine Rede sein, das christliche Zeugnis wurde vielmehr eingeschränkt. Fassungslos
war er, dass der Bericht von Paul Schmidt unwidersprochen hingenommen wurde. Zutiefst
bemängelte er, dass man über die wahren Gründe für den Zusammenschluss nichts erfahre,
denn eine Übereinstimmung in wesentlichen Glaubensfragen hätte es nicht gegeben. Das
neue Glaubensbekenntnis wurde erst drei Jahre später erstellt und generell wenig ernst genommen. Er bestritt, dass „Unser Weg" der gottwohlgefällige Weg unter Gottes Führung gewesen sei, vielmehr werde der Leser in die Zwielichtatmosphäre des Dritten Reiches zurückversetzt, wo sich der Staat mit christlichem Vorzeichen tarnte. Tatsächlich sei das Reichskirchenministerium eine Behörde gewesen, um die Kirchen zu kontrollieren.

Äußere Verhältnisse ließen es zum Zusammenschluss kommen, nicht „ein neuer Weg im
Glauben". Die Vermeidung eines Verbots bzw. die Anerkennung durch den Staat sei wichtig
gewesen. Paul Schmidt nennt als Begründung für die unbedingte Staatstreue seitens des
Bundes das Bibelwort Römer 13, das „der Gemeinde eine politisch-revolutionäre Haltung"
verwehre. Köbberling stellt eine völlig andere Auslegung des gleichen Bibelworts gegenüber.
Nirgendwo sei „im Evangelium oder in den Briefen von einem Tun des Bösen oder einem
Gutheißen des Bösen oder auch nur von einem Schweigen über das Böse die Rede". Römer
13 dürfe nicht isoliert werden, denn die Gemeinde im Neuen Testament lebe „in einem be-
ständigen Konflikt mit den Gewalten dieser Welt". Ihre Aufgabe im totalen Staat sei, dass sie
„vor dem absoluten Herrschaftsanspruch des Staates, der in alle Lebensgebiete eindringt,
den Herrschaftsanspruch Christi geltend macht". Hier zeigt sich Köbberling wie 1937, als er
für Kampf und Leiden der Bekennenden Kirche gegen den absoluten Anspruch des Staates
eintrat.

Dem Argument von Paul Schmidt, ein Nein zum Staat dürfe erst dann gesprochen werden,
wenn „die Verkündigung des Evangeliums verboten wäre", erst dann hieße es „Gott mehr
gehorchen als Menschen", entgegnet er, auf ein solches Verbot hätte man lange warten

können, weil sich der NS-Staat christlich tarnte.[44] Dass der Staat seine Christusfeindlichkeit verschleiere, sei den Gemeinden nicht klar gemacht worden. Stattdessen gab es eine „unentschiedene, stets hinausschiebende Haltung", als stehe man zu diesem Staat. Wer mit einem teuflischen Staat verhandle, handle nicht aus Glauben. Die Gemeinde habe nicht zu fragen, ob Zeugnis oder Martyrium dran seien, nicht nach Gewinn und Verlust zu fragen, sondern ihr Zeugnis unerschrocken auszurichten. Die „staatstreue Bundesleitung" habe doch die Überwachung durch die Gestapo erkannt, aber für eine neue Ausrichtung des Bundes sei es zu spät gewesen.

Die Nichtteilnahme am Kirchenkampf sei auf ein zu starkes Abkapseln von anderen christlichen Kirchen zurückzuführen. Und auf eine völlige Verkennung dieser Auseinandersetzung, als handle es sich um ein Problem der Volkskirche, die sich gegen den Staat erhebe.

Der ganze Bericht sei „eine einzige Verneinung der Schuld". Es sei eine gefährliche Lehre, Gemeinde und Welt so gegenüberzustellen: „Hier die Gemeinde, frei von jeder Schuld, dort das Volk im politischen Raum, beladen mit einer ungeheuerlichen Schuld" (Köbberling). Denn im totalen Staat sei der politische Raum nicht abgrenzbar von der Gemeinde. Die Gemeinde spreche mit ihrer Heilsbotschaft immer in diesen Raum hinein. Hier zeigt sich die Nähe Paul Schmidts zur Zwei-Reiche-Lehre mit ihrer Eigengesetzlichkeit des Staates, der gegenüber die Nähe Köbberlings zur reformierten Lehre von der Königsherrschaft Christi und zur Barmer Erklärung erkennbar wird. Die Gemeinde – so das Fazit Köbberlings – muss sich der Schuldfrage stellen, weil sie ihr „Wächteramt als Salz und Licht der Welt" weitgehend verleugnet habe.

Der Bericht „Unser Weg" wurde in Velbert „einstimmig angenommen".[45] Die von Köbberling gewünschte vertiefende Aussprache gab es auch nachträglich nicht. Eine kritische Auseinandersetzung mit der Haltung im totalen Staat fehlte völlig. Nur Hans Luckey ging seit 1941 auf Distanz zur offiziellen Linie des Bundes, der Kurs des „Nicht-Widerstehens" sei nicht länger zu verantworten.[46] In Velbert setzte er ein Zeichen. Er trat zurück und wollte der neuen Bundesleitung nicht angehören wegen seiner Parteizugehörigkeit. Aber er blieb der Einzige. Die Frage der Parteizugehörigkeit als Hinderungsgrund für das Verbleiben in der Bundeslei-

---

[44] Paul Schmidt verharmlost, dass „die im Windschatten des Kirchenkampfes betriebene baptistische Missions- und Gemeindearbeit vor allem vor Ort unendlichen Schwierigkeiten ausgesetzt war" (G. Balders, Ein Herr, S. 98) und verschweigt das Verbot der Zeltmission von 1939 (A. Strübind, Die unfreie Freikirche, S. 288, 299).

[45] Vgl. A. Strübind, S. 313.

[46] A.a.O. S. 301f.

tung wurde mehrheitlich abgewiesen.[47] Der offizielle Baptismus machte zunächst weiter wie bisher: Aufbau des Gemeindelebens nach innen und Mission nach außen.

Die Position Köbberlings wurde nicht gehört bzw. nicht ernst genommen. Sie hätte in der NS-Zeit für Baptisten zweifellos bedeutet, mehr Bekennermut aufzubringen gegen viele Ängste und mehr Leidensbereitschaft zu zeigen. Aber unsere Freikirche hätte damit ihre Glaubwürdigkeit bewahrt. Von der Bekennenden Kirche hätte der offizielle Baptismus lernen können, was Widerstand aus dem Glauben heißt. Aber man blieb beim Kurs des „Nicht-Widerstehens" in der irrigen Meinung, eine neutrale Kirche lasse der Staat in Ruhe. Selbst als der antichristliche Kurs des NS-Regimes offenkundig wurde, blieb man beim eingeschlagenen Kurs der Anpassung. Eine weitere Tragik war, dass die Verdächtigung vieler Landeskirchen, die Freikirche sei eine „volksfremde Sekte" und sie sei „staatsgefährlich", den Baptismus umso mehr kritiklos in eine blinde Staatsloyalität trieb.[48]

Jacob Köbberling erreichte auch nicht eine vertiefende Aussprache über den Zusammenschluss der Bünde. Daher war für ihn offen, ob der entstandene Bund eine Kirche mit klarem Bekenntnisfundament oder eher eine Organisationsstruktur war. Köbberling drängte auf eine Klärung von ekklesiologischen Grundfragen, die bis heute offen geblieben sind.

Jacob Köbberling war nicht der Einzige, der mit dem Anpassungskurs des offiziellen Baptismus in der NS-Zeit scharf ins Gericht ging. Sieht man auf die baptistischen Persönlichkeiten, die gleich ihm eine andere Haltung zum totalitären Staat vertraten (Hans Rockel, C.A. Flügge, Johannes Schneider), erkennt man, was sie eint. Sie alle pflegten ökumenische Kontakte, alle waren Sympathisanten bzw. Anhänger der Bekennenden Kirche und sie achteten das Bekenntnis zur Herrschaft Jesu Christi höher als das Bekenntnis zu Nation und Staat. Und nach dem Ende der NS-Zeit kamen aus ihren Reihen auch die ersten frühen Schuldbekenntnisse (Johannes Schneider[49] und Hans Rockel[50]). Der offizielle Baptismus war dazu noch lange nicht bereit.

---

[47] A.a.O. und die Einführung in der Dokumentation zu III.2. Es existiert bis heute keine wissenschaftliche Biografie zu Hans Luckey.

[48] Vgl. H. Luckey, Unsere Stellung zu Oxford, in: Der Hilfsbote (1937) Nr. 10, S. 217; vgl. auch den Hinweis von Andrea Strübind, dass nach der These von Erich Geldbach „diese Geschichte der Diskriminierung die Akkommodation der Freikirchen an das ‚Dritte Reich' entscheidend förderte", in: A. Strübind, Die unfreie Freikirche, S. 147.

[49] H. Szobries, Schuldbekenntnisse, S. 56-58.

[50] A.a.O., S. 54-56, auch S. 42-44.

III. Dokumentation

0. Vorwort von Jacob Köbberling, Holzminden, April 1948

Im Nachlass von Jacob Köbberling fand sich dieses Vorwort samt Titel für eine offensichtlich geplante, jedoch nicht zustande gekommene Herausgabe seiner Ausarbeitungen samt der Stellungnahme von Rufus Flügge[51] zum Glaubensbekenntnis von 1944. Mit der vorliegenden Dokumentation der Schriften Köbberlings wird damit nachträglich ein Wunsch des Verfassers erfüllt.

Unveröffentlichtes zum deutschen Baptismus aus den Jahren 1937-1947 von Rufus Flügge und Jacob Köbberling

Vorwort

Wenn die Veröffentlichung dieser mahnenden Stimmen mit einer Stellungnahme zur freikirchlichen Vertretung auf der Weltkirchenkonferenz Oxford 1937 beginnt, dann geschieht es im Hinblick auf die bevorstehende Weltkirchenkonferenz in Amsterdam 1948. Durch die Teilnahme an dieser ökumenischen Konferenz wird jene in Vergessenheit geratene Angelegenheit wieder aktuell. Diese Stellungnahme wurde damals an zahlreiche Interessierte verschickt und wurde in eigentümlicher Verblendung von vielen abgelehnt. Mit der jetzigen Veröffentlichung soll der Blick wiederum auf ökumenisches Denken gelenkt werden, das auch in den weiteren Arbeiten dieser Zusammenstellung zur Geltung kommen soll.

Auch die darauf folgenden Bekenntnis- und Verfassungsfragen sind gleichsam mit ökumenischen Augen anzusehen. So ist doch der wesentliche Einwand gegen das Bekenntnis aus dem Jahre 1944 die Verleugnung der alten ökumenischen Symbole.

Wenn heute der „Bund evangelisch freikirchlicher Gemeinden" in der Arbeitsgemeinschaft mit den evangelischen Landeskirchen und anderen Freikirchen steht und weiter an ökumenischen Konferenzen teilnimmt, dann müssen doch vor allem diese ungeklärten Fragen seiner eignen Grundlagen gelöst sein. Es muss klar sein, ob er wirklich auch auf ökumenischem Boden steht, wenn diese so notwendige Arbeit im Ernst und in der Wahrheit weitergeführt werden soll.

Zur bisherigen Geschichte dieser Schriften ist zu sagen, dass sie keineswegs das Licht der Öffentlichkeit gescheut haben. Durch die Ungunst der Zeitverhältnisse sind sie stets nur wenigen leitenden Brüdern zu Gesichte gekommen, die dann allerdings weniger an ihrer weite-

---

[51] S. III.3.2.; zur Person Rufus Flügge s. Anm. 221.

22

ren Verbreitung interessiert waren. Der scharfe Einspruch gegen das Bekenntnis hat der Bundesleitung von 1944 vorgelegen. Es scheint, als ob man weder dies Bekenntnis noch den Einspruch voll ernst nahm. Die Entgegnung auf die Nachkriegsschrift von Paul Schmidt „Unser Weg" ist der Bundesleitung von 1946-47 zugesandt worden, die eine weitere Verbreitung nicht wünschte, weil sie unfruchtbaren Streit fürchtete. Sie hat aber auch nicht selbst Stellung genommen.

Es ist nun Aufgabe derer, die an der Berechtigung dieser Kritik nicht zweifeln und ihre positiven Ansätze für eine Erneuerung des Gemeindelebens sehen, hier irgendwie Stellung zu nehmen. Man wird sich dann hierüber verständigen müssen, um zu irgendeinem gemeinsamen Handeln zu kommen. Es bleibt noch alles zu tun und es ist lange genug gezögert worden. Es gibt die entschuldigende Rede von der größeren Dringlichkeit der Bekämpfung alltäglicher Nöte. Doch ist nicht die Quelle vieler Nöte die Richtungslosigkeit in grundsätzlichen Fragen? Darum schiebe man diese nicht zur Seite und lasse sich den Kampf nicht anfechten.

Holzminden/Weser
Ev. Krankenhaus
April 1948
Dr. med. Jacob Köbberling

1. Weltkirchenkonferenz in Oxford, Juli 1937

Paul Schmidt (1888-1970), Bundesdirektor der Baptisten, berichtet in der Zeitschrift „Der Wahrheitszeuge" über die Weltkirchenkonferenz in Oxford. Er und Bischof F.H. Otto Melle (1875-1947) von der Bischöflich-Methodistischen Kirche in Deutschland waren die offiziellen Vertreter der Vereinigung Evangelischer Freikirchen. Die Deutsche Evangelische Kirche konnte aus politischen Gründen keine Vertreter entsenden. Bei der nachfolgenden Kritik am Auftreten der freikirchlichen Vertreter geht es um die Haltung der Freikirchen zum totalen Staat und ihre Desolidarisierung von der Bekennenden Kirche.[52] Dass beide freikirchliche Vertreter zur Botschaft in London ständigen Kontakt hielten und über ihr Verhalten auf der Konferenz von dort Instruktionen erhielten, verschweigt Paul Schmidt in seinem Bericht.[53]

---

[52] Zum ganzen Vorgang vgl. A. Boyens, Kirchenkampf und Ökumene 1933-39, S. 156-170 (bes. 167f), 354f sowie 360-363; E. Beyreuther, Der Weg der Evangelischen Allianz in Deutschland, S. 99-106; K. Zehrer, Evangelische Freikirchen und das „Dritte Reich", S. 44-51, 94-96, 136-147 (bes. 139-145); H. Strahm, Die Bischöfliche Methodistenkirche im Dritten Reich, S. 202-229 (bes. 210f), 391-398 („Die Freikirchen auf der Weltkirchenkonferenz in Oxford"); A. Strübind, Die unfreie Freikirche, S. 235-254 („Die Weltkirchenkonferenz in Oxford"); K.H. Voigt, Freikirchen in Deutschland, S. 181-183.
[53] Vgl. dazu H. Szobries, Schuldbekenntnisse, S. 40 Anm. 61, und A. Strübind, Die unfreie Freikirche, S. 236-239 („Die Einflussnahme des Kirchlichen Außenamtes und des Reichskirchenministeriums").

1.1. Bericht von Paul Schmidt

Die deutschen evangelischen Freikirchen in Oxford[54]

Auf dem letzten Freikirchentag in Essen im November 1936 hat die „Vereinigung evangelischer Freikirchen" beschlossen, die Weltkirchenkonferenzen in Oxford und Edinburg[h] zu beschicken und hat gleichzeitig die Delegierten ernannt. Die rechtzeitige Anmeldung und alle Vorbereitungen zur Reise zunächst für die Konferenz „für praktisches Christentum" in Oxford vom 12. bis 26. Juli konnten ohne jede Störung und Verzögerung durchgeführt werden. In letzter Stunde wurden auch die so notwendigen Devisen zur Verfügung gestellt, so dass die Abreise pünktlich erfolgen konnte. Das aktuelle Thema „Kirche, Volk und Staat" übte im Voraus eine starke Anziehungskraft aus, und die allgemeine Weltlage des Christentums hatte eine Spannung erzeugt, die in den ersten vertraulichen Berichten der Arbeitsgruppen stark erkennbar war. Jedenfalls spürte wohl jeder Delegierte vor seiner Reise, dass er an einer Tagung teilzunehmen habe, die in einer Wendestunde das Wort der Kirchen zu sprechen habe.

Oxford war als Tagungsort für diese Konferenz vorzüglich geeignet. Dort hatte einst John Wesley, der Vater des Methodismus, während seiner Studienzeit den Namen „Methodist" erhalten, den man dann später, als er das entscheidende Heilserlebnis gehabt hatte und der Führer der Erweckungsbewegung wurde, seinen Anhängern spottweise beilegte, bis er zu einem Ehrennamen wurde. Von dort ging in den siebziger Jahren des vorigen Jahrhunderts die Heiligungs- und Erweckungsbewegung aus, die auch das christliche Glaubensleben auf dem Kontinent stark belebte und befruchtete. Und die gegenwärtige „Oxford-Gruppenbewegung" stammt zwar nicht aus Oxford, hat aber durch ihre erste wichtige Zusammenkunft in Oxford ihren Namen erhalten. Wenn man durch die vielen alten „Collegs", die vielen Kirchen und „Hallen" geht, begreift man, dass von da aus schon neue Glaubensbewegungen ausgehen können. Wird die Oxforder Weltkirchenkonferenz auch ein Ereignis werden, von dem neue Glaubenskräfte und Wiederherstellung der zerstörten Einheit echten Christentums in Jesu Gemeinde ausgehen wird?

Bemerkenswert sind einige Charakterzüge der Konferenz, die solche Frage rechtfertigen. Da ist zuerst zu nennen die in den Konferenztagen zusehends wachsende Einhelligkeit der Beurteilung der Zeitlage und der Einsicht in die Totalkrise des Christentums in der Welt. Es wurde vom Abschluss des konstantinischen Zeitalters gesprochen. Ferner zeigte sich eine wachsende Überzeugung, dass die einzelnen Christen und sonderlich die Kirchen in ehrlicher Bußhaltung vor Gott treten sollten und keine Veranlassung haben, als Richter, Ankläger oder Pharisäer aufzutreten. Und schließlich verbreitete sich später die Erkenntnis, dass die

---

[54] In: Der Wahrheitszeuge (1937) Nr. 34 vom 22.8.37, S. 267-269.

Kirchen um ihres Zeugnisses und Dienstes willen allen Grund haben, näher zusammenzurücken und Trennendes zu überwinden.

Der erste Konferenztag brachte für die deutschen freikirchlichen Delegierten eine kleine Peinlichkeit. Nach den Reden des Erzbischofs von Canterbury und des Bischofs von Chichester, in denen sie von der Abwesenheit der Vertreter der Kirchen in Deutschland sprachen, entstand in der Konferenz und in der englischen Presse der Eindruck, als seien überhaupt keine deutschen Delegierten in Oxford. In einer Aussprache mit dem Präsidenten des Geschäftsausschusses und einigen weiteren Mitgliedern am Tage darauf wurde zugesagt, dass eine Richtigstellung nachgeholt werden solle. Genau eine Woche später geschah das, nachdem schon „The Times" eine Mitteilung vonseiten eines Delegierten der schottischen Freikirche vorher gebracht hatte.

In der Konferenz selber wurden die deutschen Delegierten durchaus freundlich behandelt, und ihre Mitarbeit wurde begrüßt. In vielen Gruppen- und Einzelgesprächen ergab sich Gelegenheit, über den gesamten Stand des Christentums in Deutschland und die grundsätzliche und weitreichende Auseinandersetzung in der Kirche und zwischen Staat und Kirche und deren weltweite Bedeutung ausgiebig und umfassend zu sprechen. Auch in der Kommissionsarbeit ergab sich durchaus die Möglichkeit, die schweren und verwickelten Fragen wie „Staat und Kirche" vom neutestamentlichen Standort zu beleuchten und den Ernst der heutigen Auseinandersetzungen gegenwärtig zu halten. So kam es, dass in der ersten Arbeitswoche in den einzelnen Kommissionen starke Wendungen zum innersten Schauen vollzogen wurden, die auf der anderen Seite natürlicherweise in einen Engpass führten, wenn es zur Formulierung fester Vorschläge und Richtlinien kommen sollte. Das lag in der Art der Themen und der ständigen Überschneidung kirchlicher und politischer Fragen und Forderungen. Je stärker die Erkenntnis wuchs, nur zu einer echt kirchlichen Haltung und Formulierung kommen zu müssen, umso größer wurde die Gefahr, bei den vorliegenden Themen am toten Punkt zu endigen.

Von hier aus muss auch das erzielte Resultat der Konferenz angesehen und bewertet werden. Wahrscheinlich ist der Ertrag dieser Konferenz in dieser Zeit nicht in den angenommenen Berichten der Kommissionen zu sehen, sondern in der empfangenen Schau der Situation und der begonnenen Ausrichtung auf eine ganz große Auseinandersetzung zwischen Christentum und Nichtchristentum, das aus christlichem Kirchentum bereits herausgewachsen ist oder dabei ist herauszuwachsen.

Die zweite Konferenzwoche brachte den deutschen freikirchlichen Delegierten eine besondere Aufgabe. Das Telegramm von Landesbischof Marahrens und ein Kirchenbericht aus Deutschland waren am ersten Tage der Konferenz, nach ihrer Bekanntgabe im Plenum, dem Geschäftsausschuss zur Erledigung überwiesen worden. Am Sonntag, den 18. Juli, lud der Bischof von Chichester auslandsdeutsche und deutsche Delegierte zu sich, um ihnen zu sagen, dass am Montag eine Botschaft an die Deutsche Evangelische Kirche dem Plenum vorgelegt werden solle. Es wurde auch allgemein gesagt, dass diese Botschaft kirchlich gehalten sein werde und politische Angriffe nicht gemacht würden. Der Wortlaut der Botschaft wurde nicht bekanntgegeben mit der Begründung, er solle niemand vor der Plenarsitzung zugänglich gemacht werden. So konnte es zu einer tatsächlichen Beratung und Besprechung der Botschaft nicht kommen. Aus der allgemeinen Besprechung ging aber so viel hervor, dass ein positives, helfendes und weiterführendes Wort fehle. Bischof Melle wies darauf hin, dass gerade das von höchster Wichtigkeit sei. Der Bischof von Chichester bat, doch einmal einen Satz niederzuschreiben, wie wir ihn uns dächten, und ihn am nächsten Morgen ihm zu geben. Allerdings, so wurde bemerkt, sei der Text der Botschaft schon fertig, und es werde schwer sein, ihn noch zu verändern und einen Satz einzufügen. Am Montagmorgen wurde dem Bischof von Chichester folgender Satz übergeben:

„Wir hegen die Hoffnung, dass Deutschland, das so schwer gelitten hat unter dem bedauernswerten Vertrag von Versailles und dessen Folgen, das aber in den vergangenen Jahren so Hervorragendes geleistet hat im Wiederaufbau seines Volkslebens, bald einen Weg finden werde, den Kirchenstreit zu beenden zum Besten des deutschen Volkes und seiner historischen Aufgabe für die Welt im Lande der Reformation."

Der Satz kam tatsächlich nicht mehr in die fertige Botschaft hinein. Dafür befand sich dann zu unserer großen Überraschung eine mit keinem Worte am Sonntag erwähnte eigenartige Verknüpfung mit der Römisch-Katholischen Kirche. Ferner fehlte das Verständnis für die Gesamtlage und ein Wort, das zur wirklichen Hilfe für die Lösung der verwickelten kirchlichen Verhältnisse hätte dienen können. Die Botschaft hat folgenden Wortlaut:

„Die Vertreter christlicher Kirchen, die sich aus allen Teilen der Welt in Oxford zusammengefunden haben, beklagen die Abwesenheit ihrer Brüder aus der Deutschen Evangelischen Kirche, mit denen sie in der Vorbereitung dieser Konferenz wie im Blick auf die großen der Kirche Christi gestellten Aufgaben eng verbunden waren.

1. Wir begrüßen die Tatsache, dass ein Einverständnis erreicht worden war, wonach eine gemeinsame Vertretung der Deutschen Evangelischen Kirche nach Oxford abgeordnet werden sollte. Umso mehr vermissen wir die große Hilfe, die deren Mitglieder uns bei der Erörterung der grundlegenden Fragen unserer Zeit geleistet haben würden. Aber obgleich eure Vertreter abwesend sind, haben gerade die Umstände, die zu dieser Abwesenheit geführt haben, ein noch stärkeres Bewusstsein der Gemeinschaft geschaffen, als es schon bestanden hatte.

2. Wir sind tief bewegt von dem Leid vieler Pfarrer und Laien, die sich völlig und von allem Anfang an in der Bekennenden Kirche für die Herrschaft Christi und für die Freiheit der Kirche Christi, sein Evangelium zu verkünden, eingesetzt haben.

3. Wir geben uns Rechenschaft von der entscheidenden Bedeutung des Kampfes, in den nicht allein eure Kirche, vielmehr auch die Römisch-Katholische Kirche gestellt ist; ein Kampf gegen Verfälschung und Unterdrückung des evangelischen Zeugnisses sowie ein Kampf für die Erziehung der Jugend im lebendigen Glauben an Jesus Christus, den Sohn des lebendigen Gottes, den König aller Könige und Herrn aller Herren.

4. Wir denken an die Worte der Schrift: „Ein Leib und ein Geist, wie ihr auch berufen seid auf einerlei Hoffnung eurer Berufung." „Und so ein Glied leidet, so leiden alle Glieder mit, und so ein Glied wird herrlich gehalten, so freuen sich alle Glieder mit." So sind wir, eure Brüder in anderen Kirchen, eins in der Liebe und im Gebet mit unseren leidenden Brüdern in der Deutschen Evangelischen Kirche. Euer Herr ist unser Herr, euer Glaube ist unser Glaube, eure Taufe ist unsere Taufe. Euer unerschütterliches Zeugnis von Christus ruft uns selbst zu einem lebendigeren Vertrauen auf, und wir beten, es möchte uns in allen unseren Kirchen die Gnade gegeben werden, in gleicher Klarheit Zeugnis für unseren Herrn abzulegen.

5. Wir bitten Gott, euch zu segnen, euch zu leiten und euch in eurem Leid zu trösten. Wir rufen die Kirchen in aller Welt auf, vor dem himmlischen Vater fürbittend eurer zu gedenken und sich zu freuen, weil es sich einmal mehr erwiesen hat, dass ein aus dem Opfer geborener Glaube des Opfers würdig erfunden wird.

Die Konferenz pflichtet der Abordnung einer Vertretung von Oxford an die Deutsche Evangelische Kirche bei. Sie hat den Auftrag, diese Botschaft zu überbringen und der Deutschen Evangelischen Kirche über den Verlauf und die Ergebnisse der Konferenz Bericht zu erstatten."

Am folgenden Tage übergaben wir vor der ersten Plenarsitzung dem Vorsitzenden des Geschäftsausschusses Dr. J. R. Mott einen Brief mit folgendem Wortlaut:

Oxford, am 20. Juli 1937.

An den Geschäftsausschuss der Weltkonferenz für „Praktisches Christentum" zu Händen von Dr. J. R. Mott.

Teuere Brüder in Christo!

Die unterzeichneten Delegierten der „Vereinigung evangelischer Freikirchen in Deutschland" haben mit bewegtem Herzen in der gestrigen Entschließung die hohe Wertschätzung der Mitarbeit der Deutschen Evangelischen Kirche im ökumenischen Werk, die brüderliche, herzliche Teilnahme an deren Ergehen und den Willen, ihr zu dienen, wahrgenommen.

Wir fürchten aber, dass die von der Konferenz angenommene „Botschaft an die Deutsche Evangelische Kirche" in Deutschland Anlass zu vielen Missverständnissen geben wird, die wahrscheinlich hätten vermieden werden können, wenn zur Ausarbeitung auch Vertreter aus Deutschland hinzugezogen worden wären.

Die evangelischen Freikirchen in Deutschland sind dankbar für die uneingeschränkte Freiheit der Verkündigung des Evangeliums von Christo und für die Gelegenheit, die sie in Deutschland haben, ihren Dienst in Evangelisation, Seelsorge, sozialer Fürsorge und Gemeindeaufbau tun zu können.

Dem in der Deutschen Evangelischen Kirche ausgebrochenen Kirchenstreit gegenüber haben die evangelischen Freikirchen sich von Anfang an neutral verhalten. Sie leiden aber selbstverständlich innerlich mit unter den Folgen des Konflikts und beugen sich mit den Brüdern anderer Kirchen und allen ernsten Christen in Buße vor dem Herrn wegen der Versäumnis[se] der Christen, die zu solch einem Gerichte führten.

Wir sind mit der großen Hoffnung nach Oxford gekommen, dass die Weltkirchenkonferenz ein Wort der Hilfe finden werde, das in der Welt Verständnis für die Gesamtlage Deutschlands wecken und den Weg zu dem lang ersehnten Frieden bahnen werde. Wir sind aber der Überzeugung, dass die „Botschaft an die Deutsche Evangelische Kirche" in der von der Konferenz angenommenen Form einen solchen Mittlerdienst nicht leisten kann, dass sie im Gegenteil geeignet ist, die Gegensätze zu verschärfen, zumal in einer uns befremdenden Weise auch die Römisch-Katholische Kirche in die Botschaft einbezogen wurde.

Deshalb sehen wir uns nach sorgfältiger Prüfung des Textes, der uns leider erst während der Sitzung zugänglich gemacht wurde, genötigt zu erklären, dass wir nicht zustimmen können.

Wir ersuchen jedoch die Mitglieder der Konferenz, mit uns im Gebet zu verharren, dass die jetzige „Botschaft" noch nicht das letzte Wort der Weltkirchenkonferenz in Oxford 1937 an die Christen in Deutschland sein möge.

Mit brüderlichen Grüßen

F. H. Otto Melle   Paul Schmidt

PS. Wir bitten, uns Gelegenheit zu geben, die Erklärung in einer Plenarsitzung abgeben zu dürfen.

Bei dem Schreiben haben wir uns von dem einen Gedanken leiten lassen, die ganze Wirklichkeit in der christlichen deutschen Gesamtlage zu berücksichtigen und die Sache des Evangeliums zu fördern. Am Tage darauf, also am Mittwochnachmittag, kam eine Delegation des Geschäftsausschusses zu uns und bat, von einer Verlesung unserer Erklärung im Plenum abzusehen. Auch wurde eine Hereinnahme in den gedruckten Geschäftsbericht nicht zugesagt. Dafür wurde uns anheimgegeben, in einer Rede bei der Behandlung des Themas „Staat und Kirche" am Donnerstag das zu sagen, was uns wichtig sei. So mussten wir damit rechnen, dass unsere Erklärung an den Geschäftsausschuss unbekannt bleiben würde, und übernahmen deshalb wesentliche Stücke fast wörtlich in die Rede, die Bischof Melle am Donnerstagnachmittag in englischer Sprache in der Plenarsitzung hielt.

Die Rede hat folgenden Wortlaut:

„Es ist keine leichte Aufgabe für mich, zu dem Thema ‚Kirche und Staat' zu sprechen. Ich tue es unter einem starken Gefühl der Verantwortung als Mitglied dieser großen Konferenz, deren Entschlüsse bald der Geschichte angehören werden, als Vertreter der Vereinigung evangelischer Freikirchen, deren Aufgabe und Wirkungskreis in Deutschland liegen, als ein Glied des deutschen Volkes, das sich in einer entscheidenden Epoche seines Werdens befindet, und als ein Jünger Jesu Christi, dessen Wunsch es ist, so zu denken, zu reden, zu handeln, dass sein Meister mit ihm zufrieden sein kann. Die Verantwortung ist umso größer, da ich fühle, dass ich nicht im Allgemeinen sprechen kann, sondern über die Lage in Deutschland sprechen muss.

Viele waren erstaunt, Vertreter deutscher Kirchen hier zu finden, da am ersten Tag unserer Konferenz der Eindruck entstanden war, als hätte überhaupt niemand von Deutschland kommen können. Nun, sie haben gesehen, dass wir hier sind, und vielleicht ist schon diese Tatsache ein Beitrag zu dem Kapitel ‚Kirche und Staat in Deutschland'.

Oft wurde ich in diesen Tagen gefragt: ‚Wie ist denn eure – der Freikirchen – Stellung zum nationalsozialistischen Staat?' Darauf kann ich nur antworten, dass die in der Vereinigung evangelischer Freikirchen verbundenen Kirchen dankbar sind für die volle Freiheit der Verkündigung des Evangeliums von Christus und für den Dienst in Evangelisation, Seelsorge, sozialer Fürsorge und Gemeindeaufbau. Sie haben die nationale Erhebung des deutschen Volkes als eine Tat göttlicher Vorsehung betrachtet, ihre Gemeinden in den kritischen Tagen des Umbruchs auf die grundlegenden Worte des Apostels Paulus über die Stellung der Christen zum Staat in Röm. 13 hingewiesen und sie ersucht, in treuer Fürbitte für die Obrigkeit anzuhalten.

Mit der Fürbitte haben wir den Dank verbunden, dass Gott in seiner Vorsehung einen ‚Führer' gesandt hat, dem es gegeben war, die Gefahr des Bolschewismus in Deutschland zu bannen und ein 67-Millionen-Volk vom Abgrund der Verzweiflung, an den es durch Weltkrieg, Vertrag von Versailles und dessen Folgen geführt worden war, zurück zu reißen und ihm an Stelle der Verzweiflung einen neuen Glauben an seine Sendung und seine Zukunft zu geben.

Ich wünschte zu Gott, die Kirchen hätten nicht versagt, dass Gott sie hätte gebrauchen können, einen ähnlichen Dienst zu tun. In dem Konflikt, der in den deutschen Volkskirchen selbst ausbrach über die Frage, wie man die 28 Volkskirchen in eine Reichskirche zusammenschließen könne, blieben wir neutral, auch als der Konflikt später eine andere Richtung nahm. Wir litten und leiden aber selbstverständlich innerlich mit unter den Folgen des Konflikts und beugen uns mit den Brüdern anderer Kirchen und allen ernsten Christen wegen der Versäumnisse der Christen, die zu solch einem Gericht führten.

Wenn in irgendeiner Zeit, dann wäre jetzt ein geeinter Protestantismus nötig gewesen. Wir glauben aber, dass auch aus diesem Ringen, biblisch gesprochen, eine friedsame Frucht der Gerechtigkeit herauswachsen wird, auch in dem Verhältnis zwischen Kirche und Staat im Dritten Reich. (Ebr. 12, 2)[55]

Wir sind nach Oxford gekommen mit der großen Hoffnung, dass die Weltkirchenkonferenz ein Wort der Weisung und Hilfe finden werde, das in der Welt Verständnis für die Gesamtlage in Deutschland wecken und den Weg zu dem langersehnten Kirchenfrieden ebnen werde.

Wir können aber der ,Botschaft an die Deutsche Evangelische Kirche' in der von der Konferenz angenommenen Form nicht restlos zustimmen, da sie nach unserer Überzeugung einen solchen Mittlerdienst nicht leisten kann, dass sie im Gegenteil geeignet ist, Gegensätze zu verschärfen, zumal in einer uns befremdenden Weise auch die Römisch-Katholische Kirche in die Botschaft einbezogen wurde.

Wir haben uns deshalb erlaubt, und der Vertreter der Altkatholischen Kirche hat dasselbe getan, Herr Präsident, unsere Stellung darzulegen und die Hoffnung auszusprechen, dass diese Botschaft nicht das letzte Wort der Weltkirchenkonferenz von Oxford an die Christen in Deutschland sein möge."

Die „Times" brachte die Rede im Wortlaut und nannte sie das Ereignis des Tages. Die ganze Presse vieler Länder übernahm die wichtigsten Teile, und in der deutschen Presse haben unsere lieben Leser Auszüge gelesen. Wir halten es deshalb für nützlich, die Zusammenhänge völlig aufzuzeigen und den genauen Wortlaut zu geben.

Die freikirchlichen Delegierten haben versucht, schlicht und gehorsam das zu tun, was eine überaus schwierige Situation von ihnen forderte. Das starke Echo, das ihr Wort in weitesten Kreisen innerhalb und außerhalb unseres Vaterlandes gefunden hat, lässt hoffen, dass ihr Dienst gesegnete Frucht tragen wird und vielleicht auch ein Anstoß sein kann, neue Wege zur Überwindung der Kirchennot zu finden.

Paul Schmidt

---

[55] Es bleibt unklar, worauf angespielt wird, vielleicht ist Hebr. 12, 11 gemeint.

1.2. Stellungnahmen von Jacob Köbberling

Die äußerst kritische Stellungnahme von Jacob Köbberling zu den Ereignissen von Oxford liegt in zwei Fassungen vor. Der erste Text wurde von ihm noch einmal überarbeitet und als zweite Fassung an Prediger und andere als offener Rundbrief versandt. Köbberling, Baptist und Arzt, kritisiert scharf das Auftreten der beiden freikirchlichen Vertreter und zeigt offene Sympathie für die Bekennende Kirche. Er kritisiert nicht nur, dass die Gemeinden einseitig informiert werden. Er wirft den offiziellen Vertretern der Freikirchen „Verharmlosung der christusfeindlichen Mächte und diplomatische Schachzüge" vor. Vor allem hätten sie sich nicht dem „gemeinsamen Kampf" gestellt, in dem alle Christen stehen gegenüber dem „Totalitätsanspruch des Staates". Weil die Freikirche sich in Oxford gegen die um des Evangeliums willen leidende und verfolgte Kirche gestellt habe und „sich ihres guten Verhältnisses zur Welt rühmt", sei sie „gebundene, unfreie Kirche, auch wenn sie sich noch so stolz ‚Freikirche' nennt". Der im Anschluss dokumentierte Briefwechsel zeigt ablehnende aber auch viele zustimmende Voten.

1.2.1. Erste Fassung der Stellungnahme, (September) 1937

Einige Gedanken zu den Tatsachen, die Br. Paul Schmidt im Wahrheitszeugen vom 29.7.37[56] veröffentlicht hat, dazu noch in einigen andern christlichen Zeitschriften

Das Verhalten der Vertreter der Deutschen Evangelischen Freikirchen auf der Weltkonferenz in Oxford hat so viel verschiedene Beurteilung erfahren, entschiedene Ablehnung wie Anerkennung, dass eine Klärung und Stellungnahme wohl geboten ist.

Als ein in ökumenischen Fragen einigermaßen vertrautes Mitglied der Baptistischen Freikirche, die es sich gefallen lassen musste, so in Oxford vertreten zu sein, unterbreite ich diese meine Gedanken einigen Brüdern unserer Gemeinschaft, denen diese Sache zur Gewissensfrage geworden ist oder werden sollte.

Von einer persönlichen Auseinandersetzung kann ich mir leider nichts versprechen, da ich früher oft genug mit Br. Schmidt über ähnliche Fragen gesprochen habe, wobei er sich den entscheidenden Tatsachen leider verschlossen hat. Mit dem bedauerlichen Auftreten in Oxford ist nun leider offenbar geworden, dass jede weitere Diskussion mit den beiden Freikirchenvertretern verlorene Zeit bedeutet, solange sie einsichtslos den Weg weitergehen. Es

---

[56] Richtiges Datum ist der 22.8.1937.

erscheint mir ein Unrecht zu sein, wenn unsere Gemeinden über diesen Irrweg nicht aufgeklärt werden, darum wende ich mich wenigstens an einige der verantwortlichen Gemeindeglieder, denen der Zustand einer fortschreitenden unmerklichen Vernebelung nicht gleichgül-
tig sein kann.

Es geht ja hierbei keineswegs um die Oxforder Konferenz allein, sondern letztlich um die
freie, unverkürzte[57] Verkündigung des Evangeliums von Jesus Christus in einer Zeit der Anfechtung und des Kampfes. In solcher Zeit brauchen wir reine, wahre[58], klare Weisung nach
der Schrift, rechte Stärkung untereinander, und können keine Verharmlosung, Verwirrung
der Gemeinden mit allerlei diplomatischen Schachzügen dulden.

Alle Christusgläubigen stehen heute in einem gemeinsamen, harten Kampf, da Seine Herrschaft über alle Dinge den Totalitätsansprüchen der Mächte dieser Welt begegnen [sic]. Die
zwei Freikirchenvertreter aus Deutschland haben auf der Weltkirchenkonferenz in Oxford
gezeigt, dass sie in diesem Kampf kläglich verloren haben. Ohne es bewusst zu wollen, haben sie den Feinden des Evangeliums die Waffen zur Verfolgung und Schmähung der Gemeinde geliefert. Wie konnte das möglich werden?? Der Bericht im Wahrheitszeugen Nr. 34
Seite 267 „Die Deutschen Evangelischen Freikirchen in Oxford" gibt eine Antwort, die sicherlich viele erschreckt.

I

Bereits durch die einfache Tatsache des Besuches der Konferenz vergingen sich die beiden
deutschen Vertreter der Freikirchen an der im Neuen Testament gebotenen Einheit der Gemeinde Jesu Christi. Sie verschwiegen in ihrem Bericht zunächst, dass sämtliche übrigen
Vertreter der deutschen evangelischen Kirche einen aus der Not geborenen einstimmigen
Beschluss gefasst hatten, die Oxforder Konferenz nicht zu besuchen. Für den folgenschwe-
ren Entschluss, trotz alledem als einzige deutsche Vertreter nach Oxford zu fahren, wird keinerlei wirkliche Begründung gegeben außer der rein formalen Erklärung, dass das nun einmal beschlossen gewesen sei und man keinerlei Schwierigkeiten mit Devisenbeschaffung
etc. gehabt hätte. (Als ob es zu einer Ferienreise gegangen wäre!) Da hier aber der Grund-
fehler liegt, wurde die Mitarbeit an einer Konferenz, die um die Einheit der Gemeinde Jesu
Christi ringt, von vornherein unehrlich und sinnwidrig in ihren Folgen. Anstatt dass die, die
als einige Freikirchen-Vertreter aus Deutschland auftreten wollten, durch die Tat einen be-
scheidenen Beitrag zur Einheit zu liefern suchten, haben sie wesentlich zur Zersplitterung
beigetragen. Weil sie sich von vornherein von ihren Brüdern aus der deutschen evangelischen Kirche schieden und den Rat einer jene verfolgenden Kirchenbehörde höher achteten
als den aus voller kirchlicher Verantwortung gefassten Beschluss, deshalb kamen sie in jene

---

[57] Im Original „unverkürzte" unterstrichen.
[58] Im Original statt „reine, wahre" ursprünglich: „reine Wahrheit".

gefährliche Lage, in der sie völlig preisgegeben waren. Das liest ein Kenner der ökumenischen Arbeit aus jeder Zeile des Berichtes von Bruder Paul Schmidt im Wahrheitszeugen und andern christlichen und freikirchlichen Blättern: Hinter den großen Worten von „großer Stunde" steht bedauerliche Unkenntnis der tatsächlichen Lage. Leider aber hat man nicht weise geschwiegen, sondern gar heftig bemüht, sich in den Vordergrund zu begeben. Und das macht die Sache nun vollends schlimm.

II

Durch die Erklärung und die Rede von Bischof Melle bekundet man vor aller Welt, dass man mit der Tatsache des heute[59] in der Kirche wirkenden Heiligen Geistes nicht so sehr rechnet, sondern die politische Wirklichkeit vor die christliche Offenbarung stellt.

Mit den Reden in Oxford haben die zwei deutschen Freikirchen-Vertreter gezeigt, dass sie die ökumenischen Aufgaben der Kirche nicht ernst nehmen. Statt offen zu sein für die durch den Heiligen Geist gewirkte Einheit der Gemeinde Jesu Christi, ließ man sich im entscheidenden Augenblick von allerlei politischen und sonstigen Rücksichtnahmen leiten.

Der Wortlaut der Botschaft an die deutsche evangelische Kirche zeigt, dass auch in Oxford etwas von dieser echten Einheit aufleuchtete, die alles Trennende nationaler und konfessioneller Grenzen in der Kirche zu überwinden vermag. Das ist immer ein einmaliges Ereignis und in diesem besonderen Falle ein großes Geschenk für eine leidende und kämpfende Kirche. Indem sie von einer andern Kirche voll verstanden wird und dieser in äußerlich gesicherten Verhältnissen lebenden Kirche ein Ruf zur Buße wird, ist ihr Opfer des Leidens würdig erfunden zur Verwirklichung der sichtbaren Einheit des Leibes Jesu Christi beizutragen.

Dieses Geschenk Gottes ist größer als dass es durch die so gefürchteten Missverständnisse nichtchristlicher Volksgenossen an Glanz verlieren könnte.

Die beiden Deutschen aber, die als Vertreter der Freikirchen auftreten wollten, statt beschämt zu erkennen, dass sie sich zu Unrecht von den Brüdern der Heimatkirche trennten, reißen mit ihrer Erklärung die Kluft bis zur Unüberbrückbarkeit auf.

Während jene Botschaft der Konferenz in rein kirchlicher, durchaus unpolitischer Weise davon spricht, dass der Kampf um die Klarheit des Zeugnisses von Jesus Christus, um seine Herrschaft, um die Freiheit der Verkündigung des Evangeliums geht, stellen diese zwei deutschen Freikirchler das einfach alles in Frage. Nach dem Hinweis auf die angebliche Freiheit der Verkündigung durch die Freikirchen belegen sie jenen Kampf mit dem abfälligen Ausdruck: Kirchenstreit, ja Bischof Melle verbreitet die alte, abgedroschene Lüge von dessen Ursache in der organisatorischen Unmöglichkeit 28 Landeskirchen zu einigen. Und im Übrigen entwickelt er die deutsch-christliche Theologie der Irrlehren aus dem Jahre 1933, die

---

[59] Im Original „heute auch", handschriftlich „auch" gestrichen.

allmählich die Kirche an den Abgrund gebracht hat. Genau wie die Deutschen Christen vermengt man Politik und christlichen Glauben und stellt die nationale Erhebung als Wirkung der göttlichen Vorsehung an den Anfang der kirchlichen Lehre vom Staat.

Sowohl die von beiden unterzeichnete Erklärung wie die Rede von Bischof Melle sind eindeutige Zeugnisse für den Einbruch politischen Denkens in den Bereich kirchlich-gemeindlicher Angelegenheit.

Man kämpft gegen die rein biblische Erklärung der Konferenz zugunsten einer politischen Erklärung. Die beiden Freikirchlichen Deutschen beklagen, dass der von ihnen aufgestellte Satz, der doch rein politischen Inhalt hat, nicht in die Botschaft aufgenommen wird.

Begriffen und begreifen die beiden denn nicht, was sie damit tun? Versuchten sie nicht, die Weltkirchenkonferenz tatsächlich zu einem „Zweiten Völkerbund", zur „Internationalen von Oxford" zu machen, wie die Anschuldigungen der politischen Presse lauten.

Schon völkisch ist das ein zweifelhaftes Unternehmen, schlimmer aber ist es, dass man mit diesem Tun das Bekenntnis des dritten Artikels, den Glauben an die Kraft des heute[60] in der Kirche wirkenden Heiligen Geistes verleugnet.

Satz für Satz könnte man in dem bedauerlichen Bericht nachweisen, dass man die biblische Ausrichtung verloren und modernen Irrlehren politisierenden Christentums huldigt. Erinnerte nicht auch schon die Erklärung im W.-Z.[61] Nr. 27 vom 4.7.37 dass „als Vertreter der Vereinigung Evangelischer Freikirchen Bischof Melle und Bundesdirektor Paul Schmidt an der Weltkonferenz in Oxford teilnehmen", durch den Ausdruck „Bundesdirektor"[62] an die Methoden Deutscher Christen, die mit Bischofstiteln nicht geizten, weil sie ein falsch-verstandenes Führerprinzip in der Kirche aufzurichten versuchten.

Solches mit persönlichem Ehrgeiz und Machtgelüsten vermengtes Streben nach Führervollmachten, das eine dauernde Verantwortlichkeit vor der Gemeinde nicht kennt, wäre der Einbruch der Welt in die Gemeinde und muss zerstörend wirken. [Nur zur Ver a n t w o r t lichkeit möchte ich aufrufen, das ist mein Bestreben. Nicht will ich Vorwürfe machen.][63]

III

Die in Oxford eingenommene gegensätzliche Haltung zur Bekennenden Kirche seitens der beiden, die als Vertreter deutscher Freikirchen auftraten, isoliert sie von der Kirche, der Gott heute einen besonderen Auftrag gegeben hat.[64] Diese Oxforder Erklärung bekommt für die

---

[60] Im Original „heute auch", handschriftlich „auch" gestrichen.

[61] Wahrheitszeugen.

[62] Bisher sprach man schlicht vom Leiter des Bundeshauses, vgl. Jahrbuch 1937 des Bundes der Baptistengemeinden in Deutschland, Kassel o.J. [1938], S. 1-2 und 90.

[63] Im Original beide Sätze wieder gestrichen.

[64] Im Original ganzer Satz unterstrichen.

deutschen Freikirchen deshalb noch einen besonderen Sinn, weil in ihr für alle Öffentlichkeit ihr Verhältnis zur Bekennenden Kirche festgestellt wird. Es dürfte wohl für alle, die klar sehen können, genügend deutlich gemacht sein, dass die in Oxford gegebene Parole „Neutralität" falsch ist, weil sie nicht den richtigen Tatbestand beschreibt. Es erweckt den Anschein, dass die Behauptung von „selbstverständlichem, innerlichem Mitleid" unehrlich ist, weil die Gegner der Bekennenden Kirche in ihrer[65] Haltung, die durch die Praxis der völligen Isolierung der Brüder der Bekennenden Kirche sichtbar wird, noch von keinem tätigen Mitleiden Zeugnis gegeben haben. Wohin solches Verhalten führt, zeigt der Fall Oxford mit seinen Auswirkungen in der deutschen Presse zur Genüge. Es kommt letztlich zu einem, vielleicht nicht gewollten, Kampf gegen die Bekennende Kirche.

Wohin es führen wird, wenn Freikirchliche fortfahren, ihren Weg abseits von denen zu gehen, die um des Evangeliums willen leiden und verfolgt werden, lehrt die Geschichte der Gemeinde Jesu Christi. Noch immer war die Verheißung, die den treuen Nachfolgern Christi gegeben ist, bei denen, die das Kreuz Christi vorantrugen, niemals bei der Kirche, die sich ihres guten Verhältnisses mit der Welt rühmte. Sie ist gebundene, unfreie Kirche, und nenne sie sich noch so stolz „Frei-kirche" und poche sie noch so sehr auf ihre Vergangenheit, wo sie wegen dieser Freiheit einmal des Leidens würdig erfunden wurde.

Es ginge weit über den Rahmen dieser vielleicht schon zu langen Ausführungen hinaus, wollte man alle die Irrtümer und Verfehlungen aufzählen, die zu dieser bedauerlichen Entwicklung des Gegensatzes geführt haben. Mir liegt hier nur daran, an dem Fall Oxford, der gewissermaßen einen Markstein auf diesem Wege darstellt, zu zeigen, dass es allerhöchste Zeit ist, dass eine grundsätzliche Besinnung einsetzt.

Diese Besinnung hat m.E. damit zu beginnen, dass man aufhört, unsere „Kirche mit Freiwilligkeitsprinzip" mit der Urgemeinde gleichzusetzen, während man alles andere Staats-National-Volkskirche in ein und denselben Topf mit der Aufschrift „Abfall" - oder „Welt" wirft.

Solches schon im Ansatz geschichtslose Denken übersieht die Tatsache, dass sich grundsätzliche Wandlungen vollzogen haben. Unsere Gemeinden werden in der absurden Meinung gestärkt, als würden die Beziehungen von Staatskirche und Freikirche noch nach den Verhältnissen des vorigen Jahrhunderts geregelt.

In Wirklichkeit existiert heute die evangelische Kirche in der damaligen Form so wenig wie die Staatsform von ehemals.

Als wesentlich Neues besteht heute eine Bekennende Kirche, die um die unveräußerlichen Grundlagen jeder Kirche kämpft, da sie ihr von verschiedenen Seiten strittig gemacht werden. Sie lässt sich in diesem Kampf nicht beirren, weil sie es dem deutschen Volke schuldig ist, den ganzen Christus zu verkünden. Darum heißt sie Bekennende Kirche.

---

[65] Im Original „inneren Haltung", handschriftlich „innere" gestrichen.

Mit ihr haben wir in einer Front zu stehen, auch wenn wir damit und deshalb der Verdächtigung der politischen Unzuverlässigkeit nicht entgehen können.[66]

Jede Gemeinde, deren ernstes Anliegen die freie Verkündigung des Evangeliums ist, wird heute zur Bekennenden Kirche.

Die baptistische Freikirche hat ihrem historischen Auftrag gemäß und damit konfessionell gebunden ihre Verkündigung auszurichten. Warum nicht in voller Einmütigkeit mit der angefochtenen Kirche, deren erstes[67] Anliegen ist, getreu der Heiligen Schrift, ohne menschliche Zusätze und Abstriche zu leben. Es ist wirklich Zeit, dass wir uns nach denen ausrichten, die in vorderster Front stehen, nicht aber Bündnisse mit denen schließen, die ebenfalls glauben, in der Etappe einen gesicherten Platz gefunden zu haben.

Herzlich möchte ich bitten, nicht einfach alles abzuschütteln oder abzuwehren, dadurch, dass man entgegen den Tatsachen behauptet, ich sei wohl schon ganz Bekenntniskirchler und verstehe das baptistische Anliegen nicht mehr. Das baptistische Anliegen ist mir seit meiner Kindheit vertraut, und ich habe immer getreulich versucht, es bis heute gut zu vertreten. Man wird doch wohl vertragen können - eigentlich sollte man es ja begrüßen -, wenn junge Baptisten ihre Meinung, auch wenn sie von der Meinung einiger führender Baptisten abweichen, freimütig[68] vertreten. Ich spreche hier für die Bekennende Kirche und halte mich zu ihr, weil ich in den letzten Jahren erlebt habe, dass sie dem deutschen Volke einen besonderen Auftrag schuldig ist, dem sich kein Christ entziehen kann, wenn ihm einmal die Augen geöffnet sind für die gegenwärtige Lage. Dass im deutschen Baptismus diese Einsicht so gering ist, hat mancherlei Gründe.

Dass eine sektenhafte Abgeschlossenheit nichts wesentlich Baptistisches ist, zeigt beispielsweise die englische baptistische Presse, die durchweg das Verhalten der deutschen Freikirchenvertreter in Oxford scharf kritisiert und mit den Grundsätzen des Baptismus nicht für vereinbar hält.

Ich erwähne nur einen Ausspruch von Dr. Rushbrook[e][69], der als Sekretär des Baptistischen Weltbundes grade von einer Reise durch Deutschland zurückkehrte und die Haltung unseres Vertreters treffend mit „mangelnder Perspektive" kennzeichnet.

Herzlich möchte ich bitten, auch diese letzten [70] Bemerkungen nicht als politisch [zu] erklären und damit abtun zu wollen. Man sollte nicht[71] die herbe Verurteilung in den baptistischen

---

[66] Im Original dieser Satz handschriftlich eingeklammert.

[67] Im Original „soweit es deren alleiniges" gestrichen und ersetzt durch „deren erstes".

[68] Im Original „so freimütig", handschriftlich „so" gestrichen.

[69] James Henry Rushbrooke (1870-1947), englischer Baptistenpastor, 1928-1939 Generalsekretär des Baptistischen Weltbundes, 1939-1947 dessen Präsident.

[70] Im Original „diese meine" gestrichen und ersetzt durch „auch diese letzten".

Blättern im Ausland zurückzuführen suchen auf mangelnde Einsicht der ausländischen Baptisten und besonders der Engländer in unsere Verhältnisse. Damit würde man wirklich nicht das Wesentliche treffen, denn beim aufmerksamen Lesen der Berichte merkt man, dass die englische baptistische Freikirche sich in ganz anderer Weise für den Öffentlichkeitscharakter der christlichen Belange verantwortlich weiß als der deutsche Baptismus. Das könnte man mit dem Unterschied der zahlenmäßigen Größe[72] schon eher zu erklären suchen, doch auch das entscheidet nicht darüber, ob eine Kirche zur Sekte wird.

Die Urgemeinde, die als kleine Sekte in den Katakomben lebte, war deshalb doch Kirche im umfassendsten Sinne, weil sie eine Botschaft für die ganze Welt hatte. Heute ist eine Kirche, die diese umwälzende, anstößige Botschaft nicht hat, selbst bei aller äußeren Größe, doch nur eine Sekte, weil sie letztlich bedeutungslos in der Welt aufgeht.

Genau so wird eine kleine Kirche, die sich auf ihr inneres Leben zurückzieht und die vergisst, dass sie der Ort ist, an dem Gott mit der Welt handelt, bei allem inneren Reichtum zur bedeutungslosen Sekte, von der Welt geduldet und umschlossen.

Gott allein ist es, der über das Leben des Einzelnen wie über das Leben einer Kirche entscheidet. Wir haben alle Ursache, uns vor ihm zu beugen, IHM die Ehre zu geben und wie jene ersten Christen uns nicht zu verbeugen vor der Macht dieser Welt.

Lötzen/Ostpreußen
Krankenhaus „Bethanien"
Jacob Köbberling

P.S.
Ich bin sehr dankbar für jede hilfreiche Äußerung, die so oder so zur Klärung dieser wahrlich nicht belanglosen Fragen beitragen kann. [73]

---

[71] Im Original „sollte auch nicht", handschriftlich „auch" gestrichen.
[72] Im Original handschriftlich ergänzt und wieder gestrichen: „und dem calvinistischen Einfluss".
[73] Im Original letzter Satz handschriftlich ergänzt.

1.2.2. Zweite Fassung der Stellungnahme, Oktober 1937[74]

Das Verhalten der beiden Vertreter der Deutschen evangelischen Freikirchen auf der Welt-kirchenkonferenz in Oxford hat sehr verschiedene Beurteilungen erfahren, sowohl scharfe Ablehnung wie lobende Anerkennung. Da ich mit ökumenischen Fragen vertraut bin und als Mitglied der Baptistischen Freikirche, als deren Vertreter Paul Schmidt in Oxford auftrat, un-terbreite ich meine Stellungnahme, um zur Klärung beizutragen. Es erscheint mir ein großes Unrecht, wenn die Gemeinden so einseitig in den offiziellen Gemeindeblättern aufgeklärt werden.

Es geht dabei nicht allein um die Oxforder Konferenz; dahinter steht das wesentliche Prob-lem, der Kampf um die freie und unverkürzte Verkündigung des Evangeliums von Jesus Christus in unserem Vaterlande. In dieser Zeit der Anfechtung brauchen wir klare Weisungen nach der Schrift. Verharmlosungen der christusfeindlichen Mächte und diplomatische Schachzüge bedeuten Verwirrungen der Gemeinden.

Alle Christusgläubigen stehen heute in dem gemeinsamen Kampf, in dem die Herrschaft Je-su Christi dem Totalitätsanspruch des Staates begegnet. Das kam auf der Weltkirchenkonfe-renz in Oxford klar zum Ausdruck. Die beiden Freikirchenvertreter jedoch haben den Ernst dieser Lage nicht erkannt und gerieten in die falsche Front. Wie gerieten sie in diese schiefe Lage?

I.

Schon der Besuch der Konferenz war ein Vergehen an der im Neuen Testament gebotenen Einheit der Gemeinde Jesu Christi. Diese widersinnige Aussage ergibt sich aus der Tatsa-che, dass die Vertreter der deutschen Evangelischen Kirchen von der Konferenz fernbleiben mussten, weil sie zum größten Teil aus politischen Gründen keine Ausreiseerlaubnis erhiel-ten. Die beiden Vertreter der Freikirchen schieden sich damit von ihren Brüdern aus den be-kämpften Evangelischen Kirchen und achteten die Gunst der kirchenfeindlichen Staatsbe-hörden höher als die Einheit mit den verfolgten Brüdern. Anstatt durch die Tat einen be-scheidenen Beitrag zur Einheit der Kirchen zu liefern, verging man sich an ihr und musste so zwangsläufig durch Reden auf einer Konferenz, die dieser Einheit dienen sollte, zur Zersplit-terung beitragen.

---

[74] Nach einem Durchschlag aus dem Nachlass von J. Köbberling (ohne Überschrift); zuerst veröffent-licht in: H. Kretzer (Hg), Quellen, S. 273-276, unter der Überschrift: „Stellungnahme zur Freikirchli-chen Vertretung zur Weltkonferenz in Oxford 1937".

II.

Mit der Erklärung der freikirchlichen Vertreter und der Rede von Bischof Melle bekundete man vor aller Welt, dass man mit der Wirkung des heiligen Geistes in der Kirche nicht mehr rechnet, sondern die politischen Gegebenheiten über das christliche Zeugnis stellt.

Die in Oxford versammelten Mitglieder der christlichen Kirchen verfassten eine Botschaft an ihre Brüder in der Deutschen Evangelischen Kirche, die in der Deutschen Presse entstellt wiedergegeben wurde. Diese Botschaft bezeugt im Geiste echter Einheit, dass man von der entscheidenden Bedeutung des Kampfes weiß: „gegen Verfälschung und Unterdrückung des christlichen Zeugnisses, für die Erziehung der Jugend im lebendigen Glauben an Jesus Christus, den Sohn des lebendigen Gottes, dem König aller Könige und Herren aller Herren."

Mit ihrem Einwand gegen diese Erklärung und dem Hinweis auf die angebliche Freiheit der Verkündigung in den Freikirchen wenden sich die beiden Vertreter aus Deutschland gegen die geistliche Erklärung der Konferenz zu Gunsten einer politischen Färbung deutschchristlicher Prägung. So wird Politik und christlicher Glaube vermengt. Jener Kampf um die Freiheit der Verkündigung mit dem abfälligen Ausdruck Kirchenstreit belegt; Bischof Melle verbreitet sogar die abgedroschene Lüge von dessen Ursache in der organisatorischen Unmöglichkeit, 28 Landeskirchen zu einigen. Das alles erinnert sehr an die modernen Irrlehren politisierenden Christentums, wie sie in den letzten Jahren von den Deutschen Christen vertreten wurden.

III.

Die in Oxford eingenommene gegensätzliche Haltung zur Bekennenden Kirche bedeutet eine Isolierung von der Kirche, der Gott heute einen besonderen Auftrag gegeben hat. Vor aller Öffentlichkeit werden hier die Freikirchen in einen grundsätzlichen Gegensatz zur Bekennenden Kirche gestellt. Die deutsche öffentliche Presse, die heute kaum noch irgendwelche Nachrichten über kirchliches Leben bringt, greift dies begeistert auf und benutzt diese Nachrichten zur Diffamierung der Bekennenden Kirche.

Die Geschichte der Gemeinde Jesu Christi lehrt deutlich, wohin es führen würde, wenn die Freikirchen fortfahren, ihren Weg abseits von denen zu gehen, die um des Evangeliums willen leiden und verfolgt werden. Wohl immer war die Verheißung des Segens in der Nachfolge Christi bei denen, die das Kreuz Christi trugen, und nicht bei der Kirche, die sich ihres guten Verhältnisses zur Welt rühmt. Diese ist gebundene, unfreie Kirche, auch wenn sie sich noch so stolz „Freikirche" nennt und auf ihre Vergangenheit pocht, in der sie wegen dieser Freiheit einmal des Leidens würdig erfunden wurde.

Hier liegt ein ungeschichtliches Denken vor. Man übersieht die grundsätzliche Wandlung, die sich in der Evangelischen Kirche vollzogen hat. Die Gemeinden werden in der irrigen Meinung gestärkt, als würden die Bestimmungen von Kirche und Staat noch nach den Verhältnissen des vorigen Jahrhunderts geregelt. In Wirklichkeit existiert heute die Evangelische Kirche in der damaligen Form so wenig wie die Staatsform von ehemals. Heute gibt es eine Bekennende Kirche, die um die unveränderlichen Grundlagen jeder Kirche kämpft, da die Feinde des Evangeliums gegen sie Sturm laufen. In diesem Kampf lässt sie sich durch keine Verschleierung beirren, weil sie es dem Deutschen Volke schuldig ist, den ganzen Christus zu verkündigen. Mit dieser Kirche haben wir an einer Front zu stehen, auch wenn wir damit der Verdächtigung der politischen Unzuverlässigkeit nicht entgehen können. Jede Gemeinde, deren erstes Anliegen die freie Verkündigung des Evangeliums ist, wird in der heutigen Situation zur Bekennenden Kirche.

Die Baptistische Freikirche hat ihrem historischen Auftrag gemäß, und damit konfessionell gebunden, ihre Verkündigung auszurichten. Warum sollte sie das nicht in voller Einmütigkeit mit der angefochtenen Evangelischen Kirche tun. Es ist an der Zeit, dass wir uns nach denen ausrichten, die in vorderster Front stehen, und nicht glauben, in der Etappe einen sicheren Platz gefunden zu haben.

Eine sektenhafte Abgeschlossenheit ist nicht im Wesen des Baptismus begründet. Im Falle Oxford beispielsweise zeigt der englische Baptismus eine andere Haltung. Sein führender Vertreter Dr. Rushbrook[e][75] kennzeichnet die Haltung unserer Vertreter mit „mangelnder Perspektive". Man sollte diese herbe Verurteilung wiederum nicht politisch mit mangelnder Einsicht in deutsche Verhältnisse erklären. Man erkenne daran, wie viel mehr der englische Baptismus sich für allgemeine christliche Belange verantwortlich weiß. Das kann man auch nicht mit dem zahlenmäßigen Größenunterschied erklären. Die Zahl der Mitglieder entscheidet nicht darüber, ob eine Kirche zur bedeutungslosen Sekte herabsinkt. Die Christengemeinde, die vor der christlichen[76] Wende unter dem Kaiser Konstantin als kleine Sekte in den Katakomben lebte, war deshalb doch Kirche im umfassendsten Sinne durch ihre weltumspannende Botschaft. Heute ist eine Kirche, die diese umwälzende, anstößige Botschaft nicht mehr lebendig verkündigt, trotz aller äußeren Größe doch nur eine Sekte, weil sie dann bedeutungslos in der Welt aufgeht. Genauso wird aber auch eine kleine Kirche, die sich auf ihr inneres Leben zurückzieht und dabei vergisst, dass in ihr Gottes schaffendes Wort mit der Welt handelt, zur bedeutungslosen Sekte herabsinken.

Gott allein ist es, der über das Leben des Einzelnen wie über das Leben einer Kirche entscheidet. Ihm allein die Ehre zu geben ist unsere Berufung, damit wir uns wie jene ersten Christen nicht verbeugen vor den Mächten dieser Welt.

Lötzen/Ostpr. Oktober 1937
Jakob Köbberling

---

[75] Vgl. die entsprechende Anm. in der Erstfassung.

[76] Im Original-Durchschlag „christlichen", in der Dokumentation von H. Kretzer „geschichtlichen".

1.3. Korrespondenz

Eva-Maria Mascher, geb. Köbberling, Cremlingen-Weddel bei Braunschweig, hat die erhaltenen Briefe aus dem Nachlass ihres Vaters für diese Dokumentation zur Verfügung gestellt. Die Briefe zeigen neben Ablehnung viele zustimmende Voten zur kritischen Position Köbberlings.

1.3.1. Heinrich Euler an J. Köbberling, 25.9.1937

[Heinrich Euler[77]]   Marburg, den 25. Septbr. 1937

Lieber Br. Köbberling!

Herzlichen Dank für Deinen lieben Brief, mit dessen Inhalt ich mich einverstanden erkläre, zumal es bei mir als einem Mitglied der B.K.[78] nicht anders zu erwarten ist. Ich habe hier manche schöne Aussprache. Pfr. Schimmelpfeng von der Elisabethkirche steht mir nahe. Wir besprechen oft die Lage miteinander und sehen vieles gleich. Er sieht ein, dass die Tage der Volkskirche gezählt sind und dass dann 4 Jahrhunderte abschließen. Prof. Bornhäuser sagte mir: „Wir erkennen heute, dass wir einem Phantom nachjagten, als wir Volkskirche bauen wollten. Wir müssen umkehren und Gemeinde bauen. Weithin können wir dabei mit Ihnen gehen. Nur müssen Sie uns zugestehen, dass das N. Test. sagt: ‚Du und dein Haus'! Ich wäre dafür zu haben, dass man die Frage der Taufe frei gäbe. Jedenfalls kann und darf man in Zukunft nicht mehr wahllos taufen." – Frh. v. Sooden sagte: „Die Kirche wird ihre Vorrechte verlieren, keine staatliche Unterstützung mehr haben, auf einen kleinen Bruchteil zusammenschmelzen und somit werden wir Ihnen sehr nahe kommen. Eine Aussprache mit Ihnen wäre m.E. heute an der Zeit. Ich sehe wohl die Schwierigkeiten, die dem Verstehen im Wege sein können, aber ich halte sie nicht für unüberwindlich." Pfr. Thimme sagte am Dienstag in einer DCSV- Altfreundestunde [79]: „Ihr Baptisten habt hinsichtlich des Gemeindegedankens recht. Das müssen wir anerkennen und denselben Weg gehen. Aber ich halte auch jetzt noch die Taufe von Kindern gläubiger Eltern für recht. Auch kann man wohl seelsorger-

---

[77] Heinrich Euler (1880-1945), Baptist, Marburg. Er warb früh für die NS-Bewegung in der Meinung, man könne den Kurs der Partei von christlicher Seite aus mitbestimmen, wie seine Rundbriefe („Eichenblätter") an die „baptistischen Mitglieder der NSDAP und die Freunde der Bewegung" belegen (vgl. G. Balders, Ein Herr, S. 91, und A. Strübind, Die unfreie Freikirche, S. 62, 83). Hier hat er sich offenbar der Bekennenden Kirche zugewandt.

[78] Bekennende Kirche.

[79] Deutsche Christliche Studentenvereinigung.

lich auf inneres Erleben der Gnade hinwirken, aber die Erfahrung darf nicht zur Mitgliedschaft gefordert werden. Vielmehr wird die <u>Entscheidung</u> des Einzelnen in der Zukunft immer mehr in den Vordergrund treten. Wenn es Opfer kostet, Christ zu sein, dann wird man sich nicht so leicht dazu drängen." –

Wenn im neuen Rosenbergbuch „Prot. Rompilger"[80] den Freikirchen ein Lob für ihre Haltung in O[xford] gespendet wird, so ist das ja die beste Bestätigung für die Richtigkeit des Kurses von Paul Schmidt. Er kann sich ja dies Lob einrahmen lassen.

Nur: Dass Dein Brief ihn oder auch nur die Durchschnittsbaptisten irgendwie beeinflussen könnte, das wage ich nicht zu hoffen. Es geht ja doch so viel besser und leichter! Weshalb soll man denn den Wolf aus dem Wald rufen? Es fehlen ganz die Voraussetzungen zum Verstehen. Deshalb würde ich ja den Brief etwas anders angesetzt haben. Deine Voraussetzungen sind die meinen und ich stimme von vornherein mit Dir überein, wenn Du gleich die Vernebelung und Tarnung der Wirklichkeit angreifst, gegen die Verharmlosung Protest einlegst. Aber wer sieht denn das im Baptismus? Es geht doch alles im besten Gleis! Wir predigen doch das volle Evangelium! Wir tun doch unsre Pflicht im Blätterverteilen, in Sonntagsschule, unter der Jugend! – Wenn Du von den „Brüdern der Heimatkirche" sprichst, dann sehen sie in den Pastoren unsre Verfolger und Hasser. Wenn Du von dem heute in der Kirche wirkenden heiligen Geiste sprichst, dann sehen sie nur das Gericht Gottes über die verweltlichte Kirche. Wenn Du von sektenhafter Abgeschlossenheit der Gemeinde sprichst, dann werden sie Dir sagen, dass sie nie offener seien als heute, wo wir den Brüdern in den Freien Gemeinden, in der „Versammlung", bei den Mennoniten usw. die Bruderhand bieten, damit endlich eine große deutsche Freikirche auf biblischem Boden werde!

Ich glaube, dass man mit <u>Bewusstsein</u> tat, was man in O. tat. Man glaubt, die neue Zeit biete uns eine nie dagewesene Möglichkeit, nämlich endlich einen Platz an der Sonne zu bekommen. Man glaubt dem heutigen Ministerium, dass es uns befördere und dass wir Freiheit bekämen, während die Kirche immer mehr eingeengt werde. Pfr. Hess, der frühere Lehrer im Seminar, schrieb mir in den letzten Tagen: „Die Stellung der Bapt[isten]. u. Meth[odisten]. in O. beweist mir nur, dass sie auch noch im konstantinischen Zeitalter leben und den Weg weiter zurück nur in der Theorie finden! Sie werden von ihrem Verhalten nicht einmal einen äußeren Erfolg haben. ...Wie kurz sehen die an und für sich als Einzelne so lieben Brüder!" –

Wenn ich nun meine Meinung sagen soll, so ist es mir bewusst, dass entweder jetzt eine wirkliche Klärung im Baptismus einsetzt – und ich fürchte, dazu ist es schon zu spät, weil Dinge im Anzug sind, die sich nicht mehr aufhalten lassen –, oder dass dann über kurz oder lang eine Spaltung eintreten muss. Ich wäre immer noch für ersteres! Aber ich sehe keinen **Weg dazu! Es scheint** mir, als ob Gott jetzt in der Kirche die Form zerbrechen muss, um ein

---

[80] Alfred Rosenberg: Protestantische Rompilger. Der Verrat an Luther und der „Mythus des 20. Jahrhunderts", München 1937.

Neues zu bauen, und dass er uns auch in die Sackgasse führt, damit wir erst einmal von unserm Stolz und unsrer Einbildung geheilt werden. Vielleicht muss erst in der nächsten Zukunft der Schleier mehr und mehr sich lüften über die wahren Ziele der Männer, die heute noch getarnt vorgehen! Vielleicht können wir heute nichts anderes tun als warten und bereit sein zum Handeln – oder zum Leiden! Man kann so leicht über die Fehler der Männer in der B.K. kritisieren. Aber wenn man einmal selbst in ihre Lage kommt, dann sieht es anders aus!

Vielleicht wäre es aber auch möglich, jetzt unter den Jungbaptisten, insbesondere den Leuten, die ein wenig mehr gelernt haben und geschichtlich zu denken imstande sind, Grundlinien festzustellen, die klärend wirken. Ich habe in meinem Leben erfahren, dass Husarenritte Einzelner, auch wenn sie noch so gut gemeint sind, nur mit Niederlagen enden. Man kann Wände von Vorurteilen nicht einrennen und lang eingefleischte Denkgewohnheiten nicht stürzen. Wenn Du also auf Deinen Brief Antworten zustimmender Art bekommst, dann müsste man die Leute sammeln und eine „Front" bilden. Davor hat man Angst, dass so etwas kommen könnte. Ich würde gern dabei mittun, kampfmüde bin ich trotz aller Hiebe noch nicht! Es handelt sich um ein Zusammenkommen, eine Art Synode, auf der wir dann Grundsätze herausstellen müssten, die für uns bindend sind und für die wir eintreten. Dann wird sich ja zeigen, ob dabei etwas Positives herauskommen kann. Ich fürchte nur, dass auch dieser Weg heute versperrt ist, denn soviel ich weiß, sind die Verhandlungen zwischen den verschiedenen Freikirchen schon zu weit gediehen, als dass man von dort her noch erhoffen könnte, es gäbe etwas wirklich Neues. Es wird dabei nichts herauskommen, als eine Verschlechterung unsrer klaren Grundlinien, die noch das Beste waren, was wir hatten, als ein großer Mischmasch von Unzulänglichkeiten und als eine weiche Masse, mit der dann sehr leicht Fußball zu spielen sein wird, weil die Männer fehlen, die „Nein!" sagen können. Es wird schon dafür gesorgt werden, dass die nötigen Hemmschuhe in die neuen Grundsätze hinein kommen, denn ohne neue staatliche Grundlinien wird die kommende Freikirche nicht zustande kommen. Dann hilft uns unsre ganze Aktion nichts mehr! –

Es ist allein zu hoffen, dass die kirchliche Entwickelung einen andern Verlauf nimmt und dazu zwingt, dass vorher eine Aussprache zwischen den Kirchen und Freikirchen zustande kommt. Wenn diese nicht eintritt, dann sehe ich keinen Ausweg aus der Verworrenheit.

Wenn ich nun mit diesem pessimistischen Schluss Dich entmutigen sollte, so würde ich mich umso mehr freuen, wenn Du Deine Handgranaten doch so anbringen könntest, dass man wach wird. Ich habe in der Hess. Vgg. getan, was ich konnte und weithin Verständnis gefunden. Br. Bohle[80a] in Hersfeld steht auch auf meiner Seite. Wir haben in den nächsten Wochen einen Predigertag in [Bad] Wildungen, bei dem diese Fragen erörtert werden sollen. Aber ich weiß noch nicht, ob ich hingehen kann. Es ist mir dienstlich nicht gut möglich.

[80a] Friedrich Carl Bohle (1885-1954), Pastor in Luckenwalde, Tilsit, Harburg und Bad Hersfeld.

Es geht mir wieder gut. Auch meiner Familie. Davon könnte ich mancherlei erzählen, aber vielleicht später einmal. Wir alle grüßen Dich herzlich als Deine gern an Dein Hiersein denkenden

[gez.] Eulers

1.3.2. Herbert Müller an J. Köbberling, 13.10.1937

Dr. med. Herbert Müller   Einbeck, den 13. X. 37
Arzt
Einbeck, Schrammstr. 2

Lieber Bruder Köbberling![81]

Ihre Ausführungen über das beklagenswerte Verhalten der Vertreter der Freikirchen Deutschlands in Oxford habe ich gelesen, sie wurden mir soeben von unserm Gemeindeleiter Br. H. Hermes zur Verfügung gestellt. Ich habe mich herzlich gefreut über diesen offenen Brief und kann Ihren Ausführungen nur zustimmen. Hoffentlich werden sie dazu beitragen, dass in unseren Reihen etwas mehr Verständnis für den Kampf der bekennenden Kirche geschaffen wird. In manchen Gesprächen selbst mit Brüdern, die es ihrer Stellung im Bundeswerk nach eigentlich wissen mussten, habe ich gestaunt über die Unwissenheit und vollkommen falsche Orientiertheit auf diesem Gebiete. Ich möchte ja fast manchmal annehmen, dass Bequemlichkeit und auch ein „Nichtwissenwollen" mit den Hauptgrund für diese katastrophale Unwissenheit darstellen, denn das Wissen um gewisse Tatsachen würde ja für manchen Gewissenskonflikte bringen, die doch unbequem werden könnten. Allerdings muss man wohl zugeben, dass eine Orientierung auch nicht ganz leicht ist. Wer von unsern Leuten kann das Schrifttum der bekennenden Kirche verfolgen? Wo soll er sich aber anders orientieren? Wenn dazu selbst ein Lehrer unseres Seminars, mit dem ich mal Gelegenheit hatte über diese Dinge zu sprechen, bei seiner Arbeit nicht die Zeit findet, sich über diese Dinge zu orientieren, so kann man verstehen, dass ein großer Teil unserer Predigerschaft erst recht unwissend bleibt, da sie sich einfach die Zeitschriften, die orientieren könnten, nicht halten können. Es dürfte daher für weite Kreise die Unwissenheit entschuldbar sein. Entschuldbar wird sie auch in einer Gegend sein, in der man tatsächlich beobachten kann, dass sich unter den Pfarrern der Bekenntnisfront gerade solche befinden, denen man ihrem ganzen früheren Verhalten nach eine wirklich positive Einstellung zum biblischen Christentum kaum wird nachsagen können, dass aber auf der andern Seite bestimmte positiv eingestellte

---

[81] Randnotiz: „Handschriftlich beantwortet! [K.]".

Pfarrer sich der Bekenntnisfront nicht anschließen. Solche Tatbestände wurden mir gerade bei Gesprächen über dieses Thema entgegengehalten. Die glücklichste Form der Entschuldigung hat aber wohl Herr Rushbrooke gefunden, wenn sie auch nicht gerade schmeichelhaft für unsern Vertreter klingen mögen. Übrigens ist, glaube ich, gerade das Echo, das die Einstellung der freikirchlichen Vertreter in der baptist. Presse Englands gefunden hat, bemerkenswert genug, um auch in unsern Kreisen bekannt zu werden, obwohl auch Ihnen vielleicht nicht unbekannt geblieben sein dürfte, dass manchmal die dortige baptist. Presse mit unwahren Berichten über andre Dinge gekommen ist, ohne dass es möglich gewesen wäre, durch persönliche Fühlungnahme die Schriftleitung zu einer Berichtigung zu bewegen.

Schicken Sie doch bitte, falls noch nicht geschehen, ein Exemplar Ihres Briefes an meinen Schwieger[vater] Diedr. Müller[82], Varel i.O., Mühlenstr. 30. Er wird sich sicher freuen über diesen Brief. Eins möchte ich auch haben, wenn irgend möglich, da ich diesen Brief an Br. Hermes zurückgeben muss.

Ich wünschte, dass durch Ihren Brief eine etwas stärkere Besinnung über die Bedeutung und den Sinn der jetzt stattfindenden „weltanschaulichen" Auseinandersetzungen unsrer Tage in unsere Kreise getragen würde, dann würde auch mehr Verständnis für die Bedeutung des Kampfes der sogenannten Bekenntnisfront in der ev. Kirche sich entwickeln.

Mit brüderlichen Grüßen

Ihr [gez.] H. Müller

1.3.3. Paul Schmidt an J. Köbberling, 22.10.1937

Bund der Baptistengemeinden in Deutschland *Körperschaft des öffentlichen Rechts*
Bundeshaus: Berlin-Südende – Leitung: Prediger Paul Schmidt

Herrn	Berlin-Südende, den 22.10.37
Dr. Jakob Köbberling,	Bahnstraße 12a
Lötzen, Ostpr.	
Haus Bethanien	

Lieber Br. Köbberling!

Auf Ihren Brief vom 22.9. und den beigelegten Offenen Brief an mich habe ich bisher nicht geantwortet. Vorige Woche sagte mir Br. Flügge in Kassel, dass Sie den Offenen Brief auf seine Bitte hin außer an die Brüder Rockel & Euler nicht verschicken wollen. Dagegen

---

[82] S. III.1.3.4.

scheint es mir so zu sein, dass Sie den Brief in etwas veränderter Form ohne die direkte Spitze gegen mich doch verschicken. Ich habe dazu folgendes zu sagen.

1. Die Form des Offenen Briefes ist für eine Auseinandersetzung völlig ungeeignet. Wo sie im gegenwärtigen Kirchenkampf angewandt wird, schafft sie nur Zerstörung. Ich werde Ihnen also auf diesem Wege nicht folgen. Die Form entspricht auch nicht den Belangen, um die es hier geht.

2. Ganz unmöglich kann ich Ihnen folgen in Ihrer Tonart und in der schnellen, wie es mir scheint leichtfertigen Urteilsbildung, die bis in die Bewertung meiner Motive hineingeht. Völlig unverständlich ist es mir, dass Sie im Namen der Kirche, die jahrhundertelang bis auf den heutigen Tag in engster Staatsverbundenheit lebt, zu Belehrungen über das gute Verhältnis der Kirche zur Welt kommen. Das ist im Blick auf unsere Lage völlig deplatziert. Die Besinnung über diese Fragen ist glücklicherweise bei uns bis auf den heutigen Tag ständig durchgeführt worden. Keinesfalls aber von der Kirche, deren Vertreter heute glauben, uns in z.T. unerhörter Form Vorwürfe zu machen über unser Verhalten in Oxford. Ob sich die B.K. in ihrem Kampf nicht beirren lässt, ist ihre eigenste Angelegenheit. Für mich scheint es leider schon feststehende Tatsache zu sein, dass sie einen Fehlansatzpunkt im Kampf um die Verkündigung in der heutigen Situation gefunden hat. Auf keinen Fall kann ich der B.K. zuerkennen, dass sie für uns die Führung in der Bezeugung des Evangeliums und in ihrem methodischen Kampf um die Geltung der Kirche haben kann. Wir können und werden ihr auf dem Wege dieses Kampfes nicht folgen.

3. Der Weg der Ev. Freikirchen liegt klar und deutlich vor jedermanns Augen. Wir möchten die brüderliche Gemeinschaft unbeirrt mit allen halten, die in Christo Jesu sind. Wir möchten uns durch gar keine Maßnahmen, soweit es uns betrifft, innerlich und äußerlich von denen trennen lassen, die das Zeugnis der Kindschaft haben. So möchte ich es persönlich auch Ihnen gegenüber halten. Wenn mir auch Ihre Begründung für das Schreiben des Offenen Briefes fremd ist, so soll meinerseits an dem persönlichen Verhältnis, das bisher bestanden hat, nichts geändert werden. Auf Ihren Erkenntniswegen kann ich Ihnen leider, soweit es sich um das Verhalten im gegenwärtigen Kirchenkampf handelt, nicht folgen. Aber was bedeutet das gegenüber der tiefen Gemeinschaft, die aus der gemeinsamen Gotteskindschaft kommt. Die Kampfmethode in der B.K. führt zu dauernden Spaltungen und Schwächungen innerhalb ihrer eigenen Reihen, weil sie in einem nicht richtig abgesteckten Raum und unter nicht völlig richtigen Voraussetzungen geführt wird. Aber darüber kann ich mich nicht in einigen Sätzen ausbreiten, dazu bedarf es einer eingehenden Darlegung.

Mit brüderlichem Gruß

Ihr [gez.] Paul Schmidt

1.3.4. Diedrich Müller an J. Köbberling, 23.10.1937

Diedr. Müller
Varel in Oldenburg
Gegründet 1891 – Postfach 20   den 23. Oktober 1937

Herrn
Dr. Jakob Köbberling
Krankenhaus Bethanien
Lötzen/Ostpr.

Lieber Br. Köbberling!

Ihr Rundschreiben über Oxford bekam ich in Händen und will Ihnen dazu mitteilen, dass ich dasselbe mit großem Interesse und mit gewisser Freude gelesen habe. Ich habe von Anfang an dieselbe Stellung vertreten, welche Sie einnehmen. Nun muss ich aber erklären, dass ich durch den Artikel von Dr. Luckey[83] im „Hilfsboten"[84] und besonders auch durch eine längere persönliche Aussprache mit demselben nicht mehr so sicher bin, ob meine Beurteilung richtig war. Es spricht auch manches für die Stellungnahme der Oxforder Freikirchenvertreter, und wenn ich oder Sie in Oxford als für die gesamte deutsche Freikirchenschaft verantwortlicher Vertreter geweilt hätten, hätten dann wir wahrscheinlich auch schwer uns entscheiden können. Es ist leider Tatsache, dass selbst in diesem Jahr noch bekenntnistreue Pfarrer die Baptisten und Freikirchen mit Mitteln bekämpfen, die man kaum für möglich halten sollte. Mir wurde von Luckey gesagt, wenn heute Dibelius, Marahrens, Wurm etc. genügend Macht in Händen hätten, dann wären die Freikirchen baldigst erledigt. Ob dies zutrifft, kann ich nicht beurteilen, aber ich halte es für möglich.

Trotz alledem war es vor einigen Tagen ein Schlag für mich, wie ich las, dass die DC[85] in ihrer Versammlung den tapferen Bischof Melle[86] so hervorhoben und ihm ihren Beistand versprachen. Ich befürchte ja auch, dass unsere leitenden Brüder nicht die genügende Konsequenz besitzen. Es ist natürlich weitaus bequemer, den Regierungsmaßnahmen zuzustimmen, ebenso wie es früher geschah bei Ludwig Müller, ich befürchte aber, dass die Folgen verheerend sein werden.

---

[83] Dr. Hans Luckey (1900-1976), s. Anm. 33.

[84] Bekenntniskirche oder Bekennende Kirche?, in: Der Hilfsbote (1937), Nr. 9, S. 189-192; Unsere Stellung zu Oxford, in: a.a.O. Nr. 10, S. 216-218.

[85] Die Glaubensbewegung „Deutsche Christen" entstand in Berlin im Juni 1932 und schloss sich eng an das politische Programm Hitlers an (vgl. M. Greschat/H.-W. Krumwiede (Hg.), Das Zeitalter der Weltkriege und Revolutionen, S. 79-83).

[86] F.H. Otto Melle (1875-1947), von 1936 bis 1947 Bischof der Methodistenkirche in Deutschland.

Ich bin so ziemlich informiert, da ein Schwiegersohn von mir reformierter Pastor an der Gemarker Kirche in Barmen ist und mit in erster Front steht.

Mit brüderlichem Gruß

[gez.] Diedrich Müller

1.3.5. Willi Grün an J. Köbberling, 26.10.1937

Dr. Willi Grün[87]   Lübeck, Busekist-Str. 37
Prediger   26.10.37

Herrn
Dr. Jacob Köbberling
Krankenhaus Bethanien
Lötzen – Ostpreußen

Lieber Br. Köbberling,

Ihre „Gedanken zu den Tatsachen, die Br. Paul Schmidt im Wahrheitszeugen vom 29.7.37[88] veröffentlicht hat" sind mir weithin unverständlich. Ich kann eine Klärung der angeschnittenen Fragen für Sie nur in der Richtung sehen, dass Sie den Baptismus verlassen und sich der „Bekenntniskirche" anschließen, die ja vielleicht auch noch eine „Konfession" werden wird. Vielleicht, dass die „Volkskirche" Ihnen gibt, was Sie in der „Freikirche" vermissen!

Entschieden verwehre ich mich gegen die Diffamierung unserer leitenden Brüder, die nach meiner Überzeugung aus höchster Verantwortung heraus handeln, mag auch die Beschränkung aus unserer allgemein menschlichen Unzulänglichkeit ruhig in Rechnung gezogen werden. Die Art Ihres Schreibens halte ich für unbrüderlich.

Mit freundlichem Gruß!

Ihr [gez.] Willi Grün

---

[87] Dr. Willi Grün (1910-2005), nach Studium in Frankfurt (Dr. phil. 1934) und Hamburg Prediger in Lübeck (1936-1938) und Oldenburg (1938-1951), von 1951 bis 1965 Lehrer für neutestamentliche Theologie in Hamburg, danach bis 1975 Schriftleiter der baptistischen Zeitschrift „Die Gemeinde".
[88] Gemeint ist wohl 22.8.37.

1.3.6. J. Köbberling an Willi Grün, 27.10.1937

Dr. med. Jacob Köbberling
Krankenhaus Bethanien   Lötzen/Ostpr. am 27.X.1937

Lieber Bruder Grün!

Ihr Schreiben mutet einem seltsam geschäftlich an. Nicht nur in der Form ist es der behandelten Sache unwürdig, auch inhaltlich klingt es etwa wie: Wenn Ihnen unsere Geschäftsbedingungen nicht passen, dann treten Sie doch in einen anderen Verein ein; vielleicht werden Sie dort glücklich. Wenn ich mir die Sache so einfach machen wollte, dann brauchte ich in der Tat nicht so lange Briefe zu schreiben bei beruflicher Überlastung, dann genügte ein kurzer geschäftlicher Brief wie der Ihrige und ich wäre draußen!

Es sollte Ihnen jedoch als Seelsorger deutlich geworden sein, dass ich aus Gewissensgründen schreibe, und zwar nicht, weil ich etwas für mich persönlich „vermisse", sondern um der im Evangelium gebotenen Wahrheit willen. Wenn Ihnen dann meine Ausführungen „weithin unverständlich" sind, dann bemühen Sie sich um der Sache willen um ein besseres Verständnis, oder fragen Sie nach Ihren Gründen des Nichtverstehens anstatt meine Situation psychologisch abzuurteilen.

Wenn Sie von Diffamierung unserer leitenden Brüder schreiben, dann verstehen Sie mich eben auch falsch. Wenn ich versuchte deutlich zu machen, dass jene nicht verantwortlich handelten, dann ist das keineswegs Diffamierung, sondern ein Ringen um die Wahrheit, das in der Gemeinde möglich sein muss. Menschliche Unzulänglichkeit wird in der Gemeinde nicht „in Rechnung gezogen" (geschäftlich??) sondern in entscheidenden Dingen unter das Licht des Wortes Gottes gestellt. Das ist meines Erachtens brüderlich und nicht jene höflich falsche Brüderlichkeit, die die Härte der Wahrheit nicht kennt.

Ich bitte Sie noch einmal brüderlich, sich unter diesen Gesichtspunkten die Sache durch den Kopf und das Herz gehen zu lassen.

Ihr

[gez.] Jacob Köbberling

1.3.7. Hans Rockel an J. Köbberling, 28.10.1937

Hans Rockel[89]
Berlin SO 16
Schmidstraße 17   Berlin, den 28.10.1937

Lieber Jakob !

Als Dein Brief kam, über den wir uns sehr gefreut haben, musste ich gerade fort nach Wittenberg zu einem Pflichtlehrgang der Evangel. Presse-Fachschaft. Die Tagung war übrigens ausgezeichnet. Prof. Hinderer haben wir alle als einen wirklich tapferen Mann kennen gelernt. Außerdem hatte man Gelegenheiten wie wohl selten, Vertreter verschiedenster Richtungen kennen zu lernen. Da war Riethmüller[90], Jugendpfarrer Zahn, Söhlmann, Dannenbaum[91], der neben Paul Schmidt saß, und viele andere, über 200 – hoch interessant. Ich habe sehr viel gelernt und wünschte nur, noch viel mehr Zeit für unsern „Jungbrunnen"[92] erübrigen zu können. Gefreut habe ich mich, dass er von der Leitung der Fachschaft gut bewertet wird.

In Wittenberg hatte ich natürlich gleich Gelegenheit, mit P.S.[93] über Deinen Brief zu sprechen. Da er weiß, wie ich grundsätzlich stehe, sagte er nur, dass Du an einigen Stellen in Deinem Urteil doch zu weit gegangen seist. Meine Stellung in der ganzen Sache habe ich öffentlich bei einer Zusammenkunft der Freikirchl. Predigerschaft in Berlin klargelegt. Ich habe zum Schluss meiner Ausführungen dringend darum gebeten, diesen Weg einer falsch ver-

---

[89] Hans Rockel (1906-1979), nach Studium am Predigerseminar Hamburg von 1924-1927 Baptistenprediger in Tübingen (1927-1932), Hamburg-Eimsbüttel (1932-1934), und seit 1934 als Jugendprediger in Berlin-Schmidstraße neben Friedrich Rockschies. Im Oktober 1935 übernahm er die Schriftleitung des Jugendblattes „Jungbrunnen". Daneben leitete er seit 1934 auch die Freundschaftsarbeit der baptistischen Jugend. Von 1929 bis 1939 war er in der „Friedensarbeit der Kirchen" aktiv tätig. 1939 wurde er als Lehrer für praktische Theologie an das Seminar nach Hamburg berufen. Vgl. über ihn: Erhard Rockel, Hans Rockel zum Gedächtnis, in: Festschrift Hundert Jahre Theologisches Seminar, 1980, S. 85-93.

[90] Otto Riethmüller (1889-1938), ev. Pfarrer aus Württemberg, 1928 Direktor des Burckhardthauses in Berlin-Dahlem, 1935 Vorsitzender der Reichsjugendkammer der Bekennenden Kirche, Liederdichter, vgl. Evangelisches Lexikon für Theologie und Gemeinde, hg. H. Burkardt/U. Swarat, Wuppertal und Zürich 1992, Bd. 3 (1994), S.1709f.

[91] Hans Dannenbaum (1895-1956), ev. Pfarrer, seit 1926 in der Berliner Stadtmission tätig.

[92] Zeitschrift des baptistischen Jugendbundes, ab 1934 der Gemeindejugend. Die Auflage betrug 1937 5.300 (vgl. Jahrbuch 1937 des Bundes der Baptistengemeinden, S. 19). Hans Rockel war Schriftleiter. 1937 versagte ihm die „Reichsschrifttumskammer" die Anerkennung als Schriftleiter, „weil seine Person nicht geeignet war, die Öffentlichkeit im Sinne des NS zu beeinflussen." Vgl. Festschrift Hundert Jahre Theologisches Seminar, 1980, S. 88.

[93] Paul Schmidt.

standenen „Politik aus dem Glauben" auf keinen Fall weiter zu gehen. Dabei war Br. Rockschies[94], der nach mir sprach, ganz und gar mit meinen Ausführungen einverstanden. Leider hat es sich inzwischen gezeigt, dass auf der sog. andern Seite nun mit Mitteln gearbeitet wird, die noch weniger mit den Grundsätzen christlicher Bruderschaft zu vereinbaren sind als die Dinge, die vorher geschehen sind. Der Bruch mit der Allianz[95] ist so unbrüderlich, dass ich dafür einfach kein Verständnis aufbringen kann. Wo bleibt da die Treue zum Wort, z.B. hätte man sich erinnern können an das schöne Wort: „So jemand unter euch von einem Fehler übereilt wird..."[96] Lieber Freund Jakob, ich habe der ganzen Sache wegen viel mit unsern englischen Freunden gesprochen. Die Auswirkungen drüben sind mehr als bedauerlich. Man darf schon im „weltlichen Leben" niemals ungestraft Böses mit Bösem vergleichen – das soll vergelten heißen –, aber noch weniger im Leben einer großen christlichen Bruderschaft. Natürlich entschuldigt das eine das andere nicht, aber die Lage wird nur trüber und, was heute wahrlich nicht zu übersehen ist, gefährlicher. Wenn nun Kerrl[97] Melle gegen die Unbrüderlichkeit der BK zu schützen versucht, s. heutige Zeitung, dann kann man beim besten Willen dort nicht mehr behaupten, man hätte um des Evangeliums willen so gehandelt und müsste nun um des Evangeliums willen leiden. Die Aufforderung der Württemberg. Kirchenführung, die Allianz zu brechen, ist unevangelisch. Was ist das für ein Verhalten, wenn sich Dannenbaum weigert, sein Gemeindehaus, das alljährlich für unsere Allianzkonferenz benutzt wurde, in diesem Jahr zur Verfügung zu stellen mit der Begründung s. Oxford. Was können die Berliner Gemeinden dafür? In Königsberg sagen die BK-Pfarrer plötzlich ihre Mitarbeit und Beteiligung ab, Rockschies wird telefonisch gerufen, um wenigstens nach außen hin die Situation zu retten. Sag mal, ist das alles aus Glauben heraus gehandelt und aus der Liebe Jesu Christi? Das ist ganz üble Kirchenpolitik alten Stils. Und das heute!!!

Nun bin ich in Eifer geraten, aber Du wirst das verstehen. Uns hätte ein ernstes Wort brüderlicher Mahnung von der andern Seite wirklich gut getan und es wäre von vielen gehört worden. „Die Geschichte lehrt, dass man aus der Geschichte nichts lernt", auf unserer Seite fällt man immer wieder in Versuchung „Kirche" zu werden und auf der andern Seite ist der Trennungsstrich zu den „Sekten" anscheinend unverwischbar.

---

[94] Friedrich Rockschies (1875-1945), bei Tilsit in Ostpreußen geboren, Studium am Hamburger Seminar von 1899-1903, Baptistenpastor in Bremen (1903-1907), Königsberg-Klapperwiese (1907-1919) und Berlin-Schmidstraße (1919-1945); seit 1930 in der Bundesverwaltung, von 1933-1936 einer der drei Bundesältesten, von 1936-1945 1.Vorsitzender der Bundesleitung. Vgl. über ihn die Kurzbiografie in G. Balders, Ein Herr, S. 357, und Hans Luckey, Meine Erinnerungen an F. Rockschies, in: Die Gemeinde (1976), Nr. 4-16, jeweils S. 7.

[95] Vgl. E. Beyreuther, Der Weg der Evangelischen Allianz in Deutschland, Wuppertal 1969, S. 101: „So fühlte sich durch Melles ‚Bekenntnis' nicht nur die ‚Bekennende Kirche' getroffen. Eine heftige Kritik ergriff selbst weite Allianzkreise […]".

[96] Gal. 6, 1.

[97] Hanns Kerrl (1887-1941), Reichsminister für die kirchlichen Angelegenheiten.

Aber dass Du uns einmal geschrieben hast, war sehr fein, wir haben uns wirklich sehr gefreut. Oft haben wir an Dich gedacht. Aus dem Jungbrunnen wirst Du über die Sommerarbeit erfahren haben. Nun geht's dem Winter entgegen. Die Wortverkündigung ist immer noch die eigentliche Freude bei allem. Ich habe viele Bibelstunden. Doch mein Briefbogen mahnt zugleich an die Zeit. Wir wünschen Dir weiter viel Erfolg im Beruf und vor allem Gottes Segen.

[gez.] Es grüßt Dich herzlich, Deine Hans u. Gisela Rockel

1.3.8. J. Köbberling an Hans Rockel, 31.10.1937

Dr. Jacob Köbberling   Lötzen/Ostpr. am 31.X.1937
                                        „Bethanien"

Lieber Hans!

Ich muss Dir gestehen, dass ich mit einiger Ungeduld und Spannung (was mir nach so langem Schweigen nicht zustand!) auf Deinen Brief gewartet habe; denn diese Sache bewegt mich doch ziemlich stark.

Gefreut habe ich mich zu hören, dass Du bereits in einer gewissen Öffentlichkeit Deine Bedenken gegen diese „Politik aus dem Glauben" geäußert hast. Auch das Einverständnis von Br. Rockschies, unserem Bundesältesten, freut mich besonders. Man freut sich ja überhaupt jetzt über jeden unser Prediger, die in dem Kurs von P.S. eine Gefahr sehen.

Um der Ehrlichkeit willen, die zu echter Freundschaft und Brüderlichkeit gehört, kann ich Dir aber nicht verheimlichen, dass ein großer Teil Deines Briefes für mich eine Enttäuschung gewesen ist. Nicht nur weil ich eben ganz anderer Meinung bin, sondern auch weil du mir damit sagst, dass Du im wesentlichen mit meinem wohlüberlegten Brief an P.S. nicht einverstanden bist.

Wenn ich Dich recht verstehe, siehst Du in der Handlung von P.S. einen Fehler, der zwar gerügt, aber irgendwie mit christlicher Liebe überbrückt werden muss. Ich habe versucht zu zeigen, dass das Ganze weit über ein einzelnes Vergehen hinausgeht. Man kann diese Sache nicht individualistisch sehen, sondern muss die Gesamtsituation der Kirche Jesu Christi, zu der wir nun doch gehören, im Auge haben. Das ist der Fehler, dass wir das in den letzten Jahren nicht getan haben. Nun ist in Oxford der historische Augenblick gekommen, wo sich das verhängnisvoll ausgewirkt hat. Im politischen Leben würde man es als einen regelrechten „Dolchstoß im Rücken" bezeichnen müssen. Wie man es biblisch sehen [kann/muss], habe ich versucht darzulegen. Die Sache hat für unsere deutsche Öffentlichkeit eben doch verheerende Konsequenzen. (Siehe die Presseerklärung von damals, siehe Rosenbergs

Rompilger.) Wenn man die Dinge hier vom flachen Lande aus sieht, liegen sie im Grunde ganz eindeutig klar auf der Hand. Man muss eben selbst von dem Kampf gegen das Evangelium in seiner bürgerlichen Existenz bedroht sein, seine Freunde ins Gefängnis wandern sehen, um zu verstehen, wie ungeheuerlich jene in Oxford gehandelt haben. Sie haben sich regelrecht jenen „fremden Mächten" hörig gemacht. Dass dies irgendwie in Ordnung gebracht werden muss, erscheint mir selbstverständlich. Es gab optimistisch Naive, die glaubten, P.S. würde sich zu Hause beschämt zurückziehen und bereuen. Aber natürlich setzt er sich auf das hohe Ross und schreit in die Gegend. (In Bad Wildungen bei der Predigerkonferenz: „Wir lassen uns nicht dreinreden" etc.) Solange das nicht anders ist und die Stimme der bei uns anders denkenden nur im Verborgenen gehört werden darf, muss ich das Verhalten der sog. anderen Seite gut heißen. Ich weiß nicht, was von dort alles unternommen worden ist, aber für die beiden von Dir erwähnten Dinge habe ich volles Verständnis. Den Erlass des württembergischen Oberkirchenrates las ich schon vor längerer Zeit, ohne im Geringsten überrascht zu sein. Wenn man sich von den D.C.[98] trennen musste, weil sie die Kirche zerstörten und Irrlehre in ihrer vernichtenden Konsequenz vertraten, dann muss [man] sich jetzt von deren Nachfolgern auch trennen. Natürlich wird Kerrl zu einem Schlag gegen die B.K. diese Sache benutzen, denn sie soll z.Zt. offenbar völlig vernichtet werden. Schutz Melles[99] vor Unbrüderlichkeit??? (Das meinst Du doch nicht?) Ich halte dies Ganze nicht für Kirchenpolitik von Seiten der B.K., sondern tatsächlich für aus dem Glauben gehandelt und um des Evangeliums willen geschehen. Ich halte es sogar für brüderlich und in christlicher Liebe gehandelt, denn die christliche Liebe ist eine Geistesgabe und nicht dieses allgemeine Humanitätsgefühl, was man so heute als christliche Liebe ausgibt. (Geistliche Hysterie nennt es Asmussen sehr schön.) Ja, so verschieden sieht man die Dinge, wenn man in so verschiedenen Lebensumständen lebt. Obwohl wir doch in einigen sehr wesentlichen grundsätzlichen Punkten wohl gleicher Meinung sind.

Der „Jungbrunnen" ist auch immer meine Freude, jedes Mal wenn er kommt. Das wollte ich Dir schon noch einmal schreiben. Die Kamerun-Nummer war ganz großartig. Einmal freute ich mich über die Plastik von meinem Freunde Wilhelm Groß. – Wenn ich nur etwas mehr Zeit hätte, würde ich Dir gerne ab und an einen kleinen Beitrag schicken.

Ich lege Dir noch einmal meinen Brief bei, so wie ich ihn an einige Prediger geschickt habe. Vielleicht kannst Du ihn gelegentlich Br. Bracht aus Luckenwalde geben, ich weiß seine Adresse leider nicht. Die zustimmenden Briefe, die ich erhielt, waren meist von „Laien" und nicht von Predigern. Die etwas temperamentvolle Antwort von Br. Euler lege ich Dir bei. Was meinst Du dazu?

---

[98] S. Anm. 85.
[99] S. Anm. 86.

Herzlichen Gruß an Deine liebe Gattin

[Jacob Köbberling]

1.3.9. Hans Rockel an J. Köbberling, 1.11.1937

Hans Rockel
Berlin SO 16
Schmidstraße 17   Berlin, den 1.11.1937

Mein lieber Jakob!

Du sollst nun nicht wieder so lange auf Antwort warten. Viel lieber würde ich zwar mit Dir über die Dinge sprechen, denn heute führen weder „offene" noch „geschlossene" Briefe zur rechten Verständigung.

Zur Klarstellung möchte ich noch einmal kurz meine Einstellung zu dem Fall M. und S.[100] und seinen Folgen zusammenfassen. Die Haltung von M. und S. war ein Versagen. Warum, das hast Du wirklich ausgezeichnet formuliert. Da gehe ich ganz und gar mit Dir mit. Das musst Du auch gewusst haben, denn soweit kennen wir uns bestimmt. Ich nehme nun gerne Deine Unterscheidung auf zwischen individualistischer Betrachtungsweise und Beachtung der Gesamtsituation der Gemeinde Jesu Christi. Es war ein Versagen, weil M. und S. sich isolierten von ihren Brüdern im Glauben. Gibt es dafür noch in der Gemeinschaft der Gläubigen ein Vergeben, darf die Liebe Jesu Christi hier auch noch mitsprechen oder nicht? Du scheinst zu einem „Nein" geneigt zu sein, ich sage „Ja", obwohl es mir in diesem Fall wahrlich nicht leicht geworden ist. Wenn mir ein Bruder versichert, er habe geglaubt, vor Gott nicht anders handeln zu dürfen, dann kann ich wohl alles versuchen, um seinen Irrtum aufzuklären, aber ich darf nicht die Gemeinschaft aufgeben. Sollte es sich bei dem Versuch, den Irrtum aufzudecken, zeigen, dass es sich um einen unbelehrbaren Irrglauben handelt – wie etwa bei den DC, die Du als Beispiel anführst, dann wird Glaube und Irrglaube sich scheiden. Aber die Scheidung kann dann doch nur zu dem „Irrgläubigen" selbst vorgenommen werden. Die Haltung der Württemberg. Kirchenleitung vermag ich nicht zu rechtfertigen, es fehlen hier aber wirklich auch alle Voraussetzungen, um den Bruch mit der Allianz zu begründen. Hier hätte man, wie Du sagst, die Gesamtsituation der Gemeinde Jesu Christi berücksichtigen müssen und nicht nur das Versagen von M. und S. Interessant ist, dass die beiden Vertreter des Lutherischen Rates, die in der letzten Woche mit M. und S. gesprochen

---

[100] Melle und Schmidt.

haben, den Erlass des Wttbg. OK[101] sehr bedauern. Wurm[102] soll übrigens gar nicht zuhause gewesen sein, als der Erlass herausgegeben wurde. Du meinst aber, es sei tatsächlich aus dem Glauben heraus gehandelt worden. In Wirklichkeit liegen die Dinge anders, mündlich könnte man darüber mehr sagen.

Du kennst sicher Riethmüller, über den wir in den Ring der Evangel. Bibellese aufgenommen worden sind. Als ich ihn wegen O. sprach, sagte er mit wirklich brüderlichem Verstehen zu mir: Das wäre nicht recht, wenn wir die Baptisten dafür verantwortlich machen wollten. Ich gab ihm absichtlich meine Freude kund, dass er uns gerade in der Zeit, als die Geschichte passierte, bei der Herausgabe unseres Bibelplanes behilflich war.

Ich kann in den Folgerungen, die Pfarrer der BK aus dem Fall O. gezogen haben, auch nur ein Versagen sehen. Es tut mir leid, Jakob, dass wir uns hier nicht recht verstehen, aber unter einem Glaubensschritt in heutiger Zeit verstehe ich etwas ganz anderes als das, was zum Bruch mit der Allianz geführt hat. Wie wenig sich übrigens gerade die Wttbg. Kirche um Allianz gemüht hat und sich an ihr beteiligt hat, habe ich in den fünf Jahren meiner Tätigkeit in Tübingen sehr deutlich am eigenen Leibe, d.h. an der eigenen Gemeinde erfahren müssen.

Du hast Recht, christliche Liebe ist eine Geistesgabe, lies 1. Kor. 13, damit ist aber über uns alle das Gericht gesprochen. Was ich Dir schrieb im letzten Brief, das möchte ich deshalb noch einmal so sagen: Diese Liebe hat M. und S. in O. gefehlt, darüber müssen wir alle miteinander Reue empfinden, weil S. einer von uns ist. Diese Liebe fehlte aber auch im entscheidenden Augenblick denen, die für den Bruch mit der Allianz verantwortlich zu machen sind. Und Jakob, bei aller dogmatischen Richtigkeit Deines „offenen" Briefes an S. - - - „und hätte der Liebe nicht."

So sehe ich auch nur einen Ausweg aus der großen Verlegenheit auf beiden Seiten, dass das Gespräch, das sich in der letzten Woche angebahnt hat, dahin führt, dass auf beiden Seiten eingesehen und bekannt wird, dass gegen den Geist Jesu Christi gehandelt wurde, dann wäre die Gemeinschaft des Glaubens da.

Dass ich im Übrigen von der ganzen kleinen „Kirchenpolitik" unseres P.S. absolut nichts halte und erwarte, kannst Du gerne wissen. Eulers Brief ist gut, er hat eigentlich immer unsere Situation richtig gesehen. Wie wenig Mitgänger P.S. hat, würde sich zeigen, wenn man Gelegenheit hätte danach zu fragen. Man darf auch nie vergessen, dass im Baptismus das Gemeindeleben und nicht die Politik der Bundesleitung über unsern Weg in der Zukunft entscheiden wird. Damit kämen wir auf die eigentliche Baptistische Frage.

---

[101] vermutlich: Oberkirchenrates.

[102] Theophil Wurm (1868-1953), von 1933 bis 1949 Landesbischof der Evangelischen Landeskirche in Württemberg.

Um aber abzuschließen mit dem Fall O. Es ist doch so: „Der Fürst dieser Welt" wird dafür sorgen, dass das „Fehlen" so gut ausgenützt wird als nur möglich, er wird Kapital daraus schlagen, wie er es gewöhnlich tut. Und dass das verhindert wird, meine ich, sollte die Liebe Jesu Christi eingesetzt werden.

Nun ist mein freier Abend um, ich habe alles andere liegen lassen, um Dir zu schreiben. Ich freue mich, dass wir auf diese Weise doch wieder in ein Gespräch gekommen sind.

Lass Dich nun herzlich grüßen von Deinen

[gez.] Hans u. Gisela Rockel

1.3.10. August Rausch an J. Köbberling, 8.11.1937

[A. Rausch[103]]   Weimar d. 8 XI 37

Lieber Br. Köbberling!

Für die Übersendung Ihrer Abhandlung über die Stellungnahme der Vertreter der Freikirchen, Dr. Melle u[nd] Paul Schmidt, auf der Oxforder Konferenz danke ich Ihnen aufs herzlichste. Ihre Gedanken sind mir aus der Seele gesprochen. Schon einige Wochen ehe ich Ihre Schrift erhielt, habe ich mich in ähnlicher Weise in einem Brief an Br. Scheve in Hattingen ausgesprochen; damals fühlte ich mich allein auf weiter Flur. Umso mehr freue ich mich jetzt darüber, in Ihnen einen Kampfgenossen gefunden zu haben, der über das Vorgehen der beiden „Helden" in Oxford ähnlich denkt und fühlt wie ich. Zweierlei war es, was ich gleich beim Lesen der Ausführungen des Bischofs Melle als empörend und unwahrhaftig empfand, einmal die Charakterisierung des Kampfes der bekennenden Kirche als eines „Kirchenstreites", denen die Freikirchen „neutral" gegenüberstünden, und dann die Lüge, dass die evangel. Kirche im Kampf gegen den Bolschewismus versagt habe. Wenn Männer der deutschen Glaubensbewegung wie Vertreter der Deutschen Nationalkirche (Deutsche Christen) solchen Anschauungen huldigen oder solche Behauptungen aufstellen, dann kann man ihnen vielleicht die bona fides nicht absprechen; ihnen fehlt das innere Auge, um hier richtig zu sehen u[nd] zu urteilen; wenn aber Gläubige, die in der Schrift leben und aus der Schrift ihr Urteil gewinnen, in diesen Chor der Christusfeinde einstimmen, dann wird man lebhaft an den Verrat des Petrus im Palast des Kaiphas erinnert. Als ob es sich bei dem erwähnten Kampf um

---

[103] August Rausch (1867-1960), Landgerichtsdirektor in Weimar und Vorsitzender der Vereinigung der Baptisten in Thüringen, von 1924-1930 1.Vorsitzender, bis 1933 2.Vorsitzender der Bundesleitung; er war ein entschiedener Gegner des Führerprinzips im Bund; vgl. G. Balders, Ein Herr, S. 356.

Theologenzank zwischen zwei gleichberechtigten Parteien handelte und nicht um einen Kampf mit der Parole: hie Christus – hie Belial! Nur ob in diesem Kampf ein Christ neutral bleiben könnte! Und ferner, haben die beiden „Führer" denn geschlafen, als unter dem „Kultusminister" Adolf Hoffmann der Kampf um die christliche Schule entbrannt war u[nd] eine von der evang. Kirche veranlasste Unterschriftensammlung christlicher Eltern die Zahl von etwa 7 Millionen Unterschriften unter einer Petition zeitigte, die die Beibehaltung des Schulgebets u[nd] des christlichen Religionsunterrichts von der National-Versammlung forderte mit dem Ergebnis, dass Adolf Hoffmann mit den Worten abdankte: hier (im Kultusministerium) sieht mir keener wieder!

War das kein mutiger u[nd] erfolgreicher Kampf gegen den Bolschewismus? Gewiss, den Bolschewismus verstummen zu lassen, dazu fehlten der Kirche die Machtmittel, die dem Staat zur Verfügung stehen. Aber das sollte einem gläubigen Christen doch auch klar sein, dass ein verstummter Bolschewismus noch lange kein toter Bolschewismus ist, und ich bin der Überzeugung, dass „Immunität" gegen diese Seuche erst eintritt, wenn durch den Hl. Geist gezeugtes neues Leben in die Seele einzieht. Dieses Leben aus Gott durch die Verkündigung der frohen Botschaft vom gekreuzigten und auferstandenen Christus in unserem Volk neu entstehen zu lassen, das ist das heiße Bemühen des lebendigen Teiles der Kirche, und ich halte es für ein scheußliches Beginnen, diesen mutigen Männern und Frauen in den Rücken zu fallen – weil uns die Uniform nicht gefällt, in der sie kämpfen. Mag diese Uniform biblischer Lehre u[nd] urchristlichem Vorbild nicht entsprechen – ich bin zu sehr Baptist, um das nicht ohne weiteres zuzugeben – schließlich kommt es nicht auf die Uniform an, sondern auf den Geist, der die Träger der Uniform beseelt, ganz abgesehen davon, dass man schon recht genau hinschauen muss, wenn man einen Unterschied zwischen der kindertäuferischen evang. Kirche und dem kindertäuferischen Methodismus erkennen will.

Es ließe sich noch viel sagen zu all den Fragen, die Sie angeschnitten, insbesondere auch zu dem unverkennbaren Liebäugeln mit dem Bischofs- bzw. Führergedanken, der – vielleicht ohne dass man sich dessen bewusst wird – manchem als Teufel im Nacken sitzt, aber ich will schließen. Schade dass Zeit u[nd] Raum es verbieten, uns einmal persönlich über alle diese Fragen auszusprechen. Ich würde mich aber freuen, gelegentlich einmal zu vernehmen, welches Echo Ihr Rundschreiben in unseren Kreisen gefunden hat.

Mit herzlichem Brudergruß

Ihr [gez.] A. Rausch

Ich nehme an, dass Sie als Arzt im Krankenhaus „Bethanien" tätig sind u[nd] hoffe dass mein Brief Sie erreicht.

1.3.11. Wilhelm Baresel an J. Köbberling, 2.12.1937

W. Baresel[104]   Stuttgart-S, 2. Dezember 1937
                                                   Stafflenbergstr. 2
Herrn
Dr. Jakob Köbberling,
Krankenhaus Bethanien,
Lötzen/Ostpr.

Lieber Br. Köbberling!

Ich habe s.zt. Ihre Zuschrift über die Bemerkungen des Br. Schmidt in unserem „Wahrheits-zeugen" gelesen, und in der damaligen Bundesältesten-Sitzung waren sie mir eine wertvolle Unterrichtung. Es stellt sich heraus, dass es besser gewesen wäre, wenn die beiden frei-kirchlichen Vertreter damals überhaupt nicht nach Oxford gegangen wären. Wenn die beiden Brüder auch mehr oder weniger auf glatten Böden zu gehen verstehen, so waren sie doch auf dem spiegelglatten Parkett der Ökumenischen Weltkonferenz in Oxford noch nicht ge-wandt genug. Zu den Schwierigkeiten, die sich durch die vereinsamte Vertretung von nur 2 Männern der ganzen deutschen evang. Christenheit herausstellten, kamen noch die einer solchen Welttagung zu Grunde liegenden politischen Tendenzen. In England und den übri-gen parlamentarisch regierten Ländern herrscht ein Vorurteil gegen diejenigen Länder, die ihre Regierungsform so radikal geändert haben. Das hat natürlich die Verhandlungen in Ox-ford, die schriftlichen und mündlichen Erklärungen, die ja zum Teil in die Presse kamen, von Grund aus beeinflusst. Erst wenn hier eine politische Beruhigung eingetreten ist, werden auch die kirchlichen Fragen freundlicher beurteilt werden.

Vielleicht schickt es sich, dass wir uns mal mündlich über diese schwerwiegenden Fragen, die Sie ja auch mit Ihrer Zuschrift angeschnitten haben, aussprechen können.

Mit herzl. Gruß!

Ihr [gez.] W. Baresel

---

[104] Wilhelm Baresel (1874-1946), Ingenieur und Bauunternehmer, 1918-1940 Gemeindeleiter, seit 1922 Ältester der Baptistengemeinde Stuttgart-Forststraße (damals Silberburgstr.), seit 1898 verhei-ratet mit Ruth Baresel-Köbner, fünf Kinder, darunter eine Tochter Ilse, verh. Gieselbusch; 2. Vorsit-zender der Bundesleitung seit 1936.

1.3.12. Joachim Ungnad an J. Köbberling, 28.1.1938

Superintendent i.R.
Joachim Ungnad[104a]

Berlin-Charlott., 28.1.38
Stuttgarterplatz 15

Sehr verehrter Herr Doktor,

in unserer heutigen Konferenz der deutschen Arbeitsgemeinschaft des Weltbundes für Freundschaftsarbeit der Kirchen lag eine Abschrift Ihrer „Gedanken zu den Tatsachen, die Br. Paul Schmidt in ‚Wahrheitszeugen‘ vom 22.8.37 veröffentlicht hat...“ vor. Mit großem Interesse und dankbarer Zustimmung habe ich Ihre Ausführungen gelesen: „endlich eine Stimme aus freikirchlichem Bruderkreis, die die Lage in Deutschland richtig beurteilt!“ Ich bin alter Ökumeniker und überzeugter Allianzmann; vor einigen Tagen erst habe ich das auf dem Blankenburger Abend in Ihrer Baptistenkirche in der Schmidstraße bezeugt. An den Konzilien in Stockholm und Prag habe ich teilgenommen, Oxford mit vorberaten und vorbereitet (im Weltbund ...), bis 1929, bis ich die Superintendentur in Strausberg übernahm, die Berliner Allianz geleitet, seit meiner Pensionierung 1934 (Kirchenkampf!) weiter im Weltbund und viel in Gemeinschaften, auch Freikirchen gearbeitet. Je fester in mir die Gewissheit, durch Gottes Gnade ein Glied am Leibe des erhöhten Herrn zu sein, geworden ist, umso freudiger bekenne ich mich zur Allianz dieser Glieder. Heute erst bat mich der auch Ihnen wohl bekannte Baptistenprediger Ekelmann[105], in seiner Kirche zu sprechen. Sie sehen also, lieber Bruder Köbberling, wir beide gehören nach allem zu denen, von denen der Apostel Paulus sagt: „als die Unbekannten und doch bekannt“ 2.Cor. 6, 9; das spürte ich so erst, als ich Ihr exposé über Oxford las.

Ich war sehr traurig, als ich die Berichte über die Reden Melles und Schmidts, aber auch anderer Diasporabrüder las, traurig, weil ich den Eindruck gewann: diese Brüder haben eine falsche Schau; sie sehen nicht, worum es geht: es geht nicht um einen Kirchenkampf, nicht um einen Kampf zwischen kirchenpolitischen Gruppen, auch nicht um einen Kampf um die Existenz der Kirche, sondern darum, ob der lebendige Heiland ein Heimatrecht im deutschen Raum, im deutschen Volk behalten soll, und in diesem Kampf gehören in eine Front alle, die zu Christus gehören, die Ihn wollen und Sein Evangelium. Und wieder ist der Kampf in Deutschland nur der Kampf eines Frontabschnittes in der großen Entscheidungsschlacht zwischen der Christusfront und der Front des Antichristen. Nur von dieser Perspektive aus werden wir unsere Zeit richtig – d.h. sub specie aeternitatis beurteilen. – Da ich die andere Schau bei Bischof Melle[106] mit Trauer empfand, bin ich zu ihm gegangen und habe mich mit

---

[104a] Joachim Ungnad (1873-1942), Pazifist.

[105] Zur Person s. folgenden Brief.

[106] Bischof Melle hatte seinen Dienstsitz in Berlin.

ihm lange ausgesprochen: ganz brüderlich! Man soll – und kann ja auch – die Brüderlichkeit wahren – bei aller Verschiedenheit der Ansichten –, wenn nur die Gemeinschaft mit Christus und darum auch in Christus vorhanden ist. Dass diese vorhanden ist, fühlte ich auf dem von Melle geleiteten Blankenburger Abend. Gott möge es auch ihm schenken, dass er sich zu der von Ihnen vertretenen Auffassung hindurch ringt! –

Und nun eine recht herzliche Bitte: Könnte ich wohl von Ihrem exposé 5-10 Abzüge bekommen? Ich wäre Ihnen sehr dankbar. Das eine Exemplar, das mir vorlag, ist an Sup. Diestel zurückgegangen. – Freuen würde ich mich, wenn wir uns einmal begegnen würden!

Gott segne Sie in Haus und Amt!

Mit herzlichem Gruß

Ihr [gez.] „Bruder" Ungnad

1.3.13. Otto Ekelmann an J. Köbberling, 11.4.1938

O. Ekelmann[107]
Prediger
Berlin N 31
Demminerstr. 24 I   Z.Zt. Glogau, den 11. April 1938

Herrn
Dr. med. Köbberling,
Krankenhaus Bethanien,
Lötzen/Ostpr.

Geehrter Bruder im Herrn!

Vor Wochen gab mir Herr Superintendent Ungnad - Berlin Ihr Rundschreiben gegen die Brüder Bischof Dr. Melle und Bundesdirektor P. Schmidt mit Ihrem Einverständnis zur Einsicht. Ich bitte Sie, mir gestatten zu wollen, dass ich Ihnen folgendes sagen darf:

Wenn Sie sich als Glied unserer Gemeinden betrachten, dann haben Sie durch Ihre Betrachtungen und deren Verbreitung bis in andere Kreise hinein unser Ansehen und auch unseren Auftrag geschädigt!

---

[107] Otto Ekelmann (1890-1973), 1914 Prediger in Rummy, 1923 in Memel, 1928 Reisedienst, Vereinigungsleiter der Ostpreußischen Vereinigung, 1929 bis 1936 Prediger in Marienwerder, bis 1947 in Berlin-Wattstr. Seit der Zeit bis 1958 Sachbearbeiter für Presse- und Schrifttumsfragen in der DDR. Baute eine Verlagsbuchhandlung in Berlin auf, die er 1965 dem Bund in der DDR übergab.

Ich muss mich mit aller Entschiedenheit dagegen wenden, dass Sie für sich das Recht in Anspruch nehmen, den Versuch einer Klärung in solcher Weise zu tätigen. Grenzt das, was Sie getan haben und möglicherweise noch tun, nicht mehr an Verleumdung als an Aufklärung?

Sie sind den Fragen, um die es geht, ihrem wirklichen Kern nach recht fern. Zudem lassen Sie es als jüngerer Mann beinahe so gut wie vollständig an einem Einschlag von Brüderlichkeit und Ehrfurcht vor den Leistungen und vor Alter und Erfahrung fehlen. Im Gegensatz dazu bieten Ihre Ausführungen eine eigne Geltungmachung so offensichtlich, dass es mir tiefen Schmerz bereitet hat, Ihr Geltungsbedürfnis so auf Kosten des Ansehens treuer, verdienter Männer und deren Kreise in solchem Ton und solcher Art zu finden. Ich selbst stehe 24 Jahre im Dienst unseres Werkes und glaube ein Recht zu haben, Ihnen zu sagen, wenn Sie sich noch irgend Mitglied unserer Gemeinden fühlen, dann ziehen Sie Ihre Niederschrift bitte mit dem Ausdruck des tiefen Bedauerns zurück und bringen Sie ferner den so schwer und so einseitig und unwürdig angegriffenen Brüdern und Männern ebenfalls Ihr Bedauern zum Ausdruck. In jedem Fall aber hören Sie auf mit den Schmähungen verdienter und beinahe ergrauter Vertreter der in Frage kommenden Freikirchen!

Seien Sie im Übrigen davon überzeugt, dass die Zeit für die angegriffenen Brüder reden wird, besser: schon redet! Die Haltung der Brüder wird noch in Ehren stehen nach Jahren und Jahrzehnten, wahrscheinlich für immer, und ein Ehrenblatt in der Geschichte unsrer Bewegungen bilden. Es wird sich auch bald die Erkenntnis immer mehr Bahn brechen, dass die Haltung der Brüder nicht nur dem Volk, sondern gerade auch der Kirche Deutschlands gedient hat. Vielleicht wird einmal gesagt werden müssen, dass der Dienst, den die BK durch das Verhalten unsrer Brüder erfahren hat, keineswegs klein war.

Mit brüderlichem Gruß

Ihr [gez.] O. Ekelmann

1.4. Bundesleitung und Bundespost

Die Bundesleitung hatte im April 1937 die Teilnahme von Paul Schmidt am Kongress in Oxford unterstützt: „Br. Schmidt ist als Besucher des Oxford Kongresses von dem Verband der Evangl. Freikirchen bestellt und wird teilnehmen. Ein Zuschuss von 200 Mark wird dafür bewilligt."[108] Erst im Oktober 1937 fand die nächste reguläre Sitzung des Bundesleitung statt. Der Konflikt um die beiden freikirchlichen Delegierten in Oxford wurde offensichtlich nicht diskutiert, im Protokoll gibt es dazu keinen Eintrag.[109]

Im internen Organ des Bundes, der Bundespost, die „vertrauliche Nachrichten für unsere Gemeinden" enthält, findet sich hingegen im August 1937 ein weiterer Versuch, das Verhalten der beiden Delegierten in Oxford zu rechtfertigen. Dargeboten wird der Artikel ebenfalls von Paul Schmidt (vgl. III.1.1.).

1. Die evangelischen Freikirchen in Oxford[110]

Unabhängig von den schwankenden Erwägungen innerhalb der deutschen evangelischen Kirche sind die beiden von der „Vereinigung evangelischer Freikirchen" gebetenen Brüder zur Konferenz nach Oxford gereist.

Natürlich haben sie sich lange vor der Abreise mit ihrer Regierung über die Reise ins Benehmen gesetzt um zu erfahren, ob von der Seite irgendwelche Bedenken gegen die Reise bestehen. Das war bis zuletzt nicht der Fall. Die Brüder wussten auch, dass die Weltkirchenkonferenz mit ihrem weiten aktuellen Thema: Kirche, Volk und Staat, durchaus ein heißes Eisen anfasst und dass die Gemeinde Jesu es durchaus nicht in erster Linie nötig hat, sich mit diesen Fragen überhaupt zu beschäftigen. Sie wussten auch, dass ihre Brüder, vornehmlich Baptisten und Methodisten, aus vielen Teilen der Welt an dieser Konferenz teilnehmen würden. Und schließlich wussten sie auch ein wenig davon, dass die totalen Staatsformen und hier zunächst und zu stärkst Deutschland im Brennpunkt der Auseinandersetzungen stehen würden. Sie wussten auch ein wenig um die Spannungen und Sperrungen innerhalb der deutschen, evangelischen Kirche und zwischen der Kirche und dem Staat, die schließlich dahin führten, dass keine Vertreter nach Oxford reisen konnten.

---

[108] Protokoll der Bundesleitung, in: Oncken-Archiv Elstal, Bestand A5, Bundesleitungs-Protokoll v. 3.-4., 7. April 1937, S. 93.

[109] A.a.O., Bundesleitungs-Protokoll v. 14.-15. Oktober 1937, S. 95ff.

[110] Aus: Bundespost. Vertrauliche Nachrichten für unsere Gemeinden aus dem Bundeshaus Berlin-Südende. Dargeboten von Paul Schmidt, Oncken-Archiv Elstal, Bestand ARC Dg 3, Bundespost 5/1937 (August 1937), S. 2f.

Sie reisten schließlich doch, weil sich ihnen aus ihrem eigenen Lebenskreis keine Hindernisse entgegenstellten und weil sie es dabei belassen wollten, sich in die kirchlichen Anliegen nicht hinein zu mischen auch in der Weise nicht, dass sie ihren Entschluss von der Entschlussbildung innerhalb der Kirche abhängig machten. Überflüssig ist es zu sagen, dass ihnen von irgendeiner Seite kein besonderer Auftrag gegeben worden ist. Es war Ihnen nur selbstverständlich, dass sie im etwa eintretenden Falle, wenn es nötig werden sollte, sich für die Wahrheit und für ihr Volk einsetzen würden.

Wie es gegangen ist, ist aus dem Wahrheitszeugen und der Tagespresse bekannt geworden. Es kam zu einem Auftreten der deutschen freikirchlichen Delegierten und dies Auftreten ist zu einem Ereignis geworden, das die Presse aller Länder weitergegeben hat und das in Deutschland die Augen aller Deutschen bis hin zum Führer auf die deutschen evangelischen Freikirchen gerichtet hat. Hier kann nicht näher auf die Sache eingegangen werden. Aber das kann doch gesagt werden, das Auftreten der Delegierten ist zu einem Dienst für Deutschland geworden, hat zur Abwehr falscher Vorstellungen über den Stand des christlichen Lebens in Deutschland geführt, hat der Hochachtung vor der treuen und zuverlässigen vaterländischen Haltung echter Christen Boden gewonnen und hat den evangelischen Freikirchen und ihrem Dienst in Deutschland weitere große Möglichkeiten geschaffen. Darüber hinaus ist auch den Christen in Deutschland ein Dienst erwiesen, die sich über das Verhalten der freikirchlichen Delegierten noch nicht freuen können und es wohl lieber gesehen hätten und für richtiger achteten, sie hätten der verbreiteten Auffassung im Auslande, in Deutschland herrsche Christenverfolgung, durch ihr Schweigen zugestimmt. Aber welche Wirkungen hätten aus diesem Verhalten, das unwahrhaftig gewesen wäre, kommen müssen? Das mag jeder für sich selber ausdenken und die am gründlichsten, die die freikirchlichen Delegierten tadeln oder noch schärfer beurteilen. Nein, sie konnten und durften nur so handeln, wie sie es gewissenhaft unter der Führung Gottes taten. Sie standen in einer außerordentlichen Situation und hatten harte und heiße innere Bewegungen, bis sie in der Oxforder Atmosphäre ihr Wort gefunden und geformt hatten. Die geschichtliche Tragweite des Tuns ist von Anfang an in Gottes Hände gelegt worden. Die deutschen evangelischen Freikirchen stehen im Rampenlicht und haben eine besonders wichtige Stunde in der gegenwärtigen Auseinandersetzung.

2. Bundeskonferenz Velbert, Mai 1946

Unmittelbar nach dem Krieg verfasste Paul Schmidt für den ersten Nachkriegs-Bundesrat im Mai 1946 in Velbert eine Schrift, in der er den Zusammenschluss zum Bund Evangelisch-Freikirchlicher Gemeinden, die Stellung zum Staat und die Schuldfrage darlegt. Diese Schrift wurde zur offiziellen Stellungnahme bzw. Rechtfertigung des Bundes zum Verhalten in der NS-Zeit. Es erstaunt, dass sie auf der Velberter Bundeskonferenz angenommen wurde ohne hinterfragt zu werden.[111] Denn es gab seit 1941 z.b. von Hans Luckey aber auch anderen „harte Kritik an der Vorgehensweise des Leitungsgremiums gegenüber dem NS-Staat".[112] Hier ist zweifellos weitere Forschungsarbeit nötig.

Auf diese Schrift „Unser Weg" hat wiederum Jacob Köbberling mit einer äußerst kritischen Gegenschrift reagiert. Er schrieb sie im Winter 1946/1947. Beide Schriften werden hier vollständig dokumentiert, die Gegenschrift Köbberlings erstmalig. Sie galt lange Zeit als verschollen. Auch der sich wiederum anschließende Briefwechsel wird hier erstmalig dokumentiert.

2.1. Bericht „Unser Weg" von Paul Schmidt

Paul Schmidt

Unser Weg als Bund Evangelisch-Freikirchlicher Gemeinden in den Jahren 1941-1946. Bericht an den Bundesrat in der Sitzung vom 24.-26. Mai 1946 in Velbert[113]

Dem Bericht, der mit kurzen Strichen die Zeit seit der Bundeskonferenz in Berlin im Februar 1941 bis heute zu berücksichtigen hat, seien vorangestellt das Wort des Propheten Jeremia: „Über den Zusammenbruch der Tochter meines Volkes bin ich gebrochen; ich gehe trauernd einher, Entsetzen hat mich ergriffen! Gibt es denn keinen Balsam in Gilead, oder ist kein Arzt da? Ach, warum ist der Tochter meines Volkes keine Heilung zuteil geworden? Oh, dass doch mein Haupt zu Wasser würde und mein Auge zum Tränenquell! Dann wollte ich Tag und Nacht weinen um die Erschlagenen der Tochter meines Volkes!" Und das Wort Jesu: „Ich will bauen meine Gemeinde, und die Pforten der Hölle sollen sie nicht überwältigen." Das Prophetenwort drückt die Not und den Kummer aus, in dem auch wir leben, und das

---

[111] Vgl. dazu G. Balders, Ein Herr, S. 117-121, und A. Strübind, Die unfreie Freikirche, S. 309-315; Zitat S. 313: „der gesamte Bundesrat nahm seinen [Schmidts] Bericht einstimmig an."

[112] Zit. aus A. Strübind, a.a.O., S. 301.

[113] Erschienen als Separatdruck im Verlag J.G. Oncken Nachf., Stuttgart 1946, 23 Seiten, Auflage 2000 Exemplare (125 Jahre J.G. Oncken-Verlag Kassel 1828-1953, Kassel 1953, S. 57).

Heilandswort spricht souverän von der Unüberwindbarkeit der Gemeinde Jesu, an die auch wir glauben und wodurch wir getröstet werden.

Die Zeit seit Februar 1941 will von uns im Zusammenhang überschaut werden. Dabei ist es wichtig, dass wir uns in jene Zeit, die vor dem Zusammenbruch war, hineinversetzen, und nicht nur post festum von heute zurückschauen und urteilen. Nur, wenn wir so verfahren, gewinnen wir selber einen brauchbaren Maßstab und können wir anderen gegenüber in Ruhe und Besonnenheit, wo es nötig ist, Rechenschaft geben.

Die Bundeskonferenz 1941 in Berlin

Die große und gesegnete Bundesversammlung in Berlin brachte den Abschluss der langjährigen brüderlichen Besprechungen mit den uns glaubensverwandten Christengruppen neben uns. Als wir zur letzten gemeinsamen Beratung mit allen Gruppen der Vereinigung Evangelischer Freikirchen im Sommer 1939 in Patmos zusammen waren, sah es so aus, als ob die weiteren Besprechungen ruhen müssten, weil eine Übereinstimmung aller freikirchlichen Gruppen nicht zu erreichen sei. Der Krieg brachte dann sowieso einen Stillstand in allen Besprechungen, und auch die Gespräche zwischen dem Bund freikirchlicher Christen und dem Bund der Baptistengemeinden sollten während der Kriegsdauer ruhen. Als sich aber am Ende des Jahres 1940 immer deutlicher die Tatsache zeigte, dass der Krieg noch wahrscheinlich lange dauern werde, griff Br. H. Becker die Besprechungen wieder auf mit der Begründung, dass es ihm bei dem Umfang seines Kriegsdienstes unmöglich sei, die Verantwortung für den BfC in der notwendigen Weise weiterhin zu tragen. Es kam dann schnell zu einer vollen Vereinbarung zwischen den leitenden Brüdern des BfC und der Baptisten, es wurden beim damaligen Kirchenministerium Erkundungen über die Möglichkeit der Zusammenlegung beider Bünde eingeholt und gleichzeitig wurde die bereits ausgearbeitete Verfassung vorgewiesen. Es ergab sich, dass der Zeitpunkt für die Zusammenlegung nicht günstig sei, dass aber der uns wohlgesinnte Referent im Kirchenministerium sich bereit erklärte, alles zu tun, um die Zusammenlegung der Bünde und die Genehmigung der Verfassung dennoch zu erreichen. Die Konferenz nahm dann die vorgelegte Verfassung in überwältigender Mehrheit an und beschloss in großer Einmütigkeit die Zusammenlegung der Bünde auf Grund der angenommenen Verfassung mit der damit verbundenen Namensänderung. Der Konferenzsonntag am Tisch des Herrn am Vormittag und in der großen Versammlung am Nachmittag bleibt für alle Teilnehmer eine starke Erinnerung für immer.

Die Verfassung, die der Bundesversammlung vorgelegt und von ihr angenommen wurde, ist nicht von einer politischen Partei oder Behördenstelle uns auferlegt oder auch nur in den einzelnen Teilen gefordert und geformt worden. Sie ist von uns aus dem Zusammenschluss der Bünde und aus eigenem Willen entworfen und gestaltet worden. Bei der Formung, die von Brüdern beider Bünde vorgenommen wurde, ergab sich eine Einmütigkeit für die Gestalt, die sie schließlich erhielt. Die Schwierigkeiten lagen darin, dass der BfC als frühere Christliche Versammlung und auch nach seiner Verbindung mit den Offenen Brüdern an feste Organisationen geschriebener Art wenig oder gar nicht gewöhnt war, während die Baptisten von Anfang ihrer Geschichte an eine gewisse Satzungs- und Ordnungsfreudigkeit kennen. Die Tendenzen des Staates und der Partei, in immer stärkerer Weise das organisierte Christentum aus dem öffentlichen Leben zu verdrängen und zur Verschrumpfung zu bringen, wirkten sich zu der Zeit in der Unterbindung der christlichen Presse, in der immer stärkeren Behinderung der Jugendarbeit und der Kinderarbeit, in der völligen Unmöglichkeit, die Vorgänge im öffentlichen Leben mit christlichen Maßstäben zu messen und christliche Grundsätze zur Geltung zu bringen, klar erkennbar aus. Dass unser Zusammenschluss mit seiner neugeformten Verfassung nicht nach dem Willen der maßgebenden Geheimen Staatspolizei erfolgte oder gar von ihr gefordert wurde, geht schon aus der Tatsache hervor, dass erst im Oktober 1942 das Kirchenministerium die staatsaufsichtliche Genehmigung für die Verfassungsänderung geben konnte. Es waren nur noch wenige unter uns, die überhaupt an eine Genehmigung glaubten, und sie hatten nicht einmal so ganz starken Grund dafür. Nur dem ununterbrochenen Bemühen des Referenten im Kirchenministerium unter Ausnutzung einer sich ihm bietenden günstigen Situation ist es, menschlich gesehen, zu verdanken, dass es überhaupt zur Genehmigung kam. Die Geheime Staatspolizei hat sowohl gegenüber Br. H. Becker wie auch Br. P. Schmidt ihre Meinung über den Zusammenschluss unmissverständlich zum Ausdruck gebracht, und hat versucht, den Zusammenschluss zu hintertreiben.

Der Zusammenschluss

Die Baptisten hatten durch den Zusammenschluss mit den Elimgemeinden bereits eine kleine Erfahrung in den Aufgaben, die sich aus einem solchen Zusammenschluss ergeben. Der Grundsatz, Mannigfaltigkeit der Erkenntnisse in der Einheit der Darstellung und der Bruderliebe zu gewährleisten, will in der Praxis erprobt werden. Br. Walter Vogelbusch kam zum April 1941 als Mitarbeiter ins Bundeshaus nach Berlin. Die Zusammenarbeit im Bundeshaus verlief in jeder Hinsicht harmonisch und fruchtbar bis zum Februar 1943, da Br. Walter Vogelbusch aus Gesundheits- und Geschäftsrücksichten die feste Mitarbeit in Berlin aufgeben musste. In der Bundesleitung ergab sich das Zusammenarbeiten in ganz großer Einmütigkeit ohne jede Reibung und Differenz. Es zeigte sich immer wieder, dass sowohl in den Fragen des Zusammenschlusses und der Beratung auch schwieriger Dinge die brüderliche Gemeinschaft stärker war als wir vermuten konnten. Auch in der Beurteilung des gemeinsamen Weges durch die immer gefährlicher werdende Zeit und unseres Verhaltens gegenüber den Dingen um uns her, war es so einhellig und einmütig, ohne dass lange Debatten notwendig waren, dass man darüber staunen musste und Gott anbeten konnte. Das zeigte sich bei den gemeinsamen Richtlinien für die Zusammenfügung verschieden gewachsener Gemeinden, bei der Ausarbeitung und Annahme des Glaubensbekenntnisses, bei der Annahme der

Richtlinien für eine Mindestbesoldung unserer Prediger, bei der Annahme der Ruhegeldordnung, bei der Beurteilung und Formung des Dienstes der Reiseprediger nach den Notwendigkeiten der immer strenger werdenden Kriegsforderungen, wie auch bei der Behandlung von Schwierigkeiten, die beim Zusammenleben kleinster Gemeinden an kleinen Orten entstehen wollten; vor allen Dingen auch bei der Liquidation des beschlagnahmten Grundeigentums und dessen Überführung auf den Bund. Das alles gab uns immer wieder von neuem die Bestätigung, dass Gott unseren Zusammenschluss vorbereitet habe und dass wir den neuen Weg im Glauben ohne alle Nebenabsicht beschritten hatten. Die äußeren Umstände wurden stets nur gewertet als eine Veranlassung, diesen Zusammenschluss besser zu ermöglichen. Immer wieder waren und sind wir darüber von Herzen froh, dass unsere ersten Gespräche über unseren Zusammenschluss fruchtbar und erfolgversprechend vor dem Verbot der Christlichen Versammlung geführt wurden. Die Verschmelzung der beiden Bünde kann niemals als eine Forderung politischer Instanzen angesehen werden, sondern muss immer als eine Fügung Gottes zur Vermehrung des christlichen Zeugnisses in unserem Vaterland erkannt und gewertet werden. Alles andere sind Nebengeräusche und Nebenerscheinungen, wie sie bei allen großen und grundsätzlichen Geschehnissen auch im Reiche Gottes wahrzunehmen sind. Die Hemmungen des Krieges, wie das Fehlen der christlichen Presse, der Ausfall der Konferenzen und der gemeinsamen Jugendarbeit, erschwerten das Zusammenleben der Gemeinden ganz außerordentlich und verhinderten die praktische Durchführung der Einheit bis in die letzte Gemeinde hinein ganz wesentlich. Bei den verantwortlichen Brüdern haben aber alle diese Hindernisse ernsthafte Schwierigkeiten nicht auslösen können. Br. Walter Vogelbusch hat in seiner Mitarbeit von Kettwig aus das Gemeinsame genau so stark betont wie von Berlin aus. Es ergab sich sehr oft, dass bei Meinungsverschiedenheiten Br. Vogelbusch den Standpunkt der Baptisten erläuterte und vertrat und Br. Paul Schmidt den Standpunkt des BfC würdigte.

Unsere Haltung und unser Weg

Der große politische Umbruch in Deutschland im Jahre 1933 hat weder bei den Baptisten, noch bei der Versammlung, noch bei der Elimbewegung einen innerkirchlichen Kampf und Streit ausgelöst. Einen Einbruch, wie die evangelische Kirche ihn erlebt und durchzuhalten hatte, blieb uns in jeder Hinsicht erspart. Die innergemeindlichen Kräfte waren so stark und blieben maßgeblich, dass von einer innerkirchlichen Revolution nicht gesprochen werden kann. Als im Jahre 1933 bei der Bundeskonferenz in Berlin nationalsozialistisches Formaldenken aufkommen wollte, wurde es weithin zurückgedrängt. Es kam aber doch zu einer Umbildung der Bundesleitung im Sinne des Denkens in der deutschen Umwelt. Im Jahre 1936 wurde das vollständig revidiert, nachdem eindeutig klar geworden war, dass der Akt von 1933 in keiner Hinsicht notwendig war und sich als Fehlansatz erwiesen hatte. Irgendein Schaden tiefergehender Art ist in unserem Bundeswerk dadurch nicht entstanden, aber es wurde durch die Praxis die Meinung überwunden, als müsse die Gemeinde jeweils die in der Umwelt geltenden Grundsätze etwa der Demokratie oder der Diktatur bei sich voll zur Anwendung bringen. Es wurde vielmehr die biblische Meinung vertieft, dass in der Gemeinde Jesu wohl Raum sei für Form und Leitungsmannigfaltigkeit, dass aber die in der politischen Welt geltenden Grundsätze etwa der östlichen Demokratie oder westlichen Demokratie oder auch der Diktatur nationalsozialistischer oder faschistischer Art keineswegs geeignet seien, das Leben in einem Bund von christlichen Gemeinden zu bestimmen und zu ordnen. Bei den Berufungen von Männern in den Bundesdienst wie auch in den Gemeindedienst kam der Grundsatz zur Anerkennung, dass nicht nach der politischen Stellungnahme zu fragen sei, sondern einzig und allein nach der christlichen Persönlichkeit und nach der persönlichen Eignung für den zu vergebenden Dienst. Dieser Grundsatz wird sich als stark erweisen auch in den Schwankungen der Gegenwart und der nahen Zukunft. Wird dieser Standort verlassen, dann wird sofort eine Unsicherheit entstehen und der gemeindefremden Denkart wird Raum und Recht gegeben. Das kann bei der Labilität des gegenwärtigen Weltzustandes verhängnisvolle Folgen haben.

Die Haltung des Bundes im totalen Staat ergab sich immer wieder von neuem aus der Verpflichtung, die der Apostel Paulus in Römer 13 der Gemeinde auferlegt hat. Das klare Wort von Römer 13 kann nicht gut umgebogen oder nur für besondere Verhältnisse bindend erklärt werden. Dieses Wort aber verwehrt der Gemeinde eine politisch-revolutionäre Haltung und verpflichtet sie auch für Zeiten, die dem einzelnen und seinem persönlichen Freiheitsstreben sehr entgegen sind. Die Frage, muss die Gemeinde, muss der Bund sich nicht erheben und müssen sie nicht in das politische Hoheitsgebiet hineinsprechen, auch wenn damit ihre äußere Existenz aufs Spiel gesetzt wird, hat uns oft bewegt und ist mehr als einmal erörtert worden. Immer wieder wurde die Frage in das Licht von Römer 13 gerückt und immer wieder wurde von neuem erkannt, dass das große Nein der Gemeinde Jesu gegenüber dem Staat und seiner Führung erst dann zu sprechen sei, wenn die Verkündigung des Evangeliums verboten werde und die persönliche christliche Lebensführung desgleichen. Immer wieder gewann die Überzeugung die Oberhand, dass der Einsatz der Gemeinde, auch wenn es dadurch zu ihrer Auflösung komme, dann gerechtfertigt sei, wenn sie zu sprechen habe, man muss Gott mehr gehorchen als den Menschen. Dabei setzte sich immer wieder die Meinung durch, dass dieser Zeitpunkt noch nicht gekommen war, aber auch die andere Auffassung, dass er jeden Tag eintreten könne.

Die Haltung des Bundes im totalen Staat war von der Leitung also durchaus immer wieder bedacht und umbetet und in vollem Bewusstsein der Verantwortung geübt worden. Stark mitbestimmend wirkte oft das positive Moment, den Evangeliums- und Missionsdienst mit vollem Einsatz bis zur äußersten Möglichkeit durchzuführen. Der missionarische Gedanke überwog alle anderen Erwägungen, auch die eines etwaigen Gewinnes durch öffentlichen Widerspruch und die daraus sich ergebenden Folgen für die Gemeinde. Immer wieder sahen wir den größeren Gewinn darin, den Evangeliumsdienst so lange wie nur möglich und so stark wie nur möglich zu tun, als ihn zu früh aufs Spiel zu setzen. Der sich daraus ergebende Gewinn erschien uns größer als der etwaige Gewinn eines zu früh herbeigeführten Verbotes. Und so ist es gekommen, dass wir heute rückschauend von einem gesegneten starken Zeugnisdienst der Gemeinden durch die Jahre hindurch sprechen können, dass wir aber auf keine besondere Reihe von KZ- oder anderen Märtyrern hinzuweisen vermögen. In einzelnen Fällen aber haben auch unsere Prediger um ihres klaren Zeugnisses willen den Unwillen der Staatsführung erregt und haben die daraus sich ergebenden Folgen der Verantwortung und Bestrafung auf sich genommen.

Unsere Arbeiten und Dienste

Weithin erkennbar und im Mittelpunkt unserer missionarischen Tätigkeit stand unsere Ostmission. Für sie wurde gern und viel geopfert. Sie wurde viel geliebt und viel umbetet. Allein die Bilanzen für die Jahre 1942 und 1943 weisen einen Betrag von etwa einer halben Million für diesen Dienst auf. Die Arbeit umfasst die deutsche und die slawische Mission in den Gebieten Ost- und Südosteuropas. Es kam zur Ausbildung slawischer Brüder in unserem Predigerseminar und auf unserer Bibelschule. Es wurde der Druck von ukrainischen Bibelteilen und Neuen Testamenten in hoher Auflage veranlasst und teilweise durchgeführt. Es wurden Gaben der Liebe in vielen Kleinsendungen und in einer groß angelegten Großsendung nach dem Osten geschickt. Es erhielten die Prediger in den Ostgebieten, soweit es nur möglich war, regelmäßige Geldunterstützung. Es wurde die Wiederaufrichtung christlicher Gemeinden in weiten Teilen des Ostens nicht nur gefördert, sondern auch durchgeführt. Ergreifende und frohmachende Berichte haben immer wieder den Wert und die Wichtigkeit dieser Arbeit bestätigt. Fürwahr, die Durchführung dieses Dienstes allein war groß genug, um die Leitung des Bundes zu bewahren, allzu früh Leben und Wirksamkeit des Bundes aufs Spiel zu setzen.

Die Seminararbeit konnte in Hamburg bis zum Jahre 1943 durchgeführt werden. Zuletzt waren zumeist nur slawische Schüler vorhanden. Vom Jahre 1943 bis 1944 musste die Seminararbeit in der Bibelschule in Wiedenest getan werden. Das Seminarjahr 1944/45 musste ganz ausfallen.

Unser Verlagswerk wurde schwer getroffen durch das Verbot der christlichen Presse im Juni 1941, durch die Schrumpfung der christlichen Buchproduktion und schließlich im Oktober 1943 durch die Vernichtung des Verlagshauses durch Bombenangriff.

Unser Jugend- und Sonntagschuldienst litt sehr unter der immer stärker werdenden Beanspruchung der Jugend durch Partei und Kriegsdienst und durch die Einberufung der Hilfskräfte für den Lehrdienst.

In hohem Umfang wurde die Verbindung mit den zum Wehrdienst einberufenen Predigern aufrechterhalten, wurde auch immer wieder von neuem Hilfe für die vielen bombengeschädigten Familien geleistet. Es war wirklich ermutigend, anzusehen, wie in den Gemeinden auch unter schwierigen und schwierigsten Verhältnissen der Dienst der Verkündigung und der Seelsorge aufrechterhalten wurde. Je schwieriger die Verhältnisse wurden, umso stärker und überzeugender erwies sich die Lebens- und Zeugniskraft der Gemeinde in allen Gebieten des Landes. Einzelheiten über die einzelnen Missionsgebiete können noch bei einer anderen Gelegenheit von den berufenen Brüdern gegeben werden.

Unsere Widerstände und Nöte

Es ist keineswegs so, als ob unsere Haltung gemäß Römer 13 nun für uns alle Türen offen gehalten hätte und alle Bedrängung und Einengung von uns genommen wären. Wenn die Frage auftaucht, aber wie konntet ihr überhaupt so verhältnismäßig gut durch die gefährliche Zeit kommen, dann muss immer wieder folgendes gesagt werden: Unsere innere Geschlossenheit, die uns vor einem Kirchenkampf bewahrt hat, hat uns vor den Strudeln und Strömungen in den ersten Jahren des totalen Staates bewahrt. Unsere verhältnismäßige Kleinheit und Bedeutungslosigkeit im deutschen öffentlichen Leben hat die Aufmerksamkeit der maßgeblichen Leute nicht auf uns gelenkt, besonders dann nicht, wenn in den Volkskirchen das Interesse der Staats- und Parteiführung besonders gebunden war. Und schließlich kann gesagt werden, dass der zuständige Mann im Kirchenministerium das Leben und die Belange der evangelischen Freikirchen sorgfältig und freundlich behandelte, ohne dadurch Nachteile für die Volkskirchen entstehen zu lassen. Im Laufe der Jahre aber, besonders durch unsere Zeltmission und später durch den Zusammenschluss, wurden die Augen der Geheimen Staatspolizei stärker auf uns gelenkt, und es wurde auch für uns immer schwieriger, unseren Dienst unangefochten zu tun.

Zuletzt konnte man schon beinahe die Zeit errechnen, in der unter allerlei Vorwand stärkere Eingriffe, besonders in unser missionarisches Tun, das als Propaganda gedeutet wurde, zu erwarten war. Es wurde unser Zusammenschluss mit den Elimgemeinden zum Anlass genommen, uns den Vorwurf zu machen, wir hätten diesen Zusammenschluss nicht loyal entsprechend der Auffassung der Geheimen Staatspolizei durchgeführt. Es wurde uns der Vorwurf gemacht, wir hätten unsere missionarische Tätigkeit im Osten nur dazu benutzt, Propaganda zu machen. Ferner wurde uns vorgeworfen, dass wir durch die Verbindung mit Gemeinden der osteuropäischen Mission uns mit verbotenen Christengruppen vereint hätten, und dass wir damit gegen das nationalsozialistische Volksempfinden verstoßen hätten. Und schließlich wurde uns der seelsorgerliche und missionarische Dienst an den Menschen des Ostens in unserem Vaterlande, auch wenn sie Mitglieder unserer Gemeinden im Osten waren, verboten. Der Dienst unserer Jugendgruppen wurde genau überwacht und selbst Spaziergänge wurden verboten und die Leiter der Gruppen in schwere Verhöre genommen und mit Strafen für die Zukunft bedroht.

Viele und zum Teil schwere stundenlange Verhöre vor der Geheimen Staatspolizei haben uns deutlich werden lassen, in welcher Umwelt wir unseren Dienst zu tun haben und was für die Zukunft auch für uns zu erwarten sei. Zwei gründliche Untersuchungen im Bundeshaus in der Regensburger Straße, die zur Beschlagnahme von Akten, zur Beschlagnahme des Kontos Ostmission und zur vorübergehenden Beschlagnahme der Reste der Liebesgabensendungen für den Osten führten, konnten uns nur bestätigen, dass die Geheime Staatspolizei auch vor der selbstlosen und lauteren christlichen Liebestätigkeit nicht haltmachte. Häufige Vernehmungen über kleine und kleinste Dinge, Verwarnungen in der Behandlung und seelsorgerlichen Betreuung unserer Brüder unter den Ostarbeitern, peinliche Überwachung all unseres Tuns, brachten uns immer wieder von neuem die Überzeugung bei, dass auch wir nach und nach in das helle Scheinwerferlicht der Gestapo-Beobachtung gerückt waren. In etlichen Gemeinden wurden die Vervielfältigungsapparate fortgenommen, nur weil die Gemeinde Briefe an ihre Soldaten vervielfältigte. Ein Bruder aus unserer Ostmission musste zuletzt noch für elf Monate ins KZ wandern, nur weil er etwa 50 Neue Testamente in seiner Muttersprache in das Reichsgebiet brachte. Wenn wir das alles hinnahmen, ohne zu einem letzten öffentlichen Protest zu kommen, dann auch das aus den Gründen, die in Römer 13 genannt werden. Es war gewiss nicht immer leicht, bei all dem Geschehen stille zu halten, sondern das menschliche Aufbegehren lag nur allzu nahe, und die Versuchung, es auch zur Tat werden zu lassen, stand täglich vor der Tür. Es ergriff uns, als einem unserer bewährten und bejahrten Prediger, der deswegen zur Verantwortung zur Gestapo berufen wurde, erklärt wurde, er habe nicht für den Frieden zu beten, sondern für den Sieg. Fürwahr, die Bedrängnis nahm je länger der Krieg dauerte und je gottloser die Methoden der Partei und der Regierung wurden, umso mehr zu und brachte tiefe und tiefste Not über viele unserer Mitglieder, besonders aber über die verantwortlichen Brüder. Das Seufzen wuchs, und das stille Beten um Erlösung von diesem großen Übel nahm weithin zu. Viele der Unseren kamen in schwersten inneren Konflikt, wenn sie an die Entwicklung in ihrem Vaterland dachten und nicht mehr die innere Freiheit gewannen, unter diesem Umstand für den Sieg ihres Landes zu beten. Es war nicht Blindheit, mit der wir geschlagen waren, sondern ein notvoller Konflikt erfüllte die Seelen vieler, und die daraus sich ergebende Spannung ging sehr oft über die vorhandene Kraft.

Unsere äußere und unsere wirtschaftliche Lage

Die äußere und wirtschaftliche Lage des Bundes und der Gemeinden wurde weithin beeinflusst durch die Flüssigkeit des Geldes, durch die Abwesenheit etwa der Hälfte unserer Prediger, die im Wehrdienst standen, und durch den gesteigerten Missionssinn. So kam es, dass wir keine Geldsorgen hatten, sondern dass sich der Bundesbesitz vermehrte. Die Bilanz für das Jahr 1943 weist ein Bundesvermögen an festen und beweglichen Werten und vorhandenen Geldmitteln in Höhe von RM 1.553.726 auf. Eine große Anzahl von Kapellen,

Gemeindehäusern allerlei Art, besonders von den früheren BfC-Gemeinden, wurden auf den Bund übertragen. Dieses Grundeigentum war nach vielem Bemühen für die Übereignung freigegeben worden, obschon es ursprünglich beschlagnahmt worden war. In dieser Lage, in der wir alle missionarischen Möglichkeiten auszunutzen versuchten, konnten wir durch die Mindestbesoldung der Prediger und durch die Ruhegeldordnung eine Besserung und eine wünschenswerte Vereinheitlichung auf diesem Gebiet herbeiführen. Das wurde weithin mit Dank und Freude begrüßt. Und es ist nur zu wünschen, dass diese gute Ordnung aufrechterhalten und durchgehalten werden kann. Beim Zusammenbruch Anfang Mai 1945 hatten wir einen Geldbestand von rund RM 400.000. Rund RM 185.000 von diesem Betrag sind in der östlichen Besatzungszone zurzeit als eingefroren anzusehen. Von dem vorhandenen Wertpapierbestand in Höhe von RM 751.000 sind Wertpapiere in Höhe von RM 18.600 direkt in unserer Hand. Ein ganz wesentlicher Teil Geld- und Wertpapierbestände, etwa RM 800.000, sind als Rücklage für unsere Ruhegeldverpflichtung anzusehen. Wie viel aus diesem Geld- und Wertpapierbestand noch einmal für uns nutzbar werden wird, ist nicht zu übersehen. Die allgemeine Ordnung für den Geld- und Wertpapiermarkt wird sicherlich noch kommen.

Am 1. Mai 1946 betrug der für uns verfügbare Geldbestand RM 527.118. Die Einnahmen des Jahres 1946 bis zum 15. Mai betragen rund RM 500.000. Von einer Eröffnungsbilanz per Mai 1945 und einer Bilanz für das Jahr 1945 ist im Einvernehmen mit unserem Buchprüfer Dr. Werner Braun bisher abgesehen worden, weil die Richtlinien für die Bilanzen noch nicht endgültig festliegen und weil uns eine Übersicht über die Bewertung der vielen zerstörten Gebäude und Gebäudeeinrichtungen noch fehlt.

Das Urteil des Reichsfinanzhofes, durch das wir als Bund steuerpflichtig werden sollten, weil wir keine Körperschaft öffentlichen Rechts des Reichs seien, wurde seinerzeit auf unsere Eingabe durch Verfügung des Reichsfinanzministers bis auf weiteres ausgesetzt. Nunmehr hat der Reichsfinanzhof jenes Urteil revidiert, und damit ist unsere Steuerfreiheit als Körperschaft des öffentlichen Rechts rechtlich wieder hergestellt. Sobald wie nur irgend möglich, wird eine Vermögensbilanz wieder aufgestellt werden.

Vor der Katastrophe

Je näher wir der deutschen Katastrophe kamen, umso stärker wurde das von einzelnen gesehen und wurde es auch von unserer Bundesleitung erkannt. Gewisse stille Maßnahmen versuchten wenigstens äußerlich dieser Erkenntnis Rechnung zu tragen. Unser Seminar wurde im Herbst 1944 stillgelegt, weil uns eröffnet wurde, es gehe nicht mehr an, in dieser Lage ein Seminar offen zu halten, besonders dann nicht, wenn es fast ausschließlich slawische junge Männer ausbilde. Im September 1944 wurde die letzte Sitzung des Arbeitsausschusses der Bundesleitung in Gießen gehalten. Die Brüder ahnten, was kommen würde. Es wurde beschlossen, wenn irgend möglich, in Essen, in Köln und in Frankfurt a.M. Post-scheckkonten anzulegen. In Hildesheim wurde ein Bankkonto eröffnet. An ein Zusammentre-ten der gesamten Bundesleitung war schon längst nicht mehr zu denken. Vereinbart wurde auch, dass der Leiter des Bundeshauses mit einem wesentlichen Teil des ganzen Hauses weiter nach dem Westen gehen solle. Vorgesehen waren Hildesheim und Einbeck. Der Vor-sitzende des Bundes, Br. F. Rockschies, der mit seiner Gemeinde natürlich in Berlin bleiben wollte und musste, wollte den Bund in der östlichen Zone vertreten. Nach allen Vorbereitun-gen war zu erwarten, dass Berlin ein ähnliches Schicksal wie Budapest erleiden würde. Niemand dachte dabei daran, dass Berlin etwa ein russischer Sektor werden würde. Schon nach dem Verlust des Bundeshauses im November 1943 war ernsthaft daran gedacht wor-den, das Bundeshaus nach Bad Sachsa zu verlegen. Das Diakonissenhaus Tabea hatte sich in freundlicher Weise für die Aufnahme unserer Zentrale bereit erklärt. Aber viele Einsichtige sprachen damals gegen diese Verlegung. Die Aufrichtung eines Teiles des Bundeshauses in Hildesheim wurde im letzten Augenblick durch die fast völlige Zerstörung der Stadt vereitelt. Die Überführung der Sparkasse von Berlin nach Einbeck in den ersten Apriltagen war schon zu spät. Rückschauend kann gesagt werden, dass ein früheres Verlegen in mancher Hin-sicht für uns günstiger gewesen wäre. Die Sterbekasse blieb in Berlin, auch ihre Verlegung nach dem Westen hätte uns, wie wir heute sehen können, wesentliche Vorteile gebracht. Aber es konnte damals ja nur nach bester Einsicht gehandelt werden.

Als die Katastrophe in Sicht war, lagen schon die meisten Häuser unserer Stadtgemeinden, besonders im Westen und in Mitteldeutschland, in Trümmern. Die sich daraus ergebende Versammlungsnot war groß. Zudem kam es trotz einer generellen Anweisung der höchsten Behörden noch immer wieder zu Beschlagnahmungen einzelner Gemeindesäle. Nur mit Mü-he und Not konnten wir in vielen Fällen die Beschlagnahme wieder rückgängig machen. Seit Oktober 1943 bestand eine Verfügung des OKW, dass Geistliche nicht mehr zum Heeres-dienst einberufen werden sollten. In vielen Fällen erreichten wir es, dass diese Verfügung auch auf uns Anwendung fand. Das Kirchenministerium war uns dabei stets sehr behilflich. In einzelnen Fällen aber ging man aber auch über unsere berechtigte und begründete Ein-sprache hinweg. Die Not der evakuierten Gemeinden und Familien wuchs von Woche zu Woche. Die zwischengemeindlichen Hilfsaktionen kamen ins Stocken, der Verkehr wurde schwächer und unsicherer und auch der Dienst unserer Reiseprediger vornehmlich wurde dadurch eingeengt und gestört. Über den Tag hinaus konnten kaum noch Maßnahmen ge-troffen werden und konnte kaum noch etwas geplant werden.

Der totale Zusammenbruch

Der totale Zusammenbruch in Deutschland hat auch für unser Bundeswerk weitreichende Folgen und größten Einfluss. Alle unsere Vereinigungen mit ihren vielen Gemeinden östlich von Oder und Neiße wurden vom Bundesleben abgeschnitten. Das bedeutet praktisch, dass etwa 43.000 Mitglieder, meistens aus alten Baptistengemeinden, in Flüchtlingsnot und Flüchtlingselend kamen, in denen sie zum großen Teil noch jetzt leben. Etwa 130 - 140 unserer Prediger in jenen Gebieten wurden gleichfalls heimatlos und besitzlos und standen, wie alle deutschen Menschen jener Gebiete, vor dem Nichts. Die Zahl der zerstörten gottesdienstlichen Häuser war in den letzten Wochen noch erheblicher gestiegen. Noch ist die Liste der Zerstörungen und großen Teilzerstörungen noch nicht abgeschlossen, aber so viel kann schon gesagt werden, dass die wesentlichen Häuser vernichtet sind und dass mindestens 8 Millionen RM für den Wiederaufbau und weitere 4 Millionen RM für die Einrichtung der Häuser notwendig sind.

Sehr viele unserer Prediger haben mit ihrer Habe auch ihre Bibliotheken verloren. Das Archiv unseres Verlagshauses mit seinen wertvollen Beständen ist mit dem Verlagshaus vernichtet worden. Mit der Zerstörung des Seminars ist auch die Seminarbibliothek verloren gegangen. Mehr als 30 unserer Prediger sind im Kriege gefallen oder haben durch Kriegsereignisse und Nachkriegsereignisse ihr Leben verloren. Einige von ihnen starben in märtyrerhafter Weise in den östlichen Gebieten zum Teil in grauenhafter Art. Noch ist die Liste nicht abgeschlossen, etwa 55 unserer Prediger sind noch als fehlend anzusehen, von einer ganzen Anzahl von ihnen fehlt uns bis jetzt jede Nachricht. Für die Frauen und Kinder dieser noch fehlenden Männer in einer für uns möglichen Weise zu sorgen, war uns bisher eine Ehren- und Bruderpflicht und war auch, Gott sei Dank, finanziell möglich.

So hat der totale Zusammenbruch unser Bundeswerk aufs schwerste getroffen, sowohl gebietsmäßig wie auch menschenmäßig. Es wird noch eine Weile dauern, bis wir die Zahlenreihen aufrechnen und zusammenstellen können; auch strukturell wird das, was geschehen ist, unser Bundeswerk stark beeinflussen. Die vielen Mitglieder aus dem Osten, soweit sie noch leben und nach dem Westen kommen können, beeinflussen die westlichen Gemeinden. Es ist heute noch nicht zu überschauen, welche missionarischen und andere Wirkungen sich daraus ergeben werden. Nicht zusammengebrochen ist das große Bewusstsein der Zusammengehörigkeit, das Wissen um unseren Auftrag, das Wissen um unsere Verantwortung und das Bewusstsein, wir sind auch jetzt unter Gottes Führung und sind auch jetzt seine Gemeinde, die die Pforten der Hölle nicht überwältigen sollen.

Beginnende Wiedererhebung

Nach Ende des Krieges vergingen einige Monate, bis mit dem 1. Juli 1945 ein erster Postverkehr in den westlichen Zonen wieder eingerichtet werden konnte. Die Zonengrenzen erwiesen sich als wesentliche Behinderung für unser Bundesleben und für den Verkehr untereinander. Das Bundeshaus ruhte, Sparkasse und Sterbekasse lagen zunächst völlig still, weil auch ihr Geld und Wertpapierbestände den Maßnahmen in der östlichen Besatzungszone völlig zum Opfer gefallen waren. Aber mit der einsetzenden Postmöglichkeit setzten übergemeindliche Verbindungen schnell wieder ein. Bereits in der zweiten Hälfte des Juli konnte die erste Bundesleitungssitzung in Wiedenest gehalten werden. Das Bundeshaus, das bis Mitte September in Groß-Giesen bei Hildesheim ganz notdürftig untergebracht war, konnte sich nur langsam entfalten. Erst mit der Übersiedlung in das Erholungshaus des Diakonissen-Mutterhauses Albertinenhaus in Bad Pyrmont in der zweiten Septemberhälfte konnte es zu einer büromäßigen Arbeit kommen. Der Geldverkehr begann, nach und nach vermehrten sich die Einnahmen, und von den vorhandenen Mitteln in den westlichen Besatzungszonen konnten die notwendigen laufenden Ausgaben bestritten werden. Schon im November konnte die zweite Bundesleitungssitzung gemeinsam mit den Vertretern der Vereinigung der westlichen Gebiete in Velbert stattfinden. Die Sitzung stand einmal im Zeichen der Trauer um den heimgegangenen ersten Vorsitzenden des Bundes, Br. F. Rockschies, aber sie stand auch im Zeichen glaubensgewisser Erhebung und frohen Gottvertrauens. Sie beschloss die inzwischen gut angelaufene weitreichende Bruderhilfe und nahm den bekannten Haushaltsvoranschlag einmütig an. Zu unserem großen Bedauern konnten an den Sitzungen im Juli und November die Brüder aus der östlichen Besatzungszone nicht teilnehmen. Lange warteten sie umsonst auf den Besuch der Bundesleiter und schmerzlich vermissten sie die brüderliche Verbindung mit den Brüdern in den westlichen Besatzungszonen. Die Erfahrungen und die Zustände in der östlichen Besatzungszone waren weitgehend anders, so dass es nicht ohne weiteres zu einem völligen Verstehen und Mitgehen der glaubensfreudigen Beschlüsse von Velbert kommen konnte. Heute aber schon kann gesagt werden, dass die Opfergaben auf der Einnahmeseite den für uns kühnen Haushaltsvoranschlag durchaus rechtfertigen. Die Einnahmen sind bisher nicht hinter den Erwartungen zurückgeblieben. Die Gemeinschaftspflege über die Zonengrenzen hinweg ist lebenswichtig für den inneren und äußeren Zusammenhalt des Bundes und muss nach besten Kräften gepflegt werden. Der Dienst der Bruderhilfe mit hauptamtlichen Männern wird sich noch als außerordentlich segensreich erweisen. Wenn wir sehen, in wie unerhört starkem Einsatz die Volkskirchen neben uns auf diesem Gebiet Außerordentliches tun, dann ist unser Tun nicht mehr gerade etwas Besonderes. Auf diesem Gebiet liegen in der östlichen Besatzungszone die Verhältnisse wesentlich anders als in den westlichen Zonen, und es ist gut zu verstehen, dass in der östlichen Besatzungszone der große Gedanke des hauptamtlichen Dienstes noch nicht ohne weiteres als notwendig anerkannt wird.

Der schnelle Einsatz hauptamtlicher Kräfte für den Jugend- und Kinderdienst erweist sich jetzt schon als besonders segensreich und hat uns auf diesen Gebieten einen Vorsprung gebracht. Die Kindergartenarbeit bedarf noch sehr der Pflege und der vollen Anerkennung. Die begehrte und erwünschte Zeltarbeit hat sich für dieses Jahr leider praktisch nicht mehr ermöglichen lassen. Es wird aber alles getan werden, um die Vorbereitungen für das kommende Jahr nach Möglichkeit zu fördern. Der große Dienst an elternlosen Kindern liegt noch im Wesentlichen vor uns. Das uns von unserem Ehepaar Max und Käthe Brüning geschenkte Waisenhaus in Bensheim-Auerbach konnte bisher noch nicht in Betrieb genommen werden. Der Notariatsvertrag ist abgeschlossen und die grundbuchliche Übereignung wie auch die Freistellung des Hauses von der Besatzungsbehörde ist zu erwarten. Bisher hat sich die merkwürdige Tatsache ergeben, dass sich wesentlich mehr Eltern zur Aufnahme von Waisenkindern gemeldet haben, als Kinder zur Unterbringung angemeldet wurden.

Das Anlaufen unserer Zeitschriften wie überhaupt des Verlagshauses geht über Erwarten langsam vor sich. Wahrscheinlich noch langsamer wird es mit dem Wiederaufbau unserer zerstörten Gemeinde- und Bundeshäuser gehen. In einem gewissen Umfang treiben wir auch jetzt noch Ostmission. Wir unterstützten wesentlich die Arbeit des slawischen Bundes in Deutschland und die Arbeit der lettischen Prediger an ihren Landsleuten in unserem Vaterland. Der Dienst der Reiseprediger hat sich erweitert, eine Anzahl jüngerer Brüder hat sich freudigen Herzens dem Werk des Herrn zur Verfügung gestellt. Unverhältnismäßig stark und schnell konnte es gelingen, die Prediger aus den Gebieten östlich von Oder und Neiße in neue Gemeinde- und Missionsarbeit zu bringen. Hierbei zeigte sich so viel Liebe, so viel guter Wille und so viel Verständnis, dass dieses an sich große Notkapitel zu einem Kapitel des besonderen Dankes und der besonderen Stärkung des Glaubens werden konnte. Es brauchte keine Umschulung unserer Prediger vorgenommen werden. Alle Brüder konnten nach und nach, wenn auch oft in bescheidener Weise und zunächst behelfsmäßig, in neue Arbeit gebracht werden. Dabei zeigte es sich auch, dass in staunenswerter Weise die Geldmittel ausreichten und die Opferwilligkeit in dem Umfange wuchs, wie sich neue Möglichkeiten zeigten und neue Arbeiten begonnen wurden. Besonders in Nordwestdeutschland und in Hannover, aber auch in gewissen Teilen Süddeutschlands und des Hessenlandes bildeten sich kleinere und größere Mittelpunkte von Flüchtlingen, die den Ansatz für neue Gemeinden geben können. Es kann auch wohl damit gerechnet werden, dass die zurückkehrenden Prediger zum Missionseinsatz kommen können. Die bisher sichtbaren Schwierigkeiten sind längst nicht so umfassend und tiefgehend, wie wir das erwarten mussten. Vielmehr zeigt es sich, dass bei dem durchschnittlich guten Willen auch in den ausgesprochenen Notlagen Glaubenszuversicht und Liebesgemeinschaft sich besonders stark ausprägen.

Die Gemeinschaft mit den verwandten Bündnissen in Amerika und England kam verhältnismäßig schnell in Gang. Einige Prediger, die als Feldgeistliche in der amerikanischen und englischen Armee dienten, knüpften die ersten Fäden von hüben nach drüben. Der Generalsekretär des Weltbundes war von Anfang Dezember bis Anfang Februar in unserem Lande und konnte sich persönlich von der Lage überzeugen. Dr. Lewis, der Europa seit mehr als zwanzig Jahren kennt und auch häufig bei uns in Deutschland war, hat schnell und stark die Verbindung mit uns gesucht und sie gefunden. Der Präsident des Weltbundes hat eine Grußbotschaft an uns gesandt, der Bund der evangelischen Freikirchen in England hat uns mit einem besonderen Schreiben gegrüßt, und Dr. Kuhn, der Generalsekretär der früheren deutschen Gemeinden in Nordamerika, hat uns einen herzwarm gehaltenen Brief geschrieben und praktische Hilfe für die nächste Zeit in Aussicht gestellt. So ist verhältnismäßig schnell, stark und vielseitig das Gemeinde- und Bundesleben neu erwacht und zu neuer Hoffnung verheißender Art zur Entfaltung gekommen. Das gibt wahrhaftig Grund zu Dank und Anbetung.

Fragen, Aufgaben, Ziel und Wegrichtung für heute und morgen

Neben dieser verhältnismäßig schnellen Wiederaufrichtung auf wichtigen Lebensgebieten des Bundes haben sich auch andere Erscheinungen gezeigt, die stark berücksichtigt werden wollen und von nicht geringer Bedeutung sind. Der totale Zusammenbruch Deutschlands hat es mit sich gebracht, dass im politischen Raum die Schuldfrage in einer Form aufgeworfen und behandelt wurde, wie es bisher wohl kaum je geschehen ist. Der totale Zusammenbruch eines Gewaltsystems, das Anspruch auf den ganzen Menschen gemacht hatte, und das sich dann doch so schwer an den Schöpfungs- und Grundordnungen Gottes vergangen hat, musste Folgen haben, wie wir sie jetzt erleben. Es ist nicht wunderlich, dass die Schuldfrage nicht nur von den Siegermächten aufgeworfen und behandelt wird, sondern dass sie auch von vielen deutschen Menschen, selbst von den Kirchen gestellt und behandelt wird. Die evangelische Kirche hat sich zur Kollektivschuld bekannt und ein dementsprechendes Bekenntnis vor aller Welt abgelegt. Die katholische Kirche hat von einem solchen Kollektivbekenntnis und der Anerkennung einer Kollektivschuld aller Abstand genommen. Die Schuldfrage aber wird auch unter uns gestellt. Dabei entsteht natürlich zunächst die Frage, hat die Gemeinde Jesu das Wächteramt in ihrem Volk, wie etwa die Propheten es in Israel hatten? Hat die Gemeinde Jesu einen Auftrag für das ganze Volk in dem Sinne, dass es die Verantwortung für den Geist und die Sittlichkeit des Volkes trägt? Kann die Gemeinde schuldig werden im Ganzen, wenn sie nicht gegen besondere Sünden der Staatsführung öffentlich Protest erhebt? Kann die Gemeinde Jesu durch ihr glaubensstarkes Verhalten in Verkündigung und Leben den Verfall eines Volkes aufhalten und kann sie als mitschuldig angesprochen werden, wenn ein so starker Verfall der sittlichen Kräfte und ein so tiefer Sturz des Volkes erfolgt, wie es jetzt der Fall ist? Nach unserer bisherigen Erkenntnis war es so, dass die Gemeinde Jesu die Heilsbotschaft zu verkündigen und zu verkörpern hat, dass sie aber nicht den Auftrag und die Kraft hat, ein ganzes Volk zu bewahren und zu behüten. Schuldbekenntnisse können aber auch nur dann abgegeben werden, wenn jemand vor Gott steht und sich vor Gott in Schuld weiß, nicht aber um dadurch irgendeiner Gruppe von Christen irgendwo zu gefallen oder irgendwo und irgendwann schneller einen neuen Lebensanschluss zu finden oder irgendwie einzugliedern. Schuld vor Gott in dem Sinne, dass nicht die vollen Gnaden und Gaben Jesu ganz genommen und voll ausgewertet wurden, wird die Gemeinde immer auf sich nehmen müssen, weil sie wohl stets zu kurz kommt. Ob aber durch ihre größte Treue der Verfall eines Volkes aufgehoben oder verhindert werden kann, das ist vom Neuen Testament her nicht zu erweisen. So bleibt wahrscheinlich die Schuldfrage eine offene Frage im Raum der Gemeinde Jesu. Für den politischen Raum und die Behandlung der Schuldfrage in diesem Raum sprechen wir hier nicht.

Und eine andere Frage erhebt sich, die der Entnazifizierung. Auch diese Frage ist im politischen Raum entstanden und wird im politischen Raum behandelt. Im Raum der Gemeinde Jesu kann doch die Frage nur lauten: Ist durch die Zugehörigkeit zu einer Partei das Glaubensleben gestört, wird jemand schuldig am Zeugnis Jesu, verschreibt sich jemand fremden Gesetzen und dient jemand einem anderen Herren? Ist das der Fall, dann wird das Zuchtmittel der Gemeinde anzuwenden sein. Geschieht das aber nicht, dann kann die im Weltraum verständliche, vielleicht sogar wichtige Frage im Raum der Gemeinde nicht von Wichtigkeit sein, und wird sie noch so laut erhoben oder aus Zweckmäßigkeitsgründen von irgendeiner Seite gestellt. Nur da, wo die staatliche Gewalt von sich aus über die Vollmacht und Autorität der Gemeinde hinweg zu Eingriffen kommt, wird sich die Gemeinde fügen müssen, wenn sie all ihre Mittel, diesen Eingriff zu verhindern, erschöpft hat. Die Gemeinde selber aber wird immer gut tun, wenn sie auch auf diesem Gebiet die innergemeindlichen Maßstäbe zur Anwendung bringt und den Grundgesetzen des Neuen Testaments folgt.

Und noch eine wichtige und schwere Frage ist mit dem totalen Zusammenbruch aufgetaucht. Waren unsere Zusammenschlüsse richtig? Hat sich unsere Überzeugung, dass wir uns auf Grund von Joh. 17 zum stärkeren Zeugnis an die Welt auch äußerlich erkennbar zusammenschließen sollen, als falsche Überzeugung erwiesen? Wenn wir auf gewisse Bestrebungen und Bewegungen, die sich da und dort bei uns zeigen, schauen, dann könnte man das fast meinen. Die größere persönliche Freiheit der einzelnen, die wir nur begrüßen können und für die wir Gott danken, scheint sich dem Satz von der Einheit bei aller Mannigfaltigkeit der Erkenntnisse, der Formen und des Brauchtums entgegenstellen zu wollen. Hier stehen wir an einem wichtigen Punkt, an dem sich unser Weg neu ausrichten muss auf Grund der Schrift und der gegenwärtigen Lage.

Schon nach einem Jahr lässt sich erkennen, dass die Zurückführung unseres Volkes zu christlicher Lebenshaltung kaum möglich ist. Und doch scheint es so, als ob an eine Zukunft unseres Volkes, im Ganzen gesehen, ohne die Rückkehr zu christlicher Grundhaltung nicht zu denken sei. Die Zerteilung der Christengemeinden im alten Stil wird die Zeugniskraft des Evangeliums schwächen, und kann deshalb zur Schuld werden. Der Grund für unseren Zusammenschluss und für die grundsätzliche Betonung der Zusammenführung der lebendigen Christen zu einer Zeugnisgemeinschaft liegt nicht in einer bestimmten Situation begründet, sondern einzig und allein in der Forderung der Schrift und in der Tatsache, dass unser Volk als Ganzes im Begriff ist, den hellen Raum der Offenbarung Gottes in Christus zu verlassen. Die Verantwortung der Christen ist in dieser Situation ungeheuer groß, und hier kann in der Tat eine echte Schuld entstehen, wenn nicht besonders fein auf das Wort Gottes und die Bedürfnisse unserer Zeit geachtet wird. Erfolg oder Misserfolg sind längst nicht immer die Maßstäbe für einen richtigen christlichen Weg, besonders dann nicht, wenn in lebendiger

Weise darum gerungen wird, den Befehl des Herrn besser zu verstehen, seine Wünsche klarer zu erkennen und seinen Weg entschlossener zu gehen, als es bisher der Fall war. Es wird sich jetzt auch bei uns zeigen, ob wir aus Glauben heraus gehandelt haben und bereit sind, um des Zeugnisses willen im Glauben weiter zu gehen, auch wenn sich daraus Erschwernisse und Nöte ergeben.

Und schließlich ist es noch eine Frage, die der totale Sturz wachgerufen hat. Müssen wir jetzt nicht sogleich Organisations- und Verfassungsänderungen vornehmen, muss nicht sogleich alles auf einen neuen Nenner gebracht werden und muss nicht zu mindestens sehr sorgfältig alles auf formal-demokratisches Maß zurückgeführt werden? Diese Frage ist gewiss für die Gemeinde Jesu nur eine Randfrage und sollte deshalb auch nur so behandelt werden. Das Entscheidende in der Gemeinde des Herrn ist nicht die geschriebene und formale Ordnung, sondern die gesetzte geistliche Persönlichkeit. Ordnungen können sich wandeln. Verfassungen können geändert werden, aber für die Kraft und für die Lebenstüchtigkeit der Gemeinde im Sinne ihres Herrn bedeutet das sehr wenig, manchmal auch nichts. Je bewusster das der Gemeinde bleibt, umso weniger wird sie geneigt sein, sich in formale Ordnungs- und Verfassungsfragen zu verlieren oder gar von deren Änderungen Heil und Hilfe erwarten.

Die große Aufgabe des Bundes und seiner Gemeinden wird es sein, in missionarischer Kraft und in großer Liebesbereitschaft das Zeugnis ihres Herrn in der Verkündigung, am Tisch, am Taufwasser und in der Lebensführung überzeugend und glaubhaft abzulegen. Ob wir damit unser Volk als Ganzes zurückführen können in eine vertiefte Verbundenheit mit dem Willen Gottes, können wir nicht wissen, dass wir aber damit den Willen unseres Herrn erfüllen, der uns gesetzten Aufgabe gerecht werden, dürfte über jedem Zweifel erhaben sein.

Schlussbemerkung

Diese Tagung kann sich im Zurückschauen nicht erschöpfen. Sie hat eine neue Bundesleitung zu wählen, weil die Arbeitsperiode der bisherigen Bundesleitung zu Ende ist. Sie kann die Gemeinden zu vermehrter Treue und zu noch stärkerem Zeugnis aufrufen, sie kann herzlich bitten, von allen Trennungsmaßnahmen abzusehen, sie kann die Brüder in anderen Ländern grüßen und ihnen eine Botschaft herzlicher Verbundenheit schicken. Sie kann sich stark und eindeutig zur Einheit der Kinder Gottes bekennen und sie kann durch ihre glaubensfreudige Einmütigkeit ein großes Beispiel für die Notwendigkeiten unserer heutigen Lage geben. Sie kann auf das Gebet des Glaubens hin in besonderer Weise mit der Kraft des Heiligen Geistes erfüllt werden, um dadurch in Stand gesetzt zu sein, wegweisend zu wirken, zu dienen und Gott zu ehren. Das schenke Gott dieser Tagung in Gnaden!

2.2. Gegenschrift von Jacob Köbberling

Dieser Text existiert in verschiedenen Abschriften; die vorliegende, offensichtlich letzte Fassung wurde von J. Köbberling am 22. März 1947 an die Mitglieder der Bundesleitung verschickt (s. Begleitschreiben und nachfolgende Korrespondenz, III.2.3.). Der umfangreiche Text musste dazu mehrfach abgeschrieben werden, da nur eine begrenzte Zahl an Durchschlägen möglich war. So erklären sich geringfügige Differenzen zwischen den vorhandenen Abschriften. Die hier dokumentierte Fassung wurde mit einem ursprünglichen Text aus dem Nachlass J. Köbberlings verglichen und an wenigen Stellen korrigiert. Der wiederentdeckte ursprüngliche Text („Original") enthält zahlreiche handschriftliche Bearbeitungsspuren Köbberlings. In den Anmerkungen sind alle relevanten Änderungen Köbberlings vermerkt.

Der Weg einer Freikirche. Ihr Bekenntnis und ihre Haltung zum Staat, 1947[114]

Die biblische Einleitung

Es wäre anmaßend, wollte jemand schon jetzt ein irgendwie vollständiges Bild der jüngsten Vergangenheit[115] entwerfen, sei es auch nur für ein eng umrissenes Teilgebiet der Kirchengeschichte. Noch stehen wir mitten im Prozess der Umwandlung[116] und es fehlt uns der Abstand für eine ruhige Betrachtungsweise. Doch die dringenden Aufgaben der Gegenwart, deren Nöte zum großen Teil aus dem Versagen in der Vergangenheit entspringen, erfordern schon jetzt klare Stellungnahme zu manchen Problemen. Der Anlass zu dieser Erörterung ergibt sich aus einer Broschüre, die den Weg einer Freikirche in den Jahren 1941-46 darstellt. Es handelt sich um die Veröffentlichung eines offiziellen Berichtes an den Bundesrat des Bundes Evangelisch-Freikirchlicher Gemeinden, gegeben von Paul Schmidt, dem Leiter der Bundesgeschäftsstelle. Es ist kein einfacher Bericht im Sinne einer nüchternen Berichterstattung von Tatsachen, es wird dort gedeutet und „ausgerichtet", wie die Einzelüberschriften besagen, bis hin zu der kühnen Formulierung: „Ziel und Wegrichtung für heute und morgen". Ist die Broschüre „Unser Weg" ihrem Inhalte nach tatsächlich ein solches wegweisendes Wort für die Gemeinden des Bundes in unserer aufgerührten Zeit?[117]

Verwunderlich ist keineswegs, dass der Verfasser des Berichtes eine so einseitig werbende Darstellung des Weges darbietet, hat er doch selbst diesen Weg maßgeblich beeinflusst. Er-

---

[114] Dieser ursprüngliche Titel war nicht mehr bekannt, da das Titelblatt von Köbberlings Ausarbeitung nicht erhalten ist. Den Titel nennt Köbberling im Brief an Kretzer vom 22.6.1947 (s. III.2.3.17.).

[115] Im Original gestrichen: „die durch die 12 Jahre der Hitlerherrschaft geprägt waren".

[116] Im Original geändert: „Umwandlung" statt „,Liquidierung' dieser Epoche".

[117] Im Original gestrichen: „Das muss doch wohl mit aller Entschiedenheit verneint werden!".

80

staunlich ist[118] auch nicht der seit 15 Jahren vernehmbare und offenbar zur Gewohnheit gewordene autoritäre Stil. Man kann sich aber nicht genug wundern, dass nach allem, was passiert ist, immer noch allein diese gleiche beruhigende und beschwichtigende Stimme unwidersprochen[119] zu hören ist, der man aus dem gleichen Jeremiakapitel, aus dem das Eingangswort des Berichtes entnommen ist, entgegenrufen möchte: „und trösten mein Volk in ihrem Unglück, dass sie es gering achten sollen, und sagen: Friede! Friede! und es ist doch kein Friede." (Jer. 8, 11).

Schon die Zusammenstellung der Eingangsworte aus der Bibel zeigt[120] nämlich den Geist des falschen Tröstens, wo uns doch nach echtem Trost so bange ist. Einmal wird dort das erschütternde Jeremiawort herangezogen (8, 21-33), das endet: „über den Zusammenbruch der Tochter meines Volkes bin ich gebrochen." Die ganze Schrift aber[121] will uns gewissermaßen beweisen, dass hier eine Freikirche ungebrochen aus dem Zusammenbruch des deutschen Volkes hervorgegangen ist. Der Ruf nach dem „Arzt, dem Balsam, der Heilung" wird nur scheinbar richtig mit dem Jesuswort beantwortet: „Ich will bauen meine Gemeinde und die Pforten der Hölle sollen sie nicht überwältigen." Auch der Prophet verheißt diesen „Neuen Bund". Doch man lasse erst einmal die langen erschütternden Klagekapitel auf sich wirken, die bis in die einzelnen Bilder hinein an unsere Zeit erinnern. Dann erst bekommt man das volle Gehör für die Verheißung: „denn ich werde ihnen ihre Schuld[122] vergeben und ihrer Sünde nicht mehr gedenken."[123]

Die Gemeinde ist der „Neue Bund", der aus der ständigen Vergebung lebt. Darin ist sie unüberwindbar auch durch die „Pforten der Hölle", als der neue Bund der Vergebung durch das Blut Jesu Christi. Wird dieser Trost aber in dieser Tiefe erfasst in jenem Bericht von P.S.[124]? Verstummt die Klage über das Gericht nicht allzu vorschnell? Wird die Gemeinde dort nicht mit Hilfe einer gedanklichen Operation als ein getrennter Raum aus dem Zusammenbruch und der Schuld willkürlich herausgenommen? Wird die Unüberwindbarkeit der Gemeinde nicht allzu sicher auf eine bestimmte sichtbare Gemeinde bezogen, die doch nur „post festum" gesprochen von den „Pforten der Hölle" bedroht schien? (Gegen dieses „post festum" verwehrt sich P.S., um ihm selber aber immer mehr zu verfallen!) Nach den Worten der Bibel beginnt das Gericht aber[125] am Hause Gottes selbst. Das Wort von der Unüberwindbarkeit

---

[118] Im Original gestrichen: „für den Kenner".
[119] Im Original unterstrichen: „unwidersprochen".
[120] Korrigiert, im Original und Abschriften: „zeigen".
[121] So im Original, in der Abschrift fehlt: „aber".
[122] Im Original unterstrichen: „Schuld".
[123] Im Original gestrichen: „Hier begegnen wir schon der Schuldfrage, die später von P.S. beiseitegeschoben wird."
[124] Paul Schmidt.
[125] Im Original gestrichen: „immer".

der Gemeinde ist doch[126] auf die Zukunft ausgerichtet, als Wort des Glaubens und der Hoffnung. Man kann es nicht voreilig auf eine bestimmte sichtbare Gemeinde dieser Welt anwenden[127]. In solchen Gerichtszeiten, wie wir sie erleben, ist die Gemeinde keineswegs vom Gericht ausgenommen. Wer sie davor freisprechen wollte auf menschliche Weise, wie das weithin in dem Bericht von P.S. versucht wird, der tröstet da, wo doch kein Trost ist. Daher haben wir den Eingangsworten aus der Bibel noch das andere Jeremiawort zur kritischen Scheidung hinzugefügt und bedienen uns wiederholend ebenfalls der Übersetzung von Menge: „Die schwere Wunde meines Volkes wollen sie leichtfertig obenhin heilen, indem sie sagen: Heil! Wo doch kein Heil vorhanden ist." Wohl ist Christus und seine Gemeinde das Heil. Doch dieses Heil in Christus entschwindet uns, wenn wir statt aus der Kraft der Vergebung „leichtfertig obenhin heilen", indem wir unsern Weg mit Gottes Weg verwechseln[128]. Denn das ist doch wohl der Sinn der Broschüre „Unser Weg" (als Bund Evangelisch-Freikirchlicher Gemeinden), dass der Weg, so wie er hier gekennzeichnet wird, als der gottwohlgefällige Weg unter Gottes Führung angesehen werden soll. Es wird aber allzu deutlich, wie sehr dort auch menschliche Wege begangen sind mit allerlei menschlichen Hoffnungen und menschlichen „kräftigen Irrtümern". Wo aber bleibt das Bewusstsein, dass Gottes Wege höher sind als unsere Wege? Wo bleibt die tiefe Beugung unter den Willen Gottes, um den wir doch alle Zeit bitten müssen, dass er geschehe „im Himmel, also auch[129] auf Erden"? Wenn jeder Weg, den wir stolz „unser Weg" nennen, der doch alles in allem sehr glatt über viele[130] Schwierigkeiten hinweg gleiten ließ, unbedenklich als Gottes Wille angesehen wird, dann fragt man sich, ob nicht ein drittes Jeremiawort ein richtigeres Bild[131] ergeben[132] könnte:„Dann ist ihr Weg ein glatter Weg – im Finstern, auf dem sie gleiten und fallen."(Jer. 23, 12)

Der Zusammenschluss

Ist uns aus der Einleitung schon der schiefe Ansatz deutlich geworden, so müssen wir jetzt weiter fragen, wo sind die echten Entscheidungen vom Evangelium her in dem dort aufgezeichneten Weg zu finden? Der Bericht von P.S. gibt eine sehr eindeutige Antwort: Der Zusammenschluss der früheren Baptisten mit dem Bund freikirchlicher Christen und vorher mit den Elimgemeinden, das wären „große und grundsätzliche Geschehnisse im Reiche Gottes", die als eine „Fügung Gottes zur Vermehrung des christlichen Zeugnisses in unserem Vater-

---

[126] Im Original gestrichen: „immer".
[127] Im Original gestrichen: „gewissermaßen wie eine Lebensversicherung".
[128] Im Original unterstrichen: „unsern Weg mit Gottes Weg verwechseln".
[129] Im Original geändert: „also auch" statt „wie".
[130] Im Original geändert: „viele" statt „alle".
[131] Im Original ursprünglich: „Motto", geändert in: „Leitwort"; in Abschriften: „Bild".
[132] Im Original ursprünglich: „abgeben".

82

lande" bezeichnet werden. Alles andere seien „Nebengeräusche und Nebenerscheinungen".[133] Der Zusammenschluss ist das Kernstück des Berichtes. Er ist im Grunde „Unser Weg". Der Weg der Einheit soll weiter der Weg sein, der „wichtige Punkt, an dem sich unser Weg neu ausrichten muss auf Grund der Schrift und der gegenwärtigen Lage." Auch in der verständlichen Sorge um die Zukunft unseres Volkes, die ohne die „Rückkehr zur christlichen Grundhaltung nicht zu denken sei", wird die „Zeugnisgemeinschaft der lebendigen Christen" in den Vordergrund gestellt. Wenn vorher im Zusammenhange mit der Schuldfrage ein Auftrag für das ganze Volk verneint wird, dann wird doch eine solche Verantwortlichkeit bejaht, da wo von der Einheit der Christengemeinden die Rede ist. Dieser Abschnitt muss ausführlicher zitiert werden und ernst genommen werden, auch wenn man zu anderen Ergebnissen kommt wie der Verfasser: „Der Grund für unseren Zusammenschluss und für die grundsätzliche Betonung der Zusammenführung der lebendigen Christen zu einer Zeugnisgemeinschaft liegt nicht in einer bestimmten Situation begründet, sondern einzig und allein in der Forderung der Schrift und in der Tatsache, dass unser Volk als Ganzes im Begriff ist, den hellen Raum der Offenbarung Gottes in Christus zu verlassen. Die Verantwortung der Christen ist in dieser Situation ungeheuer groß, und hier kann in der Tat eine echte Schuld entstehen, wenn nicht besonders fein auf das Wort Gottes und die Bedürfnisse unserer Zeit geachtet wird. Erfolg oder Misserfolg sind längst nicht immer Maßstäbe für einen richtigen christlichen Weg, besonders dann nicht, wenn in lebendiger Weise darum gerungen wird, den Befehl des Herrn besser zu verstehen, seine Wünsche klarer zu erkennen und seinen Weg entschlossener zu gehen, als es bisher der Fall war. Es wird sich jetzt auch bei uns zeigen, ob wir aus Glauben heraus gehandelt haben und bereit sind, um des Zeugnisses willen im Glauben weiter zu gehen, auch wenn sich daraus Erschwernisse und Nöte ergeben." Das ist die langvermisste Sprache, die unbedingt zu bejahen ist: Erfolg oder Misserfolg sind keine Maßstäbe, sondern „Befehl des Herrn", „Handeln auf den Glauben". Wo so gehandelt wird, da ist in der Tat echte Entscheidung vom Evangelium her. Doch es bleibt die[134] Frage, ist der dort beschriebene Zusammenschluss wirklich so geschehen und der gemeinsame Weg in dieser Haltung begangen worden? Kann der Bericht von P.S. in allen wesentlichen Abschnitten diese gleiche Sprache echter Entschiedenheit sprechen?[135] Allzu viel von dem dort Gesprochenen und nicht Ausgesprochenen verraten doch eine unentschiedene Haltung, eine Neigung zum Kompromiss und zum diplomatischen Verhandeln. Prüfen wir also den Bericht über den Weg an dem[136] markanten Wegweiser, wie ihn das obige Zitat am Schluss

---

[133] Im Original gestrichen: „(Was sollen solche großen Worte? Sollen sie nicht einfach die doch zu lauten Nebengeräusche übertönen?)".

[134] Im Original gestrichen: „bange".

[135] Im Original gestrichen: „Das ist doch leider nicht der Fall."

[136] So im Original, in der Abschrift: „und den".

darstellt. Wir[137] sehen, dass dieser[138] Wegweiser einen anderen Weg anzeigt, als den begangenen[139] Weg wie ihn der Bericht schildert.

Die in dem berichteten Teil aufgeführten Gründe für den Zusammenschluss sind nämlich weniger klar[140]. Dort ist keine Rede mehr von grundsätzlichen Gründen und die biblische Begründung von Joh. 17 erscheint erst als feierliches Schlusswort. Der Bericht setzt ein mit der offiziellen Geburtsstunde des Bundes, der Bundeskonferenz 1941 in Berlin. Es war eine „große gesegnete, unvergessliche Versammlung. Die Konferenz beschloss in großer Einmütigkeit die Zusammenlegung der Bünde auf Grund der angenommenen Verfassung und die damit verbundene Namensänderung." Ausführungen über die eigentlichen Gründe für diesen wichtigen Beschluss der Bundeskonferenz erfahren wir in diesem Bericht nicht. Diese gerade aber müssten doch jedermann interessieren, schon gar[141] die ehemaligen Baptisten und Darbysten[142], die auf diese Weise einer neuen Freikirche auf breiterer Basis angehören. Genau so wäre es wichtig, diese Gründe zu wissen für jeden Christen einer anderen Benennung, der doch auch solche Zusammenschlüsse herbeisehnt. Denn es ist Anliegen eines jeden ernsten Christen, dass die ersehnte Einheit der Christenheit sichtbar zur Darstellung kommt, wie es offenbar der Wille des Herrn ist. Dafür bedarf es aber klarer Weisungen, um aus der jetzigen Geschiedenheit herauszukommen, die doch zugleich aus der Treue und der Untreue entstanden ist. Doch wir werden vergeblich nach solchen positiven ernsthaften Gründen für den Zusammenschluss suchen. Es sind sehr äußerliche und sehr innerliche Gründe in dem Bericht angegeben, aber keine Gründe, aus denen klar ersichtlich ist, warum die früheren Baptisten und Darbysten (wie Außenstehende sie nannten) im Jahre des Heils 1941 auf Grund neuerer Erkenntnisse aus der Heiligen Schrift ihren seit Jahrhunderten getrennten Weg aufgaben, um fortan einen „gemeinsamen Weg des christlichen Zeugnisses" zu gehen. Diese Art der Begründung fehlt und hat wesentlich immer gefehlt, seit es diesen Zusammenschluss gibt.

Demgegenüber nehmen sich alle Gründe, die in dem Bericht von P.S. angeführt werden, sehr schlecht aus. Man liest dort, dass eine Periode „langjähriger brüderlicher Besprechungen" vorausging. Es liegt kein Grund vor, an der Brüderlichkeit dieser Besprechungen zu zweifeln. Doch brüderliche Besprechungen sind auch bei leitenden Brüdern noch kein Grund für den Zusammenschluss zweier ganzer Freikirchen bzw. Gemeindebünde. Jedes einzelne Glied ihrer Gemeinden muss erwarten, dass man bei solchen Besprechungen sich in aller

---

[137] Im Original gestrichen: „werden".

[138] Im Original gestrichen: „ausgezeichnete".

[139] Im Original ursprünglich Satzende; handschriftlich eingefügt: „Weg, wie ihn der Bericht schildert."

[140] Im Original geändert: „weniger klar" statt „äußerst verworren".

[141] Im Original geändert: „schon gar" statt „besonders".

[142] Im Original eingefügt: „und Darbysten".

84

Brüderlichkeit die verschiedenen[143] Standpunkte vorlegt, was dann nicht so dringend einer Veröffentlichung bedürfte. Doch wenn es bei diesen Besprechungen um einen Zusammenschluss geht, dann muss jedes einzelne Glied darüber unterrichtet werden, was besprochen[144] wurde, denn keiner kann dem Einzelnen vor Gott die Verantwortung abnehmen, die in der Gliedschaft zu einer bestimmten sichtbaren Kirche dieser Welt liegt. Eine Veröffentlichung der Ergebnisse der brüderlichen Besprechungen ist niemals erfolgt. Sie sind von Anfang an nur als einmütige Besprechungen ohne Inhaltsangabe bekanntgeworden. Lediglich der Beschluss, nämlich der Zusammenschluss, wurde gewissermaßen zur praktischen Durchführung den Gemeinden übertragen. So klingt es auch[145] einmal in dem Bericht von P.S. an, der von einer „praktischen Durchführung der Einheit bis in die letzte Gemeinde hinein" spricht.

Fragen wir uns heute nachträglich nach dem Grund für solches Verhalten, dann kann er nur darin bestehen, dass ein solcher wesentlicher Inhalt der Besprechungen, nämlich die tatsächliche Übereinstimmung in wesentlichen Glaubensfragen zweier bis dahin getrennter Gemeindegruppen, gar nicht da war. Sie wurde auch gar nicht ernsthaft erstrebt, denn man konnte damals im Gemeindeblatt „Der Wahrheitszeuge" lesen, dass über dogmatische Fragen nicht gesprochen wurde, denn darüber würde man sich doch nicht einig geworden sein. Glaubensfragen sind nun einmal aber dogmatische Fragen, auch wenn man diesen Ausdruck nicht liebt und für ein sogenanntes undogmatisches Christentum eintritt. Aus der Periode der vorausgehenden brüderlichen Besprechung erfahren wir also ebenso wenig über die wahren Gründe des Zusammenschlusses wie aus dem Bundeskonferenzbeschluss.

Diesem Mangel an wesentlichen Begründungen steht gegenüber eine Beschreibung von Tatsachen, die uns in die Zwielichtatmosphäre des Dritten Reiches unangenehm zurückversetzt. Diese Beschreibung wäre besser unterblieben, doch da sie einmal geschehen ist, tut eine klare Beleuchtung Not. Wir erfahren aus dem Bericht, dass ursprünglich in allen evangelischen Freikirchen ein Zusammenschluss geplant war, was an mangelnder Einmütigkeit scheiterte, dass dann der Krieg einen Stillstand in allen Besprechungen brachte. 1940 aber habe Br. H. Becker[146] „die Verantwortung für den BfC wegen Umfang seines Kriegsdienstes nicht weiterhin tragen können und es kam schnell zu einer Vereinbarung zwischen den leitenden Brüdern über den Zusammenschluss". Hier taucht der Name eines Mannes auf, dessen Kriegsdienst also ein[147] entscheidender Anstoß für den Zusammenschluss wurde. Es soll hier keineswegs[148] über Personen abgehandelt werden. Doch wenn wir hier mit dürren

---

[143] Im Original unterstrichen: „verschiedenen".

[144] Im Original geändert: „besprochen" statt „gesprochen".

[145] Im Original geändert: „auch" statt „auf"; in Abschriften: „auf".

[146] Hans Becker (1895-1963), Gründer des BfC.

[147] Im Original geändert: „ein entscheidender" statt „der entscheidende".

[148] Im Original geändert: „keineswegs" statt „nicht".

Worten berichtet bekommen, dass ein einzelner Mensch die Verantwortung für einen ganzen Gemeindebund trug und der Kriegsdienst ihn zwang, diese Verantwortung auf andere Schultern zu übertragen (man muss doch annehmen auf die des Verfassers Pauls Schmidt), dann ist doch klar, dass wir es hier mit dem „Führerprinzip" sozusagen in Reinkultur zu tun haben. Hier also liegt eine Wurzel des Zusammenschlusses bloß.

Gleich taucht aber noch ein dritter Mann ohne Namensnennung auf, der zwar keine Verantwortung für einen ganzen Gemeindebund trug, doch keine minder wichtige Rolle bei dem Zusammenschluss spielte.[149] Er wird als der „wohlgesinnte Referent im Kirchenministerium" bezeichnet.[150] Der Dritte ist zwar kein Mitglied einer Gemeinde, doch ihm obliegt die sehr wichtig genommene Aufgabe, für die staatliche Anerkennung des Zusammenschlusses zu sorgen. Die staatliche Anerkennung wird selbst in dem nachträglichen Berichte des Jahres 1946, nachdem dieser Staat in Blut und Tränen untergegangen ist, noch sehr wichtig genommen. Er wird ganz ehrlich als die wesentliche Bedingung des Zusammenschlusses zugegeben, ohne die es wohl nicht dazu gekommen wäre. Die Beschreibung ist in diesem Punkte durchaus ausführlich: Man fühlte vor im Kirchenministerium, der Zeitpunkt war ungünstig, der wohlwollende Referent versprach „die Zusammenlegung der Bünde dennoch zu erreichen". Dieser Mann soll also erreichen, was in Jahrhunderten nicht möglich war, wenn man sich einmal an den Wortlaut der Formulierung hält. Was im nächsten Kapitel ein „großes, grundsätzliches Geschehnis im Reiche Gottes" genannt wird, schrumpft hier in der höchst irdischen Wirklichkeit des Dritten Reiches[151] zum diplomatischen Akt eines einzelnen andersgläubigen Mannes zusammen. Das einzige, was wir von diesem Manne außer seinem Wohlwollen erfahren, ist seine offenbar einflussreiche Stellung im Reichskirchenministerium. Das aber ist nicht unwichtig. Dieses Ministerium war bei der Einstellung der NS-Regierung zur Kirchenfrage nicht für sondern gegen die Kirchen geschaffen worden, was sich im Laufe der Jahre immer deutlicher herausstellte. Das beweist vor allem die Fühlungnahme des Kirchenministeriums mit der Gestapo.

Wenn das Ministerium sicherlich in vielen Fällen andere, entgegengesetzte Ziele wie die Gestapo verfolgte (und natürlich ist anzunehmen, dass dies auch der erwähnte Referent tat), so bleibt doch die Tatsache bestehen, dass schließlich das Kirchenministerium im Endstadium

---

[149] Gemeint ist der Referent im Reichskirchenministerium Dr. Werner Haugg, der den Zusammenschluss zum Bund Evangelisch-Freikirchlicher Gemeinden in Deutschland mit Schreiben vom 30. Oktober 1942 „staatsaufsichtlich genehmigt" hat. Vgl. dazu G. Balders, Ein Herr, S. 114; A. Strübind, Die unfreie Freikirche, S.231f, bes. 304, und A. Liese, Weder Baptisten noch Brüder. Die Entstehung des Bundes Evangelisch-Freikirchlicher Gemeinden, in: Freikirchenforschung 18 (2009), S.102-127, darin 125f. Von W. Haugg erschien: Das Reichsministerium für die kirchlichen Angelegenheiten, von Landgerichtsrat Werner Haugg, Berlin 1940, 44 S.

[150] Im Original gestrichen: „Das also ist das Triumvirat der verantwortlichen Männer des Zusammenschlusses!"

[151] Im Original eingefügt: „höchst irdischen" und „des Dritten Reiches".

nicht viel mehr als[152] eine gutgetarnte Spezialabteilung der geheimen Staatspolizei darstell-
te, eigens für den Zweck, die Kirchen besser unter Kontrolle zu halten. Dieser Zusammenhang zwischen Kirchenministerium und Gestapo im Hitlerstaat wird auch in dem Bericht von
P.S. angedeutet[153]; wir lesen dort, dass die Gestapo sich sowohl dem Br. H. Becker wie Br.
P. Schmidt gegenüber gegen den Zusammenschluss aussprach und ihn zu „hintertreiben"
versuchte. Dann sei es aber nach Jahren dem „dritten Mann" gelungen, sich dennoch durch-
zusetzen: „Nur dem ununterbrochenen Bemühen des Referenten im Kirchenministerium unter Ausnutzung einer sich ihm bietenden günstigen Situation ist es, menschlich gesehen, zu
verdanken." Wir könnten dem Referenten zu dieser Kraftprobe mit der allmächtigen Gestapo[154] gratulieren, wenn uns so wohl dabei wäre. Doch bedenke man noch, was das im Rahmen des Zusammenschlusses bedeutete: Ein politischer Handel[155] hinter den verschlosse-
nen Türen der Gestapo, ausgehandelt von einem Vertreter, der selbst gar nicht zu dem Bekenntnis steht, das er vertreten soll. Wir kennen die Akten über diese Verhandlungen nicht.
Doch das Resultat ist beunruhigend. Ausgerechnet die Gestapo genehmigt Ende 1942, als
ihre Feindschaft gegen das Christentum schon sehr krasse Formen angenommen hatte, die
Verfassung eines neu zusammengeschlossenen Gemeindebundes, der der „Vermehrung
des christlichen Zeugnisses in unserem Vaterlande" dienen soll. Was für Widersprüche! Was
für beschämende Zugeständnisse mögen dabei gemacht worden sein! Die Verfassung
selbst, deren Inhalt hier nicht besprochen wird, weist genügend Spuren davon auf. Doch soll
an dieser Stelle nicht das Verhältnis des Bundes zum Staat besprochen werden. Es soll lediglich darauf hingewiesen werden, dass bereits bei seiner Entstehung die politischen Fragen eine ungewöhnliche Bedeutung gewannen. Die Gestapo hat, zugegeben gegen ihren
schlechteren Willen, doch ihre Zustimmung gegeben[156] zur Verschmelzung der beiden Bünde. Auf diese höchst merkwürdige Tatsache legt der Bericht von P.S. großen Wert, er nennt
ihn eine Fügung Gottes. Der Zusammenschluss dürfe „niemals als eine Forderung politischer Instanzen angesehen werden". Nun gut, eine Forderung war es nicht, doch immerhin
eine Zustimmung der Gestapo, erreicht durch ein zweifelhaftes politisches Manöver. Dass
diese Zustimmung überhaupt eine so wesentliche Rolle spielt, ist nur verständlich, wenn
man sich im Dritten Reich sichern wollte. Doch was besagt im Grunde irgendeine staatliche
Zustimmung zu einem wichtigen Schritt ganzer Gemeindebünde, wenn dieser Schritt wirklich
aus dem Glauben heraus geschah, wie das in dem Wegweiser am Schluss behauptet wird.
Wenn man auch nur einen Augenblick an Joh. 17 und den Befehl Jesu denkt, wird das alles
dann nicht von einer sehr nebensächlichen Bedeutung? In welcher Welt lebt der Berichter-

---

[152] Im Original geändert: „nicht viel mehr als" statt „etwa".
[153] Im Original geändert: „angedeutet" statt „nicht verschwiegen".
[154] Im Original gestrichen: „wie P.S."
[155] Im Original geändert: „Handel" statt „Kuhhandel".
[156] Im Original geändert: „gegeben" statt „geben müssen".

statter[157], wenn er heute noch, wie man das auf Konferenzen gelegentlich hören konnte, mit Worten der Begeisterung den Augenblick der Zustimmung durch die Gestapo preist? Kann man sich denn überhaupt eine schlechtere Empfehlung für den Bund denken, als den Trauzeugen Gestapo bei seiner um eineinhalb Jahre verspäteten bürgerlichen Hochzeit? Wer vermag in diesem überlisteten Trauzeugen eine Fügung Gottes zu sehen, die sich dennoch zum Segen auswirken soll?

Das kann der Berichterstatter nur, weil er den Zusammenschluss ohne Vorbehalte als ein „großes Geschehnis im Reiche Gottes" wertet und als eine „Vermehrung des christlichen Zeugnisses in unserem Vaterlande". Nirgends lesen wir, was wir uns real darunter vorstellen sollen. Nach außen haben wir in unserem Vaterlande in den Jahren des Dritten Reiches nur eine ständige Verminderung des christlichen Zeugnisses wahrgenommen. Das war auch nicht anders in dem Bund Evangelisch-Freikirchlicher Gemeinden. Dass hier und da das gemeinsame Zeugnis früherer Baptisten und Darbysten sich zum Segen auswirkte, das wollen wir gerne glauben. Ob aber, auf das Gesamtleben beider Gemeindegruppen gesehen, der Zusammenschluss sich zum Segen auswirkte, das möchten wir aus dem Bericht von P.S. gern erkennen[158].

Diesem Gedanken ist der zweite Abschnitt gewidmet, der den bereits vollzogenen Zusammenschluss preist. Der erste Abschnitt, der die Entstehung des Bundes beschreibt, hat uns Zweifel an seiner Legitimität erweckt. Mag die Bundeskonferenz, die man damals die Hochzeit nannte, tatsächlich vielen Teilnehmern eine „angenehme Erinnerung" sein, allen war sie es nicht. Nach außen hin mag sie einmütig erschienen sein, doch es waren auch andere Stimmen da, die nicht gehört wurden. Sie wurden unterdrückt durch Flüsterpropaganda „Gestapo im Saal" und schließlich mit dem Dankeslied übertönt.[159] Die damaligen Gegner dieses Zusammenschlusses wurden als hoffnungslos rückständige, kleinlich am Alten klebende, verknöcherte Leute[160] angesehen. Mag es solche geben. Es gab auch eine unterdrückte Opposition anderer Art. Wenn diese auch noch so sehr einen Zusammenschluss gewünscht hätten, so[161] ging es nicht. Die Verhältnisse waren zu unklar. Vor allem der BfC war ein durchaus unklares Gebilde mit einer merkwürdigen Vorgeschichte. Die sogenannte Versammlung hatte ein staatliches Verbot schwer getroffen. Ein Teil der Brüder hatte sich illegal weiter versammelt und dafür gelitten. Von diesem Teil, der doch eigentlich besonderer Beachtung verdiente, war beim Zusammenschluss keine Rede. Der größere Teil hatte sich unter der Initiative von Dr. Becker zu dem BfC zusammengeschlossen, der auch nur unter be-

---

[157] Im Original gestrichen: „eigentlich".
[158] Im Original geändert: „erkennen" statt „herauslesen".
[159] Im Original gestrichen: „Doch fassen wir das ruhig als die Nebengeräusche auf."
[160] Im Original geändert: „Leute" statt „Baptisten".
[161] Im Original unterstrichen: „so".

sonderen Zugeständnissen gegen die Forderungen der Gestapo zusammengekommen war. Was aber vor allem als wesentliche Voraussetzung des Zusammenschlusses fehlte, war ein klares Bekenntnis, ein Glaubensbekenntnis, das den allgemeinen Glauben der Gemeinden beider bisher getrennter Gruppen zum Ausdruck brachte. Ohne ein solches Glaubensbekenntnis war der Zusammenschluss in dieser Form[162] vor Gott und den Menschen nicht zu rechtfertigen.

Für diese Grundforderung finden wir in dem Bericht von P.S. keinerlei Verständnis. Zwar wird das Glaubensbekenntnis dort im zweiten Abschnitt erwähnt, das einzige Mal in dem ganzen Rechenschaftsbericht: Dieser zweite Abschnitt, der den Auswirkungen des Zusammenschlusses gewidmet ist, spricht wiederum nur von der Einmütigkeit in der Bundesleitung. In dieser Einmütigkeit, die schon bei der Periode der vorbereitenden Besprechungen gerühmt wird, sei alles, was geschah, beschlossen worden. Ein mangelndes Zusammenleben der Gemeinden wird bagatellisierend auf Kriegsgründe zurückgeführt. Doch die Einmütigkeit der Leitung war so „einhellig, dass man darüber staunen musste, und Gott anbeten konnte". In dieser Einmütigkeit geschah auch die Annahme des Glaubensbekenntnisses, das mit der Annahme der Richtlinien für die Mindestbesoldung der Prediger in einem Satz mit vielen anderen Dingen erwähnt wird. Über solche Einmütigkeit staunen kann man wohl, doch nicht mehr Gott anbeten, wenn man die darin beschlossene[163] Verwirrung der Geister erkennt. Denn diese unmögliche Zusammenstellung ist kein stilistischer Schnitzer. Es ist eher die Enthüllung einer Geisteshaltung, die ein Glaubensbekenntnis auf eine Stufe stellt mit Predigerbesoldung und Vermögenstransaktionen. In Wirklichkeit ist das Glaubensbekenntnis der[164] entscheidende Punkt des ganzen Zusammenschlusses. Allerdings fragen wir wiederum nach seinem Inhalt, da uns die Einmütigkeit bei der Beschlussfassung nicht genügt[165].

Das Glaubensbekenntnis

Diesem Glaubensbekenntnis, das in dem Bericht von P.S. in bezeichnender Weise mit einem einzigen Wort abgetan wird, müssen wir also[166] daher einen besonderen Abschnitt widmen. Es[167] stellt eine der merkwürdigsten Begebenheiten im Bundesleben dar. Sein spätes Erscheinen, und zwar etwa drei Jahre nach dem Zusammenschluss der Bünde, wurde bereits erwähnt. Man sah und sieht in ihm offenbar keinen Gegenstand von besonderer Bedeutung. Weder die vorbereitenden Besprechungen der leitenden Brüder noch die Bundes-

---

[162] Im Original eingefügt: „in dieser Form".

[163] So im Original, in der Abschrift: „verschlossene".

[164] Unterstrichen: „der".

[165] Geändert: „nicht genügt" statt „wiederum verdächtig erscheint".

[166] In Abschrift eingefügt: „also".

[167] So im Original, in der Abschrift: „Er".

konferenz haben ein solches Glaubensbekenntnis herausgestellt. Wohl wurde eine Verfassung, die der Staat genehmigen sollte, angenommen. In dieser Verfassung musste man sich auf ein Glaubensbekenntnis berufen, das man für eine spätere Zeit in Aussicht stellte. So wurde ein Haus gebaut ohne Fundamente, eine in der Luft hängende Verfassung, der man später einen Unterbau unterzuschieben gedachte. Man könnte für diese falsche zeitliche Reihenfolge ein Verständnis abgewinnen, wenn sie dem richtigen Gedanken entsprungen wäre, dass ein solches Bekenntnis nicht einfach von einigen leitenden Brüdern verfasst werden kann, sondern von einer möglichst breiten Mitarbeit[168] der Gemeinden abhängt, deren Gemeinglauben es zum Ausdruck bringen soll. Dazu braucht man einige Zeit. Dann hätte die Hast des Zusammenschlusses mit dem Ringen um staatliche Anerkennung die falsche Reihenfolge des Hausbaues von oben nach unten verursacht. Doch das waren nicht einmal die wahren Gründe. Das Bekenntnis[169] ist nämlich gar nicht auf diese Weise entstanden, sondern auch wieder nur von einzelnen leitenden Brüdern einmütig beschlossen und den Gemeinden vorgelegt worden. Das alles zeigt doch zur Genüge, wie sehr man nicht nur einem vorübergehenden „nationalsozialistischen Formaldenken" (wie P.S. das nennt), sondern einem nachhaltigen führungsmäßigen[170] Gemeindeleitungsprinzip hingegeben war. Allerdings kann man dies allein der Bundesleitung nicht zur Last legen.[171] Es war Sache der Gemeinden, sich zu melden und das alles nicht einfach über sich ergehen zu lassen. So muss man die bedauerliche Tatsache verzeichnen, dass dies Bekenntnis, das nicht nur die Grundlage des Zusammenschlusses darstellen müsste, das gleichzeitig auch in Frage stellte[172], was Baptisten und Brüder verwandter Gemeinden bis dahin als ihre besondere Glaubenserkenntnis herausstellten, dass dieses neue Glaubensbekenntnis von den Gemeinden kaum zur Notiz genommen wurde. Das geht doch weit über alle bisherige Gleichgültigkeit gegenüber geschriebenen formulierten Glaubenssätzen, wie sie solchen Gemeinden stets eigen war, hinaus. Zeigt sich hier nicht, wie dieses Prinzip, das den schlichten lebendigen Glauben über alle nach Dogmen klingenden Formulierungen überhebt, wie dieses Prinzip seine Schwächen hat? Man kann natürlich der Auffassung sein, dass der lebendige Glaube wichtiger sei als der klar formulierte Glaube einer Bekenntnisformel. So dachten die Väter dieser Gemeinden und betonten damit einen Gegensatz, der nur bei einem schwachen Glauben ein wirklicher Gegensatz ist. Doch ging diese Betonung des lebendigen Glaubens niemals soweit, dass man die Notwendigkeit von Glaubenssätzen praktisch vollständig leugnete. Hin

---

[168] Korrigiert, im Original und Abschriften: „Mitarbeiten".

[169] So im Original, in der Abschrift fehlt: „Bekenntnis".

[170] Im Original geändert: „führungsmäßigen" statt „bischöflichen"; in Abschrift hier nur Leerzeichen.

[171] So im Original, in der Abschrift fehlerhaft: „Allerdings kann man dies allein nur der Bundesleitung zur Last legen."

[172] Im Original geändert: „in Frage stellte" statt „die Grundfesten dessen erschüttert"; in der Abschrift: „in Frage stelle".

90

und wieder traten sie doch in Erscheinung, auch wenn man in ihrer klaren Formulierung nicht die wichtigste Aufgabe sah. Als Abgrenzung gegen andere Bekenntnisse lagen sie doch jederzeit bereit. Die Gleichgültigkeit gegenüber dem Glaubensbekenntnis von 1943 entspringt aber weniger einem bewussten Willen, sondern einer Gleichgültigkeit schlechthin, in der man aufgehört hat, sich wie die Väter über die Grundlagen des Gemeinglaubens der Gemeinden klare Gedanken zu machen.

Was den Inhalt des Bekenntnisses anbetrifft, so können wir hier eine theologische Untersuchung vorlegen, die von einem früheren Prediger einer Königsberger Gemeinde[173] verfasst wurde und der Bundesleitung vorgelegen hat. Von dieser ist keine Stellungnahme erfolgt.[174] (s. Anhang)

Die Haltung zum[175] Staat

Die bisherige Besprechung zeigt, dass sowohl bei der Entstehung des Bundes Evangelisch-Freikirchlicher Gemeinden als auch bei der Formulierung des Glaubensbekenntnisses das Verhältnis zum Staat stark in den Vordergrund rückt. Trotz aller gegenteiligen Beteuerungen bleibt der Eindruck bestehen, dass weniger das eigentliche glaubensmäßige Anliegen, vielmehr die äußeren Verhältnisse es zu dem Zusammenschluss kommen ließen. Von einem „neuen Weg im Glauben, ohne Nebenabsichten" merkt man selbst bei einer so werbenden Darstellung wie P.S. sie gibt, wenig. Seine Darstellung der „äußeren Umstände" ist selbst bei seiner zurückhaltenden, Angriffsflächen vermeidenden Art doch so breit und für sich sprechend, dass wir mehr als eine bloße Veranlassung in äußeren Umständen sehen müssen. Gerade diese Veranlassung müsste aber bei einem so wichtigen Schritt auch im Glauben erfasst werden. Zweifellos wird P.S. und werden die anderen Schmiede des Zusammenschlusses das für sich persönlich bejahen. Doch damit ist es nicht genug, dass wir annehmen dürfen, dass die letzten Motive dieser leitenden Brüder im Glauben wurzeln. Wir müssen uns an ihre Reden und Taten halten. Diese zeugen damals wie jetzt, dass sie nicht auf diesen Ursprung hinzielen, sondern von ihm weg in deutlicher Offenheit beständig auf das Verhältnis zum Staat hin schielten.

In der Tat ist dieses Verhältnis im totalen Staat von entscheidender Bedeutung und wird es in Zeiten großer geschichtlicher Umwälzung, wie wir sie heute erleben, auch bleiben. Die

---

[173] Wie aus einem Brief Köbberlings an Jakob Meister vom 20.7.1947 hervorgeht, handelt es sich um Rufus Flügge, den jüngsten Sohn von C.A. Flügge. Dessen Stellungnahme ist in der Dokumentation unter III.3.2. abgedruckt.

[174] Im Original gestrichen: „Wegen der Bedeutung der Angelegenheit für jedes einzelne Gemeindeglied übergeben wir sie hier zusammen mit dem so wenig bekannten Wortlaut des Glaubensbekenntnisses zur Stellungnahme des Lesers."

[175] Im Original geändert: „im" statt „zum totalen"; in der Abschrift: „zum".

breite Erörterung des Themas wäre an sich nicht verwunderlich. Was aber einer Kritik bedarf, das ist die Antwort auf die Frage: Wie verhält sich die Gemeinde Jesu Christi zum Staat? Darauf gibt P.S. in seiner Schrift ausführlich Auskunft in dem Abschnitt „Unsere Haltung und unser Weg". Sowohl der Weg des Bundes im Staate Hitlers wie seine grundsätzliche Haltung wird aus der Heiligen Schrift nach Römer 13 begründet. An diesen grundsätzlichen Ausführungen wird deutlich, wo ein wesentlicher Fehlansatz der ganzen Entwicklung zu suchen ist.

Römer 13 wird als ein klares Wort bezeichnet, das „nicht gut umgebogen oder nur für besondere Verhältnisse bindend erklärt werden kann". „Dies Wort aber verwehrt der Gemeinde eine politisch-revolutionäre Haltung und verpflichtet sie auch für Zeiten, die dem einzelnen und seinem persönlichen Freiheitsstreben sehr entgegen sind." Soweit P.S. Das also ist die Auslegung des „klaren Wortes" in Römer 13 für Christen, die in einem totalen Staat leben. Alles andere empfindet er als Umbiegung für besondere Verhältnisse. Dazu muss doch gesagt werden, dass Römer 13 kein so „klares Wort" ist, jedenfalls nicht für die Vertreter einer unbedingt staatstreuen Auffassung. In dieser absoluten Fassung, als Aufforderung zum unbedingten Gehorsam gegen jeden Staat, wäre es ein sehr dunkles und unklares Wort. Paulus selbst zeigt durch sein Leben mit den ständigen Konflikten mit den obrigkeitlichen Gewalten am deutlichsten, dass er einen solch unbedingten Gehorsam nicht gemeint haben kann. In Römer 13 spricht er davon eben nicht, hier beleuchtet er einen ganz anderen Zusammenhang. In Römer 13 handelt es sich um den Konflikt [mit] der Obrigkeit, der aus der „bösen Tat" entspringt und gerechte Strafe nach sich ziehen muss. Er fordert in diesem Abschnitt die Gemeinde auf, „sich nicht vom Bösen überwinden zu lassen, sondern das Böse mit Gutem zu überwinden" (Röm. 12, 21). Nur von dieser Seite ist hier die Rede. Das macht sein profanes Beispiel des Steuerzahlens deutlich, wo er die schlichte Begründung gibt: „Denn es sind Gottes Beamte, die für eben diesen Zweck unablässig ihres Amtes walten." Nur von dieser legalen Seite der Obrigkeit ist hier die Rede: „Und es gibt keine Obrigkeit, die nicht von Gott wäre." Damit will Paulus aber sicherlich nicht sagen, dass dies die einzige Seite der Obrigkeit ist, nämlich ihre göttliche Einsetzung zur Bestrafung der Bösen mit dem Schwert und zur Belohnung der Guten mit ihrem Schutz. Etwas von diesem obrigkeitlichen, göttlichen Amt haftet jeder[176], auch der tyrannischen Obrigkeit an, und darin fordert sie Gehorsam von Christen und Nichtchristen. Für den Christen ist es außerdem eine Gewissensfrage, nicht nur aus Furcht vor Strafe, diesen schuldigen Gehorsam zu leisten. Doch es ist mit keinem Wort in Römer 13 die Rede von einem unbedingten[177] Gehorsam auch da, wo es um mehr oder weniger offensichtliches Böses geht. Zwar kann der Christ in der Welt Böses erleiden, auch von der Obrigkeit, ohne mit Gewalt aufzubegehren, wie sein Herr und Meister selbst es

---

[176] So im Original, in der Abschrift: „jedem".
[177] Im Original unterstrichen: „unbedingten".

92

tat[178], als er von der Obrigkeit abgeurteilt wurde. Es ist aber nirgends im Evangelium oder in den Briefen von einem Tun des Bösen oder einem Gutheißen des Bösen oder auch nur von einem Schweigen über das Böse die Rede. Das alles aber leiten die Ausleger von Römer 13 aus dieser Stelle ab, wenn sie in ihr einen unbedingten Obrigkeitsgehorsam ohne Widerspruch ablesen, indem sie die Stelle isolieren: „Und die sich auflehnen, werden sich selbst ihre gerechte Strafe zuziehen." Die Auflehnung, von der Paulus dort spricht, ist ja lediglich die Auflehnung in bösem Sinne, die immer der gerechten Strafe der Obrigkeit gegenwärtig sein muss. Ihr stellt Paulus gegenüber die Haltung der Christen, die im Tun des Guten, des Wohlgefälligen und Vollkommenen[179] besteht. Diese Haltung gewinnt der Christ „durch die Erneuerung der Sinne zu einem sicheren Urteil zu dem Willen Gottes" (Römer 12, 2). Mit dieser freien, selbständigen Haltung steht er der Obrigkeit gegenüber und braucht sie dann vor Gott niemals zu fürchten. Damit kommt er auch mit der Obrigkeit solange nicht in Konflikt, solange diese ihres göttlichen Amtes waltet.

Dass die Obrigkeit den Christen aber auch in einer anderen Weise begegnet, das ist sehr häufig in der Heiligen Schrift bezeugt, allerdings nicht gerade in Römer 13. Sowohl in den Evangelien als auch in den Briefen, besonders aber in der Offenbarung und in den prophetischen Büchern des Alten Testamentes finden wir jene andere Darstellung der Obrigkeit, angefangen von dem kleinen tyrannischen Vierfürsten Herodes bis hin zu dem Bild von dem Tier aus dem Abgrund, das durchaus an moderne Staatsgebilde erinnert. Man gewinnt, wenn man so das Neue Testament unbefangen liest, [180]den Eindruck, dass die Gemeinde in einem ständigen[181] Konflikt mit den Gewalten dieser Welt lebt, und dass Römer 13 eine isolierte Stelle für einen ganz bestimmten eng begrenzten Zusammenhang darstellt, den wir oben zu kennzeichnen versuchten. Es ist also sehr unglücklich, wenn die Christen in Deutschland sich immer wieder auf diese Stelle berufen und dann ein generelles Verhältnis zur Obrigkeit begründen, das dem weltlichen Kadavergehorsam verzweifelt ähnlich sieht.

Wenn P.S. in diesem Wort wie viele Ausleger das Verbot einer politisch-revolutionären Haltung für die Gemeinde sieht, dann wäre dies doch nur zulässig, nach dem Sinn der Stelle, politisch-revolutionär als Böses tun. Wenn man jeden Widerstand gegen die Staatsgewalt, geistiger oder materieller Art, politisch-revolutionär nennt, dann kann man ein solches Verbot nicht aus Römer 13 ableiten. Im totalen Staat ist die Gemeinde in gewissem Sinne immer politisch-revolutionär, da sie vor dem absoluten Herrschaftsanspruch des Staates, der in alle Lebensgebiete eindringt, den Herrschaftsanspruch Christi geltend macht. Allerdings tut sie

---

[178] So im Original, in der Abschrift: „ist".
[179] So im Original, in der Abschrift fehlt: „Vollkommenen".
[180] Im Original gestrichen: „durchaus".
[181] Im Original unterstrichen: „ständigen".

das nicht in revolutionärer Weise nach der Art der Welt, da sie ja nicht für ein Reich dieser Welt kämpft; ihr Kampf ist daher ein anderer als der des reinen Revolutionärs. Die weitere Auslegung, die P.S. gibt, dass der totale Staat sich gewissermaßen auf Römer 13 berufen kann, und auch der Christ „sein persönliches Freiheitsstreben dem Gehorsam gegen die Obrigkeit zu opfern habe", das ist völlig abwegig[182]. Es ist auch gar nicht die Frage, wie P.S. sie stellt: „Muss die Gemeinde, muss der Bund sich erheben, und müssen sie nicht in das politische Hoheitsgebiet hineinsprechen?" Auch diese Frage kann nicht nach Römer 13 beantwortet werden. Ein Begriff wie „politisches Hoheitsgebiet" ist eine typisch nationalsozialistische Erfindung, die auf eine Gemeinde niemals einen Eindruck hätte machen dürfen. Es ist ganz selbstverständlich, dass die Gemeinde ständig in den politischen Bereich hineinspricht, ohne sich dabei zu „erheben" (Auch dies ist ein Begriff aus der politischen Sphäre.) Das „große Nein gegenüber dem Staat und seiner Führung" in diesem Sinne gibt es gar nicht. Das Nein ist von vornherein gesprochen, groß und klein, je nach der Situation, oder es wird nie gesprochen. P.S. argumentiert, es dürfe mit dem Risiko eines generellen Verbotes erst dann gesprochen werden, wenn „die Verkündigung des Evangeliums verboten wäre und die persönliche christliche Lebensführung desgleichen". Dann erst hieße es „Gott mehr gehorchen als den Menschen". Dieser Zeitpunkt sei aber im Dritten Reich für den Bund Evangelisch-Freikirchlicher Gemeinden nicht gekommen gewesen, er habe aber jeden Tag eintreten können. Abgesehen von der falschen Grundeinstellung werden in einer solchen Darstellung auch die tatsächlichen Verhältnisse im NS-Staat vollständig verkannt. Auf ein solches gewissermaßen offizielles Verbot der Verkündigung des Evangeliums hätte man lange warten können. Der Staat hatte sich ja von Anfang an mit Raffinement christlich getarnt und ließ erst ganz allmählich eine Maske nach der anderen fallen, während er sich immer von Neuem als Vertreter des wahren Christentums proklamierte. In Wirklichkeit hatte er längst hundertfach die Verkündigung des Evangeliums verboten und tausendfach die persönliche christliche Lebensführung untersagt. Immer wieder hieß es für den Einzelnen und für die Gemeinden, Gott mehr zu gehorchen als den Menschen. Wer da auf eine offizielle Ankündigung des Staates und eine feierliche Antwort seitens seiner Kirchen- oder Bundesleitung warten wollte, der wäre schlecht beraten gewesen. Wer so dachte und heute noch nachträglich rechtfertigt, der hat die satanische Doppelzüngigkeit des NS-Staates nicht erkannt, der vom positiven Christentum über offene Christusfeindlichkeit bis zum Rückgriff auf christliche Phrasen kurz vor dem schrecklichen Ende alle Register der Verschleierung vortrefflich zu ziehen verstand. Man kann daher nicht folgern, wie P.S. das tut, dass die Haltung des Bundes im totalen Staat „von der Leitung also durchaus immer wieder bedacht und umbetet und in vollem Bewusstsein der Verantwortung geübt wurde". Man hat von dieser Seite nicht erfahren, dass sie die Verschleierung der Christusfeindlichkeit des totalen Staates we-

---

[182] Im Original geändert: „abwegig" statt „daneben".

nigstens den Gemeinden immer wieder klarzumachen versuchte. Sie hat vielmehr durch diese unentschiedene, stets hinausschiebende Haltung der Verschleierung Vorschub geleistet. Bis zum furchtbaren Ende gab man sich den Schein[183], als stehe man auf dem Boden dieses schon zusammenbrechenden Staates.

Die Begründung für diese staatstreue Haltung ist wenig überzeugend, auch wo sie sich nicht direkt auf Römer 13 beruft. Man habe den Gewinn des möglichst langen Evangeliumdienstes dem Gewinn durch einen etwaigen öffentlichen Widerspruch vorgezogen. Was für eine Bilanz? Was für ein falsches Starren auf Gewinn und Erfolg? Wo bleibt hier die „Haltung aus dem Glauben", auf die man doch Anspruch erhebt? Heute könne man deshalb zwar auf einen starken Zeugnisdienst der Gemeinde zurückschauen, man könne aber auf „keine besondere Reihe von KZ- oder anderen Märtyrern hinweisen". Wem steigt bei solchen nahezu zynisch klingenden Bemerkungen nicht die Schamröte ins Gesicht? Wie kann man das alles als ganz in Ordnung hinstellen? Sind wir denn außerdem wirklich so überzeugt von einem starken Zeugnisdienst der Gemeinden? Läuft das nicht auf den reinsten Pharisäismus hinaus? Und wenn wirklich dieser Zeugnisdienst erkauft wäre mit bewusstem Verzicht auf das Martyrium, mit klarer kalter Berechnung von Gewinn und Verlust, was für eine Haltung spräche daraus? Es wäre die Haltung von Leuten, die mit diesem teuflischen Staate glaubten verhandeln und Verträge schließen zu können. Das aber ist eben nicht die Haltung auf den Glauben. Diese fragt nicht, Zeugnis oder Martyrium, sondern sie richtet ihr Zeugnis unerschrocken aus. Wissend, dass Zeugnis und Martyrium zu allen Zeiten ganz dicht beieinander liegen und schnell dasselbe werden können. Ich bin gar nicht gefragt, ob das eine oder das andere größeren Gewinn darstellt.

Freilich, wenn man erst einmal anfängt, Gewinnrechnungen aufzustellen, dann möchte man jetzt nachträglich auch gerne noch den Gewinn des Martyriums für sich buchen. So bringt P.S. in seinem Bericht auch noch einen besonderen Abschnitt mit der Überschrift „Unsere Widerstände und Nöte", der besonders peinlich anmutet. Hier spricht er wirklich „post festum", denn während jener Zeit war stets nur von „offenen Türen" und von „großen Gelegenheiten" die Rede, doch von keinen wesentlichen Einengungen und Bedrängungen. Auffällig ist der späte Zeitpunkt, den er für das Einsetzen der Widerstände angibt. Vorher ging alles schön glatt im Windschatten der verfolgten Kirchen[184]. Man gab sich je nach Situation als sehr wichtig oder als bedeutungslos klein an, wie es gerade nützlich erschien, und im Übrigen hatte man ja den zuständigen Mann im Kirchenministerium, der einem freundlich gesinnt war. Nachdem man so einige Jahre, bis weit in den Krieg ganz gut[185] hinein gesegelt war, da musste man schließlich durch etwas schärferes Anfassen der Gestapo merken, „in welcher

---

[183] Im Original geändert: „gab man sich den Schein" statt „hat man so getan".

[184] Im Original geändert: „Kirchen" statt „Volkskirchen".

[185] So im Original, in der Abschrift fehlt: „ganz gut".

Umwelt man eigentlich lebte". Nun war es für eine neue Ausrichtung des Bundes allerdings zu spät. Jetzt konnte das „stille Seufzen um Erlösung von diesem Übel" nicht allzu laut in die Öffentlichkeit der Gemeinden dringen. Das wäre bestimmt der Gestapo schnell zu viel geworden, wenn plötzlich die bis dahin so staatstreue Bundesleitung sich mit all den Bekenntniskirchlern auch noch[186] widersetzt hätte. Bis zu diesem Zeitpunkt war die Bundesleitung ja doch wohl „mit Blindheit geschlagen". Jetzt aber „erfüllte ihre Seele ein notvoller Konflikt". Ja, sie stand dicht vor einem „letzten öffentlichen Protest". Doch diese Gefahr war nicht groß, denn da war ja als letzte Rettung Römer 13. Ihre Auslegung dieser Stelle gebot ihr „stille zu halten" und es nicht bei dem allzu naheliegenden menschlichen Aufbegehren „zur Tat werden zu lassen", die „täglich vor der Türe" stand. Wahrlich ein Exerzitium nach Römer 13, das einem wie ein unentschiedenes, spielerisch ausweichendes Scheingefecht anmutet. Jede entschlossene Haltung in der Ablehnung dieses gottlosen Regimes wird als menschliches Aufbegehren gegen die Obrigkeit im Sinne von Römer 13 verurteilt, denn da steht nun einmal: „Seid untertan der Obrigkeit, die Gewalt über euch hat." Man möchte beinahe meinen, dass die Zusammenballung von Gewalt, wie sie dieser Obrigkeit nun einmal gegeben war, so lähmend auf das Denken vieler Christen gewirkt hat, dass sie diese Stelle so einseitig missverstehen konnten. Aber selbst wenn man den klaren Zusammenhang dieser Stelle, wie er oben angedeutet wird, nicht mehr sah, wie konnte man dann immer nur auf diese eine Stelle starren und darüber den wesentlichen Gehalt der Heiligen Schrift vergessen, der durchaus ein freies furchtloses Verhältnis zur Obrigkeit offenbart.

Der Kirchenkampf

Doch wir sind mit diesen Erörterungen über die grundsätzliche Frage – das Verhältnis zum Staat – schon auf Einzelheiten gestoßen, die als Entwicklung der Beziehungen des Bundes zum Hitlerstaat in dem Bericht von P.S. nur angedeutet werden. Der Bericht beginnt in diesem Punkt nicht mit dem Jahre 1941, wie die Überschrift besagt, sondern folgerichtig mit dem Umbruch von 1933. Es wird dort mit Befriedigung festgestellt, dass dieser Umbruch weder bei den Baptisten noch bei den anderen Gruppen des später zusammengeschlossenen Bundes einen „innerkirchlichen Kampf und Streit ausgelöst habe". Mit einem Seitenblick auf die evangelische Kirche wird hinzugefügt, dass ein „Einbruch", wie er dort erlebt wurde, diesen Gruppen erspart blieb. Diese Feststellung ist wichtig festgehalten zu werden. Richtig daran ist, dass der Kirchenkampf, wie er bald im Jahre 1933 ausbrach, als das deutsche Volk noch in seiner großen Mehrheit Hitler zujubelte, dass dieser Widerstand aus glaubensmäßigen Gründen gegen einen Staat, der damals noch sehr versteckt und sehr undurchsichtig seine kirchenfeindlichen Ziele verbarg, dass dieser Geisteskampf auf die Gemeinden des Bundes kaum übergriff. Auch hat es in ihren eigenen Reihen einen Kampf und Streit in die-

---

[186] So im Original, in der Abschrift fehlt: „noch".

sem Sinne nicht gegeben, er wurde durch den Umbruch von 1933 nicht „ausgelöst". Das wird von P.S. positiv gewertet. Vielleicht ist das aber durchaus ein Negativum; mit Kampf und Streit – „Kirchenkampf!" – ist jener Aufbruch in den evangelischen Kirchen nicht genügend gekennzeichnet.[187] Dieser Ausdruck wurde ja von staatlicher Seite bewusst herausgestellt, um einen äußeren Kampf um Macht und Politik vorzutäuschen, denn nur so konnte der Staat sich als der stärkere hinstellen. In Wirklichkeit steht hinter diesem äußeren Kampf ein Aufbruch aus den Kräften des Evangeliums, der für unser Vaterland von entscheidender Bedeutung geworden ist und weiter sein wird. Wie es möglich war, dass dieser Kampf in den Freikirchen so wenig in Erscheinung trat, das bleibt eine Frage, die auch heute noch von entscheidender Bedeutung ist. Die Erklärung in dem Bericht von P.S. lautet: „Einen Einbruch, wie die evangelische Kirche ihn erlebt und durchzuhalten hatte, blieb uns in jeder Hinsicht erspart. Die innergemeindlichen Kräfte waren so stark und blieben maßgeblich, dass von einer innerkirchlichen Revolution nicht gesprochen werden kann." Das klingt beruhigend, ist aber in hohem Maße beunruhigend. Ein massiver Einbruch, wie er in der evangelischen Kirche durch das Auftreten der deutschen Christen und des zeitweise mit ihnen verbündeten Parteiapparates eintrat, ist in den Gemeinden des Bundes in der Tat nicht erfolgt, war bei ihrer Struktur[188] auch nicht zu erwarten.

Ob aber nicht doch ein Einbruch „gemeindefremder Denkart", der in mancher Hinsicht gefährlicher ist, als jener massive Versuch einer Machtergreifung der „deutschen Christen", stattgefunden hat, das ist nicht so unbedingt ausgemachte Sache, wie P.S. in seinem Bericht es darstellt. Die dort erwähnte Bundeskonferenz von 1933 soll ein „NS- Formaldenken" haben aufkommen lassen, das aber nach seiner Ansicht weit zurückgedrängt wurde. Wenn man den Bericht jener Konferenz heute zur Hand nimmt, dann ist dort von einem Widerstand nicht zu lesen, doch viel von einer Umformung des Bundes, und das alles in einer Bewegtheit ohnegleichen, die doch letzten Endes in politischen Motiven wurzelte. Mit feierlichen Worten wird eine führungsmäßig ausgerichtete Bundesleitung eingesetzt und die frühere Form als „demokratisch unzeitgemäß" abgelehnt. Zwar kam es nicht zu einem krassen Führerprinzip, doch hat man den Eindruck, als ob sich hier doch so etwas wie eine „innerkirchliche Revolution" vollzog. Man glaubte damals in der allgemeinen Bewegtheit, die eben letzten Endes politische Ursprünge hatte, an neue Missionsmöglichkeiten und sah die äußere Bedingung in einer starken Anpassung an die gegebenen Verhältnisse. Diese Entwicklung des Bundes mit immer stärker hervortretender organisatorisch führungsmäßiger Einstellung und immer stärkerem Zurücktreten der freien Aktivität der Einzelgemeinden ist in den folgenden Jahren immer weiter gegangen. Eine rückläufige Bewegung ist nicht festzustellen. Die erwähnte Revision in dem Jahre 1936 kann ihrerseits nur formalen Charakter gehabt haben.

---

[187] Satz so nach dem Original korrigiert; in der Abschrift unklare Satzzeichen.
[188] Im Original gestrichen: „natürlich".

So ist es doch sehr die Frage, ob durch diesen Kurs nicht doch ein „tiefgehender Schaden im Bundeswerk" entstanden ist, der endlich an der Zeit wäre erkannt zu werden, um seine Überwindung ernsthaft anzustreben.

Aber selbst wenn dieser Einbruch „gemeindefremder Denkart" nicht so groß gewesen wäre, wie zu befürchten ist, dann bleibt noch der Mangel bestehen, der in dem Fehlen der positiven Seiten eines Kirchenkampfes zum Ausdruck kommt. Das war doch sein großer Gewinn, dass es in den Kirchen Kreise gab, die sich auf den Ursprung, die Kräfte des Wortes Gottes und die lebendige Gemeinde besannen, (wenn auch nicht in einer geschlossenen Gemeinde wie in den Freikirchen). Bei aller Vorsicht der Bewertung muss man doch darin eine Art Erweckung in unserem Vaterlande sehen, die ihren Untergrund in der Neubesinnung der Theologie der letzten Jahrzehnte hat. Dass diese Neubesinnung auf die Grundlagen während der Unterdrückungszeit in den Freikirchen nicht allgemein einsetzte, das ist doch wohl ein entscheidender Mangel. Man wird also nicht mit P.S. sagen können, dass die innergemeindlichen Kräfte so stark waren, dass eine innerkirchliche Revolution ausblieb. Die Kräfte waren vielmehr zu schwach, um die Revolution, besser Reformation, die in dieser umwälzenden Zeit von innen her notwendig wurde, zu vollziehen. Es kann hier den Gründen im Einzelnen nicht nachgegangen werden, die dafür verantwortlich zu machen wären. Ein Hauptgrund scheint eine gewisse geistliche Inzucht zu sein, ein zu starkes Abkapseln gegen die lebendige Entwicklung in den anderen christlichen Kreisen, denen man zu fremd gegenüber stand.

Diese Isolierung von der übrigen Christenheit in Deutschland kam auf der Bundeskonferenz 1933 deutlich zum Ausdruck. Damals bestand noch ein gewisser Schwebezustand mit vielen Möglichkeiten. In dieser entscheidungsvollen Stunde wurde eine völlig falsche Darstellung der kirchlichen Lage gegeben. Man nahm den Einbruch der „Deutschen Christen" in den evangelischen Kirchen als gegebene Tatsache hin und rechnete mit einer allgemeinen Gleichschaltung (damals die allgemeine Parole), der man sich nicht ernsthaft zu widersetzen gedachte. Man rechnete aber absolut nicht mit der Möglichkeit des wirksamen Widerstandes, der sich bereits in der „Bekennenden Kirche" zeigte. Diese wurde überhaupt nicht erwähnt und im Grunde abgelehnt. Als sich später dieser Widerstand trotz des jahrelangen Zermürbungskrieges doch als stark erwies, verharrte man in der anfänglichen ablehnenden Haltung. Als Beleg für diese erstaunliche Tatsache wird auf einen Artikel verwiesen, den der theologische Lehrer Dr. Luckey in dem Predigerblatt „Der Hilfsbote" 1937 veröffentlichte, in dem er sich in aller Form von dem Kampf der „Bekennenden Kirche" distanzierte. In äußerer Hinsicht verdankt der Bund jedoch diesem Widerstand seine Existenz. Das gibt P.S. in seinem Bericht an einer Stelle auch zu, indem er schreibt, das gute Durchkommen in der gefährlichen Zeit sei auch darauf zurückzuführen, dass „in den Volkskirchen das Interesse der Staats- und Parteiführung besonders gebunden war". Man nahm äußerlich und innerlich aber an diesem Existenzkampf nicht teil und hat eher, gewissermaßen aus dem Hinterhalt sabotiert, z.B. wurde jahrelang, solange es noch christliche Blätter gab, das Recht des Staates verteidigt, sich dieses Widerstandes irgendwie zu entledigen. Immer wieder wurde betont, dass dieser Konflikt zwischen Kirche und Staat durch das Volkskirchentum entstanden sei und die Freikirchen[189] nichts anginge. So blieben vielen Gliedern der Gemeinden viel zu lange die Augen gehalten für die wahren Ursachen des Konfliktes in der Christusfeindschaft des Staates, der mit einer sich innerlich erneuernden Kirche kämpfte. Wie aber heute noch „post festum" P.S. behaupten kann, der Eingriff des Staates in die Evangeliumsverkündigung und die persönliche christliche Lebensführung sei nicht erfolgt, das kann man nur als nachträgliche Rechtfertigung verstehen. Genauso hat er bereits auf der Weltkirchenkonferenz in Oxford 1937 diesen Eingriff vor aller Welt geleugnet.[190] Das wurde ihm von den ausländischen Kirchen zwar nicht geglaubt, denn dort war man damals besser unterrichtet, als in Deutschland selbst. Das brachte der Freikirche allerdings das peinliche Lob der Goebbelspresse und eine noch unerfreulichere Würdigung in Rosenbergs Schmähschrift „Protestantische Rompilger"[191] ein. Wir würden diese Schatten aus der Vergangenheit lieber nicht heraufbeschwören, wenn P.S. jetzt geschwiegen hätte. Doch da er noch immer diese Tatsachen rechtfertigt, müssen sie in das rechte Licht gerückt werden, da sie sonst weiter auf dem ganzen Bund lasten, dessen Gemeindeglieder die wahren Zusammenhänge nicht erfuhren.

Die Schuldfrage

Der Blick in die Vergangenheit allein würde nichts nützen. Es gilt aufzuzeigen, wie in dem Bericht „Unser Weg" die Haltung aus der Vergangenheit gradlinig in die Gegenwart und Zukunft bewahrt wird. Wir wenden uns daher seinen Ausführungen über Gegenwartsprobleme zu. P.S. lässt sich dort in eine Erörterung der Schuldfrage[192] ein. Hier wird seine Einstellung am deutlichsten, wie sie aus der Vergangenheit in die Gegenwart hineinragt. Der ganze Bericht ist ja eine einzige Verneinung der Schuld[193]. In letztem Ernst kann von Schuld nur von dem Einzelnen, der vor Gott steht, geredet werden, der sie dann vor Gott und Menschen bekennt. Da wird sich keiner heute freisprechen können. Darüber hinaus muss jede Gruppe und vor allem jede Kirche und Freikirche nach ihrer besonderen gemeinsamen Schuld fragen. P.S. unternimmt praktisch den Versuch, den Bund von aller Schuld freizusprechen, indem er den Weg 1941-1945 als gottgewollten, wohlbehüteten Weg darstellt. Er sieht offenbar in der Schuldfrage, wie sie heute bei allen ernsten Christen gestellt wird, keinen Gewinn. Er verjagt die Schuldfrage in den politischen Raum (wo sind die Wände dieses Raumes?).

---

[189] So im Original, in der Abschrift: „Freikirche".

[190] Vgl. die Stellungnahme von Jacob Köbberling zu Oxford, zuerst abgedruckt in: H. Kretzer, Quellen, 1987, S. 273-276 (s. Dokumentation III.1.2.).

[191] Alfred Rosenberg, Protestantische Rompilger. Der Verrat an Luther und der „Mythus des 20. Jahrhunderts", 1937.

[192] Im Original unterstrichen: „Schuldfrage".

[193] Im Original unterstrichen: „eine einzige Verneinung der Schuld".

Dort sieht er ihren Ursprung. Im „Raum der Gemeinde Jesu" müsse sie eine „offene Frage" bleiben. Diese verschlungenen, mit vielen Fragezeichen versehenen Erklärungen bedeuten in Wirklichkeit eine konsequente Ablehnung der Schuldfrage. Mit dieser Doppelraumlehre stellt er die Dinge auf den Kopf. Gerade im politischen Raum ist die Schuldfrage, wie wir heute täglich sehen, eine[194] verhängnisvolle Frage, weil sie niemals [in] die wirklichen Tiefen der Schuld hineinführt, sondern leicht politisch missbraucht wird. Hier ist es doch die Aufgabe der Gemeinde, in die Lücke zu treten und im Vertrauen auf die Vergebung vor Gott und Menschen die Schuld für ihren Weg zu bekennen.[195] Kollektivschuld gibt es[196] nicht, so wenig es ein kollektives Gewissen gibt (sagte Niemöller). Wie kann P.S. behaupten, die evangelische Kirche habe sich zur Kollektivschuld bekannt. Wie kann er von einem Schuldbekenntnis reden, das abgegeben wird, „um dadurch irgendeiner Gruppe von Christen irgendwo zu gefallen und irgendwo und irgendwann einen neuen Lebensanschluss zu finden oder irgendwie einzugliedern". Soll damit etwa das Schuldbekenntnis der EKD angegriffen werden, wie das leider in der deutschen nichtchristlichen Öffentlichkeit in verständnisloser Weise geschehen ist? Distanziert er sich damit wiederum nicht genau wie in der vorigen Zeit von denen, die im Ernst Christen sein wollen, zugunsten eines Kompromisses mit einem populären Empfinden, dessen antireligiöse Wurzeln auf der Hand liegen? Eine Erörterung der Schuldfrage mit solchen politischen Hintergedanken ist in der Tat indiskutabel.

Doch von der richtigen Einstellung zur Schuldfrage hängt für die Gemeinden[197] in Gegenwart und Zukunft viel ab. Kann es überhaupt eine Frage sein, wie sie von P.S. gestellt wird, ob die Gemeinde das Wächteramt in ihrem Volk hat? Sie hat es nach dem ganzen Inhalt der Heiligen Schrift für alle Völker und zuerst natürlich für ihr eigenes Volk. Wohl hat sie es nicht in der gleichen Form mit dem konkreten politischen Inhalt wie einst die Propheten in Israel, doch ohne Zweifel in dem gleichen Sinne, dass sie das von Gott geoffenbarte Wort in Jesus Christus in Gnade und im Gericht allen Völkern verkündigt.

P.S. formuliert: „Die Gemeinde habe die Heilsbotschaft zu verkündigen und zu verkörpern, aber nicht den Auftrag und die Kraft, ein ganzes Volk zu bewahren und zu behüten." Dieser Begriff „ganzes Volk" ist auch ein Rudiment aus der völkischen Epoche. Völkische Führer wollen ein ganzes Volk bewahren und behüten. Die Heilsbotschaft wendet sich in diesem Sinne nicht an ein ganzes Volk, sondern an den Einzelnen in jedem Volk. In der Art und Weise wie heute weithin die Schuldfrage von den Siegernationen als Schuld des ganzen Volkes aufgeworfen wird, erntet man die Kehrseite des völkischen Kollektivbewusstseins.

---

[194] Im Original gestrichen: „unlösbare".
[195] Im Original gestrichen: „Das muss ganz konkret geschehen und nicht im Sinne einer Allerweltsschuld, die keine ist."
[196] Im Original gestrichen: „natürlich".
[197] So im Original, in der Abschrift fehlt: „Gemeinden".

Dass die Botschaft von Jesus Christus es nicht mit solchen Begriffen vom „ganzen Volk" zu tun hat, das ist der Wahrheitskern der Gegenüberstellung von Gemeinde und Volk[198], wie sie P.S. gibt. Keineswegs ist aber die dort versuchte säuberliche Trennung von Volk und Gemeinde in dieser Welt möglich: Hier die Gemeinde Jesu als verkörperte Heilsbotschaft, dort ein Volk, „das nach Verfall der sittlichen Kräfte einen tiefen Sturz getan hat". Hier die Gemeinde, frei von jeder Schuld, dort das Volk im politischen Raum, beladen mit einer ungeheuerlichen Schuld. Eine solche Auffassung von zwei verschiedenen Ebenen oder zwei gegeneinander abgegrenzten Räumen ist eine gefährliche Lehre, die das Verhältnis des Bundes zum totalen Staat bereits so belastete, und nun auch auf die neuen Verhältnisse übertragen wird. Demgegenüber muss aber betont werden, dass sie weder aus der Heiligen Schrift zu begründen ist, noch den wirklichen Verhältnissen in dieser Welt entspricht. Der politische Raum ist im totalen Staat nicht abgrenzbar. Die Gemeinde spricht mit ihrer Heilsbotschaft, die abgelehnt zur Gerichtsbotschaft wird, in diesen Raum hinein, denn sie lebt auf dieser Welt. Das bedeutet nicht, dass sie damit Politik treibt im üblichen Sinne. In ihrem Wirken spiegelt sich ihre doppelte Heimat, sie ist „in der Welt, doch nicht von der Welt". Beides haben die Freikirchen als geschlossene Freiwilligkeitskirchen durch ihr besonderes Bekenntnis und ihre Tradition betont. Durch ihre Absonderung wies sie darauf hin, dass sie nicht von dieser Welt ist; durch ihre sichtbare Darstellung als Gemeinschaft der Gläubigen zeigte sie sich als Realität in dieser Welt. Ihr Zeugnis war darin häufig[199] klarer als in den Volkskirchen, die sich zeitweise allzu stark an die Verhältnisse dieser Welt anlehnten. Wenn die Absonderung der Freikirche aber zu einem idealistischen Streben nach möglichst reiner Darstellung schon in dieser Welt wird, dann gerät sie umso mehr in den Bann der Gesetze dieser Welt, nämlich unter das Gesetz eines unbiblischen weltfremden Idealismus. Es ist weltfremder Idealismus, wenn sie glaubt, an dem „sittlichen Verfall und dem Sturz eines Volkes" unbeteiligt zu sein, während ihr Auftrag, die Verkündigung des Evangeliums, irgendwie nebenher läuft. Freilich bleibt es Gottes Sache, wenn durch diese Verkündigung und ihr geheiligtes Leben ein Volk vor einem solchen Sturz bewahrt bleibt, wie wir ihn jetzt erlebten. Doch diese Möglichkeit einfach abzulehnen, wie P.S. das tut, weil der Verfall allzu groß ist, das spricht doch dem Evangelium und der Gemeinde die Kraft ab. Wie sollen wir dann noch ein Verständnis gewinnen für die Worte Jesu vom Salz und vom Licht der Welt? Ist denn das zähe Ringen Abrahams mit dem Engel um Sodom und Gomorra nicht ein Vorbild des Glaubens für alle Zeiten? Gerade hier muss die Schuldfrage an die Gemeinde gestellt werden. Hat sie ihr Wächteramt als Salz und Licht der Welt nicht so weitgehend verleugnet, und ist sie nicht gerade dadurch umso mehr hineingezogen worden in den Verfall? Der große Abfall ist heute in der ganzen Welt da, die sich[200] früher vorschnell eine christliche Welt nannte. Im

---

[198] So im Original, in der Abschrift: „Volk und Gemeinde".
[199] So im Original eingefügt, in der Abschrift fehlt: „häufig".
[200] Im Original: „die sich", in der Abschrift: „da sie sich".

deutschen Volk hat sich das in besonders krasser Weise offenbart. Hat die Gemeinde in dieser Weltstunde wirklich ihr Licht leuchten lassen? Oder hat sie es nicht nach den Worten des Evangeliums unter den Scheffel gestellt? Niemöller hat dieses Bild einmal in seinen Predigten vor der Gefangennahme so ausgelegt: Das Scheffelmaß wird zum Schutze gegen den scharfen Wind über das Licht gestülpt, und dann kann es natürlich nicht mehr leuchten. Ist das aber nicht gerade das Bild solcher Gemeinden, die sich im Windschutz des Kampfes anderer Christen, durch Vermeidung aller Anstöße und durch Anpassen an die Zeit ihre Leuchtkraft nehmen ließen? Hier muss die Schuldfrage gestellt werden für jeden einzelnen wie für die Gemeinden. Wenn man allerdings mit säuberlicher Scheidung zwischen Volk und Gemeinde diesen Auftrag begrenzt, dann muss auch das Verständnis für die Schuldfrage in dieser Form abgehen. Dann trifft aber auch das andere Wort des Herrn zu, dass das Salz unbrauchbar geworden ist. Gerade in der richtigen Erfassung der Schuldfrage wird die Gemeinde in dieser Gegenwart wiederum sich als das Salz und als das Licht der Welt erweisen müssen.

Der Erörterung über die Schuldfrage schließt P.S. noch ein Kapitel über die praktische Frage der Entnazifizierung[201] an. Hier wird die Trennung in einen politischen Raum und einen Raum der Gemeinde zweifellos mit mehr Recht durchgeführt, denn diese Frage wurzelt zweifellos im politischen Bereich. Er spricht sich dort für die Gemeindezucht aus, die zur Anwendung kommen müsse, da wo das Glaubensleben durch Parteizugehörigkeit gestört werde. Dies ist ein gesunder Grundsatz, doch hier leider nur ein Beispiel für die Betrachtungsweise „post festum", gegen die P.S. sich verwehrt[202]. Denn wo blieb diese Gemeindezucht, als es galt, sie im NS-Staat anzuwenden? Wo wurde damals gewagt, nach diesem Grundsatz zu handeln? Damals konnte man lange zusehen, wie die politische Haltung das Glaubensleben erheblich störte, ohne dass Gemeindezucht geübt wurde. Damals ließ man sich auch so manchen Eingriff von staatlicher Seite gefallen, heute aber, bei der Entnazifizierung, soll die Gemeinde ihre „Vollmacht und Autorität" einsetzen, wo die „staatliche Gewalt"[203] zu Eingriffen im Sinne der Entnazifizierung kommt. Mehr wird zur Entnazifizierung vorsichtigerweise nicht gesagt[204]. Zwar spielt sie keine so erhebliche Rolle in den Gemeinden, da zahlenmäßig die Bindung der Gemeindeglieder an die Partei gering war. Doch für jene Minderheit von Gemeindegliedern, die jetzt etwa durch eine nominelle Mitgliedschaft in der NS-Partei belastet sind, ist sie bei der Schwere der Folgen von nicht geringer Bedeutung. Wenn sich das auch in erster Linie in ihrem Berufsleben auswirkt, im „politischen Raum", so kann doch auch hier der „Raum der Gemeinde" nicht ausgeschaltet werden. Es wird einem solchen Gemeindeglied eine große Anfechtung sein, dass auch leitende Brüder

---

[201] Im Original unterstrichen: „Entnazifizierung".

[202] So im Original, in der Abschrift: „wehrt".

[203] So im Original, in der Abschrift: „staatliche Welt".

[204] Im Original gestrichen: „denn sie ist natürlich ‚heißes Eisen'".

während des Bestehens der NS-Herrschaft häufig die Bedenken zu zerstreuen suchten, die zunächst gegen eine Bindung an die Partei bestanden. Heute nun ist es häufig so, dass dieselben Brüder vor dem Entnazifizierungsgesetz unbelastet dastehen, da äußere Bindungen fehlten. Darüber hinaus scheinen sie auch vergessen zu haben, was sie damals dachten und lehrten. Die Schuldfrage wird von ihnen leichthin verneint. Hier liegt eine Gefahr der Verbitterung bei den Belasteten nach dem Gesetz. Noch größer ist die Gefahr, dass das christliche Zeugnis der nach dem Gesetze Unbelasteten unglaubwürdig wird[205].[206]

Was ergibt sich aus dieser kritischen Untersuchung eines wichtigen Dokuments der Nachkriegszeit für die Beurteilung der gegenwärtigen Lage des Bundes Evangelisch-Freikirchlicher Gemeinden?

Angefangen mit der biblischen Einleitung, in der man sich die Gottwohlgefälligkeit der eigenen Ansicht des Weges selbstgerecht zuspricht, wird der Zusammenschluss des deutschen Baptismus mit verwandten Gruppen als das wesentliche Ereignis dieser Epoche herausgestellt. Die grundsätzlichen und praktischen Schwierigkeiten, die auf der Hand liegen, werden verschwiegen, und die höchst zweifelhafte Haltung zum Staat wird in ein besseres Licht zu rücken versucht. Die wesentliche Frage nach der Schuld wird negativ beantwortet und nirgends ein Ansatz von gründlicher Neu-Besinnung aufgezeigt. Kein wirklich geistliches Wort, aber auch kein nüchterner Tatsachenbericht, sondern Verschleierung auf der ganzen Linie!

Es sollte in dieser kritischen Besprechung versucht werden, diesen Schleier ein wenig zu lüften. Die einzelnen wesentlichen Punkte, Zusammenschluss und Verhalten zum Staat, zeigten innere Widersprüche zur Genüge. In den Mittelpunkt muss man das in dem Bericht nur kurz erwähnte „Bekenntnis" stellen, da an ihm die Unhaltbarkeit der heutigen Situation sich am deutlichsten zeigt.

Das früher einigermaßen einheitliche Kirchengebilde des deutschen Baptismus hat mit dem Zusammenschluss und dem unhaltbaren neuen Bekenntnis sowie der verschwommenen neuen Verfassung aufgehört zu existieren. Was an seine Stelle getreten ist als Bund Evangelisch-Freikirchlicher Gemeinden, kann nicht als eine dauerhafte, vertretbare Neuordnung angesehen werden. Nach außen hin ist zwar eine Fusion erfolgt und weitgehendes Zusammengehen, einerseits in der Leitung, andererseits in praktischer Liebestätigkeit und in allerlei Anpassungen, zu verzeichnen. Doch auch die gegensätzlichen Kräfte sind stark geblieben. Das eigentlich Zusammenhaltende, ein klares Bekenntnis und eine allgemein zu bejahende Verfassung, fehlten vollständig.

So ergeben sich gegenwärtig zwei gegensätzliche Auffassungen. Die in dem Bericht von P.S. vertretene ist darin klar: Sie verschweigt alle diese Fehler und Schwächen und sieht al-

---

[205] So im Original, in der Abschrift: „ist".

[206] Hier endet das Originalmanuskript. Der weitere Text steht nur in der Abschrift.

les als Gottes Führung in der Geschichte an, die unbedingt zu bejahen ist, und in gleicher Richtung weiter verfolgt werden müsse. Im Gegensatz wird der Ruf nach Trennung und Wiederherstellung der alten Verhältnisse immer lauter. In den Kreisen der Versammlungsbrüder haben sich bestimmte Gruppen wieder zusammengefunden, die den Weg über BfC zum Bund Evangelisch-Freikirchlicher Gemeinden verneinen und ihren alten Grundsätzen wieder nachgehen möchten. Ihr Schwerpunkt ergibt sich aus der Tatsache, dass einzelne Brüder diesen Weg auch in der Verfolgungszeit des Dritten Reiches klar verfolgten. Bei den Baptisten ist es zwar nicht zu solchen Abspaltungen gekommen, doch auch hier wird die Forderung nach Wiederherstellung des alten Baptismus weithin vertreten.

Unsere kritische Untersuchung hat deutlich gemacht, warum die erste Auffassung, die so tut „als ob", „als wäre alles in Ordnung", abzulehnen ist. Doch muss auch gesagt werden, dass die zweite Auffassung in die Irre gehen muss, wenn sie nur Restauration von Vergangenem wünscht und sie nicht auf einer gründlichen Neu-Besinnung beruht. Denn auch die alte Auffassung hat ihre Schwächen. Vieles, was zu seiner Zeit richtig war, muss heute neu errungen werden. Schließlich haben uns die letzten Jahrzehnte vor eine völlig neue kirchengeschichtliche Situation gestellt. Der eine Ansatz in der Schrift „Unser Weg", der von der Einheit der Christenheit, muss positiv gesehen werden. Allerdings führt der Weg, wie er hier aufgezeigt wird, auf die Dauer wieder zur Trennung und Vereinzelung, weil er auf falschem Grund gebaut ist. Doch der feste Grund wahrer Einheit ist mit Ernst zu suchen. Dies könnte bei einer neuen Besinnung auf die alten Grundlagen als ein Geschenk des wirkenden Geistes Gottes empfangen werden. Dazu bedürfte es ernster Arbeit erweckter Menschen, die im Geist wahrer Buße und des Gebets, im Hören auf das Wort Gottes sich zusammenfinden und stellvertretend für die Gemeinden diesen Dienst tun. Organisationsfragen, die sich bisher in den Vordergrund drängten, würden dabei in zweite Linie rücken. Ob der Bund dann noch eine vollständige Einheit oder mehr eine Dachorganisation für verwandte Gruppen bliebe, könnte erst nach dieser Arbeit entschieden werden, die bisher noch gar nicht ernsthaft angefasst wurde.

Das alles könnte sich nicht in der Isolierung vollziehen, die bisher in den Freikirchen geübt wurde. Während ihrer bisherigen Geschichte standen sie meist ablehnend und fremd den großen evangelischen Kirchen gegenüber, in früheren Zeiten ein Verhältnis, das durchaus auf Gegenseitigkeit beruhte. Die Erneuerung der Theologie seit dem 1.Weltkrieg und die Erfahrungen des Kampfes der letzten Jahre, das alles kann man nicht ungestraft vernachlässigen. Alle Kirchen aller Länder stehen heute in einer Zeit säkularer Abfallbewegung irgendwie dichter beieinander. Gott sammelt sich neu seine Gemeinde. Das ist „Sein Weg". Es kommt alles darauf an, dass wir nicht „unseren Weg" zu rechtfertigen versuchen, sondern Gottes Weg unseren Weg werden zu lassen im Geist und in der Wahrheit und in der Kraft des Wortes und Gebetes.

2.3. Korrespondenz

Diese Korrespondenz zeigt zum einen, welche Bedeutung Köbberling selbst seiner Schrift gab und zum anderen, wie Personen des Bundes und zum Teil aus der Brüderbewegung auf die Gegenschrift reagierten. Er wehrte sich vehement dagegen, dass die Schrift von Paul Schmidt „Unser Weg", mit der er sich kritisch auseinandersetzte, als „d a s offizielle Wort unserer Freikirche" gelten sollte. Vielmehr wünschte er sich eine gründliche Besinnung zur Zusammenführung von Baptisten und BfC zum gemeinsamen Bund und eine selbstkritische Bewertung der Stellung der Baptisten zum Staat in der NS-Zeit.

Zunächst wandte er sich an die Mitglieder der Bundesleitung, denen er jeweils ein Exemplar seiner Schrift zusandte. Es gehe ihm keinesfalls um „persönliche Auseinandersetzungen" – das sei ein Missverständnis - vielmehr diene diese Ausarbeitung „einer notwendigen Besinnung". Er bittet um eine Stellungnahme zu seinen „grundsätzlichen Erörterungen", bevor er seine Schrift – mit Erlaubnis der Bundesleitung – zu veröffentlichen gedenke. Die „angeschnittenen Probleme" sollten „weiter bearbeitet" werden. Zu einer Aussprache darüber sei er gerne bereit. In diese Erörterung möchte er gerne „mitarbeitende Gemeindeglieder" einbeziehen. Ein geplantes Gespräch mit der Bundesleitung kam nicht zustande, seine Schrift wurde unterdrückt, ihr Inhalt nicht ernst genommen. Zwei Begleitschreiben seiner Schrift an die damalige Bundesleitung sind erhalten (III.2.3.1.-2.).

Schon vor seinem Schreiben an die Bundesleitung ergab sich ein Briefwechsel mit dem Verlagsdirektor vom Oncken-Verlag in Kassel (III.2.3.3.-5.). Als Ergebnis dieser Korrespondenz sah sich Jacob Köbberling veranlasst und ermutigt, seine Schrift nicht in einem außerbaptistischen Verlag zu veröffentlichen, wie er ursprünglich geplant hatte, sondern sie zuerst allen Mitgliedern der Bundesleitung zu senden, ihre Stellungnahme abzuwarten und sie danach in Kassel drucken zu lassen.

2.3.1. J. Köbberling an die Brüder der Bundesleitung, 22.3.1947

Dr. med. Jacob Köbberling   den 22.3.47
Holzminden/Weser
Evang. Krankenhaus

An die Brüder der Bundesleitung

Anliegend übersende ich Ihnen eine Arbeit, die sich kritisch mit der Broschüre Unser Weg, v. Paul Schmidt auseinandersetzt. Wie Sie sehen, ist diese Schrift zur Veröffentlichung gedacht. Ich persönlich glaube nicht, dass durch diese offene Darstellung geschadet werden kann, halte vielmehr eine Erörterung der darin angerührten Fragen bei den mitarbeitenden Gemeindegliedern für fruchtbar, da sie einer notwendigen Besinnung dient.

Dies ist auch das wesentliche Ziel dieser meiner Arbeit und nicht irgendein persönlicher Angriff. Jedoch könnte die darin enthaltene von grundsätzlichen Erörterungen eingeschlossene Polemik zu dem Missverständnis führen, als ginge es in erster Linie um persönliche Auseinandersetzungen. Um diesen Eindruck zu vermeiden, schicke ich Ihnen die Arbeit mit der Bitte um Stellungnahme zu.

Dies scheint mir deshalb nötig, weil der sehr angreifbare Vortrag von Bruder Schmidt veröffentlicht wurde als „Bericht an den Bundesrat" und ich mir nicht vorstellen kann, dass bei kritischer Betrachtung die Bundesleitung ihre volle Zustimmung zu diesen Ausführungen geben konnte. Dies müsste irgendwie festgestellt werden. Ich bin gerne bereit, zu einer Aussprache nach Pyrmont zu kommen, um zu beraten, in welcher Form die von mir angeschnittenen Probleme weiter bearbeitet werden können.

Mit brüderlichem Gruß

[Jacob Köbberling]

2.3.2. J. Köbberling an die Brüder der Bundesleitung [ohne Datum]

An die Brüder der Bundesleitung

Anliegend überreiche ich Ihnen eine kritische Wertung der Broschüre „Unser Weg" von Paul Schmidt. Wie Sie aus dem Vorwort ersehen, ist diese zur Veröffentlichung gedacht. Wenn ich damit zögere, so geschieht das nicht, weil ich meine, dass die Gemeinden eine offene Auseinandersetzung dieser Art nicht gebrauchen können. Ich fürchte jedoch, dass mein Schritt missverstanden werden könnte als persönlicher Angriff gegen den Verfasser von „Unser Weg". Wenn ich auch mich bemüht habe, persönliche Spitzen zu vermeiden, so konnte ich mich einiger Polemik nicht enthalten. Doch diese ist nicht der wesentliche Inhalt meiner Arbeit. Sie schien mir nur nötig, um die überaus verschleiernde Gedankenführung von Br. Schmidt aufzudecken. Ich bitte Sie, die Arbeit durchzusehen und zu erwägen, ob Sie einen anderen Weg sehen, diese Gedanken in die Gemeinden zu tragen. Ich glaube nicht, dass diese Klärung vermieden werden sollte. Ich weiß, dass manche unserer besten Gemeindeglieder auf ein solches offenes Wort warten und damit zu neuer aktiver Teilnahme an der Erneuerung des Gemeindelebens angespornt werden. Nach dieser kritischen Darlegung müsste eine eingehende positive Bearbeitung der grundlegenden Fragen durch alle berufenen Brüder in Fluss kommen. Ich wende mich, entgegen meiner ursprünglichen Absicht der sofortigen Veröffentlichung, zunächst an die Bundesleitung, da diese mit der überaus strittigen Broschüre „Unser Weg" identifiziert wird, da sie als Bericht an den Bundesrat herausgegeben wurde. Ich kann es mir nach Prüfung des Berichtes kaum vorstellen, dass dieser sich mit den Ausführungen in allen wesentlichen Punkten einverstanden erklärt. Vielleicht liegt hier eine ähnliche Situation vor wie bei dem Bekenntnis von 1943, für das man bei genauer Prüfung ebenso wenig eintreten kann. Die Gemeinden haben aber ein Recht, darüber Klarheit zu bekommen, soweit sie sich darüber Gedanken machen. Und das sollten sie doch tun.

Ich bin zu einer Aussprache mit den Brüdern gerne bereit. Ich glaube jedoch nicht, dass damit genug getan ist, wenn nicht auch die Gemeinden erfahren, woran sie sind. Sie müssen wissen, ob das Bekenntnis von 1943 in Geltung bleibt, ob die Broschüre „Unser Weg" wirklich die Meinung der Bundesleitung darstellt oder ob auch andere Stimmen gehört werden. Es muss Gelegenheit gegeben werden, dass sich jeder selbst ein Urteil bilden kann.

2.3.3. Eberhard Schröder an J. Köbberling, 24.2.1947

Eberhard Schröder   Kassel-Niederzwehren, den 24.2.1947
Verlagsdirektor   Neue Straße 28

Herrn
Dr. Jakob Köbberling
(20) Holzminden/Weser
Evangelisches Krankenhaus

Lieber Bruder Köbberling!

Von Ihrem Vater[207] hörte ich, dass Sie im Begriff sind, eine Schrift zu veröffentlichen, die zu Fragen unserer Bundesarbeit kritisch Stellung nimmt. Gestatten Sie mir dazu bitte ein freimütiges brüderliches Wort.

Zunächst räume ich gerade Ihnen gern ein Wort der Kritik ein. Nicht jeder hat heute die innere Berechtigung, Kritik zu üben; Sie aber haben in den vergangen Jahren aus Ihrer klaren Haltung gegen den Nationalsozialismus kein Hehl gemacht und haben darum heute ein Recht gehört zu werden. Es ist allerdings immer zweierlei: ob ich als Zuschauer die für ein Werk verantwortlichen Männer beurteile und u.U. kritisiere oder ob ich selbst in der Verantwortung für ein Werk stehe. Jedenfalls habe ich diese Verantwortung in verflossenen Jahren

---

[207] Adam Köbberling, s. Kurzbiografie Jacob Köbberling (Anhang IV.1.).

manchmal schwer empfunden. Meinem persönlichen Gefühl nach hätte ich in mancher Situation gern eine klarere Stellung bezogen. Damit wäre das mir anvertraute Werk ziemlich sicher untergegangen. Heute rückschauend kann man sagen: Deine Haltung war falsch, Du musst in jedem Fall das tun, was nach Deiner christlichen Erkenntnis grundsätzlich richtig ist, ohne Rücksicht auf die praktischen Folgen. Die musst Du dann Gott anheimstellen. – Aber steht nicht in der Schrift auch das Wort vom Klugsein wie die Schlangen? Natürlich in Verbindung mit „ohne Falsch". Ich will damit auch nur sagen, dass man in der Verantwortung für ein Gemeinschaftswerk zuweilen zu anderen Entschließungen kommt als wenn man die Folgen seines Handelns nur für sich persönlich zu tragen hat. Diesen Gesichtspunkt sollten wir nicht aus dem Auge verlieren, wenn wir unsere Brüder beurteilen.

Ich weiß nicht, womit Sie sich in Ihrer Schrift im Einzelnen beschäftigen. Ich wollte Sie nur bitten, zu erwägen, ob der Weg, der Ihnen vorschwebt, ein brüderlicher und biblischer Weg ist. Nur auf einem solchen Weg kann Gottes Segen ruhen, und nur auf einem solchen Weg wird Ihnen der wertvollere Teil unserer Gemeinden folgen.

Ich kenne aus unserer Bundesgeschichte bisher nur einen einzigen Fall einer Klageschrift. Das ist „der Fall Hoefs" von Max Brüning. Ich lasse dahingestellt, ob die persönlichen und sachlichen Beschuldigungen Brünings 100%ig berechtigt waren. Ich wage aber zu behaupten, dass die Drucklegung und Verbreitung jener Schrift nicht nur dem Angeschuldigten unnötigerweise bittere Jahre gebracht hat, sondern auch den Schreiber weithin diskreditiert hat. Es hätte in brüderlicher Verhandlung eine gute Regelung der Schwierigkeiten geben können und müssen. Unserm Bundeswerk und dem Reich Gottes wäre viel Schaden erspart geblieben.

Ich höre, dass andere Brüder, ja Prediger, Sie zu Ihrem Vorhaben ermuntern. Welches Gewicht aber kann ein solcher Rat haben, wenn er nicht die Einmütigkeit fördert? Es ist gewiss schwerer, in Selbstüberwindung auf eine „gute Waffe" zu verzichten, als einen Angriff zu starten, auf den ich mich mit guten menschlichen Gründen vorbereitet habe.

Ich räume Ihnen ein, dass Sie aus Liebe zu unserm baptistischen Werk und aus sachlicher Haltung heraus und auch aus Sorge um die Entwicklung unseres Bundes das Wort genommen haben. Der Zweck Ihrer Schrift ist dann gewiss der, unserm Werk einen Dienst zu tun. Dieser Zweck wird m.E. aber nicht durch eine Kampfschrift erreicht, die die Brüder voneinander entfernt, sondern nur durch ein brüderliches persönliches Wort. Ich bin gern bereit, falls Sie es wünschen, eine solche Aussprache zu vermitteln. Der biblische Weg ist klar vorgezeichnet (Matth. 18, 15ff). Zur Kennzeichnung der Meinung der verantwortlichen Brüder im Bunde möge Ihnen dienlich sein, dass Bruder Paul Schmidt von den Brüdern des Bundesrats nach Anhören seines gedruckten Berichts das einmütige Vertrauen ausgesprochen worden ist (es fehlte eine Stimme an der Einstimmigkeit!).

Die Auseinandersetzungen innerhalb der EKiD werden Ihnen bekannt sein (Barth-Asmussen, luther.-reform. etc.). Es geht dort um grundsätzliche und weittragende Entscheidungen, die vielleicht nicht anders zu erringen sind als dadurch, dass man einen größeren Kreis einweiht, damit dieser ein gutes Ergebnis erarbeiten kann. Immerhin sind auch dort schon manche Erscheinungen peinlich. In unserer kleinen Gemeinschaft sollte man aber nicht an die Öffentlichkeit gehen, bevor nicht ernsthaft versucht worden ist, Meinungsverschiedenheiten im kleinen Kreise zu klären.

Woher nehme ich mir die Freiheit, Ihnen, dem nur wenig Jüngeren, Ratschläge zu erteilen? Nur aus der Gesinnung heraus, wenn möglich Friedensstifter sein zu dürfen. In diesem Sinne bitte ich meine Zeilen aufzufassen. Wir haben schwere Jahre hinter uns. An der Front oder in schweren Bombenangriffen fiel es uns leichter, wesentliches vom unwesentlichen zu unterscheiden. Jetzt ertappe ich mich oft dabei, dass wir wieder in der Gefahr stehen, in die Alltäglichkeit zurückzufallen. Die erschwerenden Lebensumstände tun ein Übriges, uns müde zu machen. Es ist mir ein Anliegen, unser Tun und Handeln nach Maßstäben zu messen, die uns in Gottes Wort gegeben sind, und uns immer wieder unter unsere Schuld zu beugen. In der Beurteilung unserer Schuld der letzten Jahre weiß ich mich mit Ihnen einig, und das gibt mir auch die Hoffnung, dass wir uns in dem Anliegen, das Sie vertreten, verstehen werden.

In brüderlicher Verbundenheit!

Ihr [gez.] Schröder

2.3.4. J. Köbberling an Eberhard Schröder, 9.3.1947

[Jacob Köbberling]   9.3.47

Lieber Bruder Schröder!

Für Ihren ausführlichen Brief danke ich Ihnen herzlich. Er hat in mir sehr widersprechende Empfindungen hervorgerufen. Ihre offene Art hat mich angenehm berührt, Ihr brüderliches Wort und Ihre Bemühung um den Frieden. Möge daraus eine fruchtbare Aussprache erwachsen.

Doch ich glaube, wir tun alle gut daran, uns nicht nur von solchen an sich edlen Gefühlen leiten zu lassen, wenn wir der Wahrheit dienen wollen. Wenn wir auch nie die Liebe Christi verlassen wollen, so darf sie doch nicht in unklare Gefühle ausmünden. Gerade im Kreise der Brüder muss man sich doch in aller Klarheit und Offenheit sagen, was der Wahrheit die Ehre gibt. Ist das nicht durchaus biblisch? Wie offen streitet Paulus mit seinen Mitaposteln ohne die Liebe zu verlassen. Ist nicht z.B. der ganze erste Johannesbrief ein Zeugnis von der Einheit von Wahrheit in Liebe? Kranken unsere Gemeinden heute nicht daran, dass man in einer weichlichen Liebe nicht mehr wagt, sich offen die Wahrheit zu sagen? Umgekehrt könnte man natürlich sagen, dass es an Liebe fehlt, wenn jedes Ringen um Wahrheit in persönliche Gehässigkeiten ausartet.

Letzteres aber liegt mir sehr ferne. Es geht mir wirklich nicht in erster Linie um Personen, wenn auch manche sachlichen Anliegen von Personenfragen nicht zu trennen sind. Das ist das erste, was ich Ihnen auf Ihren Brief erwidern muss: meine kritische Arbeit heißt eben nicht „Der Fall Schmidt". Der Vergleich, den Sie anführen mit dem „Fall Hoefs" kann uns also hier nicht weiterhelfen. Es würde mir nicht einfallen, einen „Fall Schmidt", einen „Fall Flügge" oder sonst einen „Fall" zum Gegenstand einer Anklageschrift zu machen. Da gehe ich durchaus mit Ihnen einig in der Meinung, dass man so etwas in brüderlicher Aussprache zu klären versucht, ehe man sich an die Gemeinden wendet, wie Ihr Hinweis auf Matth. 18 besagt.

Hier bei meiner Arbeit liegen die Dinge aber anders. Es handelt sich um eine kritische Auseinandersetzung mit der Broschüre von Paul Schmidt „Unser Weg". Diese Schrift ist aus vielen Gründen nicht nur äußerst angreifbar (damit bietet sie dem Andersdenkenden tatsächlich eine „gute Waffe", auf die man, wie Sie meinen, verzichten sollte), ich meine sogar, dass jedes Gemeindeglied, das die letzten 20 Jahre mitdenkend und mitbetend erlebt hat, eine solche Schrift auf das schärfste ablehnen muss, es sei denn es ist von der Autorität, die Br. Schmidt nun einmal in unseren Reihen genießt, so geblendet, dass es in diesem Punkte nicht mehr klar sieht. Seine Schrift liegt nun im Druck vor und ist in unseren Gemeinden verbreitet, wird hie und da auch außerhalb unserer Gemeinden gelesen, wo man sich über unsere Haltung orientieren will. Wenn man diese Schrift nun so ablehnt und in ihr eine schlechte Beeinflussung der Gemeinden und eine durchaus einseitige Darstellung der Verhältnisse erkennt, was bleibt einem da anders übrig, als dass man versucht, in der gleichen Öffentlichkeit, also durch Druck und Verbreitung der Wahrheit die Ehre zu geben, worin ich weder etwas unbiblisches noch unbrüderliches sehen kann.

Eine andere Frage ist die praktische Durchführung, die ich gerade mit Ihnen besprechen müsste. Eigentlich müsste diese Schrift ja bei Oncken erscheinen, da sie sich in erster Linie mit unseren Problemen befasst. Dieser Gedanke war aber bisher nicht ernsthaft in Erwägung zu ziehen, da ich nicht annehmen konnte, dass seitens der Verlagsleitung die Bereitschaft zur Drucklegung einer so kritischen Schrift besteht. Ich habe mich daher mit Freunden in Verbindung gesetzt und könnte sie evtl. bei einem anderen christlichen Verlag unterbringen, was aber auch keine ideale Lösung ist. Nun kommt mir beim Lesen Ihres Briefes der Gedanke, ob es nicht doch möglich ist, die Arbeit bei Oncken drucken und verbreiten zu lassen. Ich weiß zwar nicht, wer darüber zu entscheiden hat, doch ich nehme doch an, dass Sie da maßgeblichen Einfluss haben. Ihre in der Tat freimütige Art, mir das Recht auf Kritik einzuräumen (die ich mir übrigens nicht aus meiner oppositionellen Haltung dem Nat. Soz. gegenüber herleite, denn das wäre heute ein zweifelhafter Ruhm, da Recht behalten zu haben) und Ihr Schlusswort über unsere gemeinsame Schuld, gibt mir den Mut zu hoffen, dass in der Tat noch einmal andere Stimmen bei uns gehört werden könnten, die bisher schwiegen oder verschwiegen wurden.

Allerdings könnte einem dieser Mut wieder verloren gehen, wenn man liest, dass von den Brüdern des Bundesrates nach Anhören des Berichtes von Br. Schmidt ihm das einmütige Vertrauen ausgesprochen wurde. Verstehen Sie mich recht: Nicht wegen der Einmütigkeit als solcher oder um Br. Schmidt tut mir das leid, sondern weil mir unverständlich bleibt, wie die verantwortlichen Brüder zulassen konnten, dass ein solcher Bericht seinem Inhalte nach gebilligt werden konnte und nun gewissermaßen als d a s offizielle Wort unserer Freikirche hinausgeht. Das macht die Sache nun allerdings sehr schwierig.

Ich werde nun, einmal angeraten von Br. A. Speidel, der zur Zeit als mein Patient hier liegt, zum anderen angeregt durch Ihren Brief, meine Arbeit doch erst den Mitgliedern der Bundesleitung vorlegen, um dann zu sehen, was daraus erwächst. Zur Veröffentlichung ist dann hoffentlich immer [noch] Zeit, vielleicht mit einer neuen Überarbeitung doch bei Oncken. Ich schicke Ihnen dann ein Exemplar zu, [*handschriftlich ergänzt:*] wenn ich Durchschläge habe.

Allerdings mangelt es auch mir sehr an Papier, wie Sie sehen. Die Arbeit umfasst immerhin über 30 Schreibmaschinenseiten[208]. Könnten Sie mir da helfen?

Was die übrigen Punkte Ihres Schreibens betrifft, so wäre dazu noch manches zu sagen. Doch das würde ein zu langes Schreiben ergeben. Ich hoffe, dass wir da einmal zu einer persönlichen Aussprache kommen. In der kommenden Woche habe ich dienstlich in Pyrmont zu tun und werde dann auch im Bundeshaus vorsprechen. Vielleicht treffe ich Br. Schmidt dort an.

Ich grüße Sie herzlich und danke Ihnen noch mal für Ihre freundlichen Zeilen,

Ihr [Jacob Köbberling]

---

[208] Die Gegenschrift Köbberlings umfasst 19 S. ohne die Titelseite, die beigefügte Stellungnahme von Rufus Flügge zum Glaubensbekenntnis von 1944 acht Seiten, dazu kommt das Anschreiben an die Bundesleitung. Zu Rufus Flügge vgl. den Brief an Jakob Meister vom 20.7.1947 (III.2.3.18.).

2.3.5. Eberhard Schröder an J. Köbberling, 11.3.1947

Eberhard Schröder   Kassel-Niederzwehren, 11.3. 47
Direktor
der Firma J.G. Oncken Nachf. G.m.b.H.

Herrn
Dr. med. Jakob Köbberling
Holzminden
Evang. Krankenhaus

Lieber Br. Köbberling!

Das war ein gutes Echo auf meinen Brief, für das ich Ihnen danke. Ich verstehe Sie gut und will Ihnen auch gern behilflich sein, die Schrift den Brüdern der Bundesleitung zugänglich zu machen. Zu diesem Zweck lasse ich Ihnen 300 Bogen Schreibmaschinenpapier, leider haben wir kein Durchschlagpapier übrig, zugehen nebst einer Anzahl Briefumschlägen. Ich wäre Ihnen natürlich dankbar, wenn Sie auch mir einen Durchschlag übersenden würden. Ich werde Ihnen dann offen sagen, ob ich die Veröffentlichung im Oncken-Verlag für möglich halte. Im Allgemeinen bin ich nicht vom Beschluss der Verlagsverwaltung bei der Herausgabe von Büchern und Schriften abhängig. In diesem speziellen Fall würde ich aber je nach dem Inhalt der Schrift doch den Rat der Brüder erbitten. Vielleicht ließe sich aber auch eine Zwischenlösung finden, indem man mit Zustimmung der Bundesleitung eine größere Anzahl Ihrer Schrift vervielfältigen würde, um sie als Besprechungsgrundlage einem größeren Brüderkreis zugänglich zu machen.

Dass Sie einen Besuch in Pyrmont zum Anlass nehmen werden, Br. Schmidt zu besuchen, freut mich besonders, da mir sehr daran liegt, dass das brüderliche Band nicht zerschnitten wird. Es wird mich also freuen, wenn wir weiter in dieser Sache miteinander in Verbindung bleiben und grüße Sie bis dahin herzlich.

Ihr [gez.] Schröder

112

2.3.6. Martin Siebert an J. Köbberling, 7.4.1947

Bund Evangelisch-Freikirchlicher Gemeinden in Deutschland
Körperschaft d. öffentl. Rechts
Vereinigung Rheinland.
Briefanschrift: Martin Siebert[209], Gummersbach, Bismarckstr. 4

Herrn Dr. med. Jakob Köbberling   Gummersbach Rhld., den 7.[5?] April 1947
Holzminden-Weser
Evangel. Krankenhaus

Lieber Bruder Köbberling!

Mit Ihrem Schreiben vom 22.3. übersenden Sie an die Brüder der Bundesleitung eine Arbeit, die sich kritisch mit der Broschüre „Unser Weg" befasst. Sie bitten um Stellungnahme, ehe Sie Ihre Arbeit weiteren Kreisen zugängig machen.

Ich habe Ihre Arbeit sorgfältig durchgelesen und auch noch einmal die Broschüre „Unser Weg". Ich verstehe nicht recht, warum Sie nun eine Streitschrift herausgeben wollen, da wir doch die Gewohnheit zu streiten nicht haben sollten. Ich glaube nicht, dass Sie durch Ihre Schrift der Förderung des Werkes des Evangeliums dienen. Ich fürchte vielmehr, dass dadurch eine größere Beunruhigung und Zersplitterung stattfinden wird. Ich wüsste auch nicht den Zweck Ihrer Schrift zu ergründen, nachdem doch die Vereinigung der beiden Bünde vollzogen ist. Sie wollen natürlich eine andere Stellungnahme sowohl zu der Gründung der Vereinigung der beiden Bünde wie auch zu dem späteren Ablauf der Dinge einnehmen. Wenn Sie aber diese Gründe in die Öffentlichkeit hineinbringen, dann dient es meines Erachtens nicht zum Frieden. Die heutige Zeit ist so wie so angefüllt mit Unruhe, Demonstrationen und Streiks. Sollen wir Christen diese Dinge durch Auseinandersetzungen noch vermehren? Ich würde dazu nicht den Mut haben und bitte Sie daher herzlich, Ihre Schritte vor Gott zu überlegen. Alles was nicht zum Frieden dient, ist bestimmt vor Gott nicht wohlgefällig. Aus Ihrem Schriftsatz geht ja ohne weiteres hervor, dass Sie eine persönliche Meinungsverschiedenheit mit Bruder Schmidt haben. Vielleicht kann dieselbe durch eine persönliche Aussprache eher aus der Welt geschafft werden, wie durch eine öffentliche Auseinandersetzung. Sie regen ja dieselbe in Ihrem Begleitschreiben an und gebe ich von meinem heutigen

[209] Martin Siebert (1887-1968) war ein Unternehmer und gehörte bis 1937 einer geschlossenen Brüderversammlung in Gummersbach an. Nach der Gründung des Bundes freikirchlicher Christen (BfC) war er Ortsbeauftragter (Gemeindeleiter in Gummersbach) und Mitglied des Bundesrates. Im Bund Evangelisch-Freikirchlicher Gemeinden gehörte er in den 1940er Jahren der Bundesleitung an. Außerdem war er von 1946 bis 1948 Bürgermeister von Gummersbach. Vgl. H. Weber, Die freikirchliche Bewegung im Oberbergischen. Entstehung der evangelischen Freikirchen und der Brüderbewegung, Wiehl 1982, S. 155f. (Die Angaben zur Person verdanke ich Andreas Liese, R.F.)

Brief an Sie Bruder Paul Schmidt Kenntnis mit der Bitte, einer solchen Aussprache doch möglichst bald nachzukommen, damit wir uns vor der Welt nicht das Zeugnis ausstellen lassen müssen, dass sich die Kinder Gottes nicht vertragen können. Ich glaube, dass wir besser tun, die Gesinnung unseres Herrn zur Schau zu tragen und gemeinsam die Belange des Evangeliums durch eine einheitliche Haltung zu fördern, wie uns gegenseitig die Meinung zu sagen und auf unserem Standpunkt zu beharren.

Ich hoffe, dass ich durch meine Einwände dem Frieden gedient habe und begrüße Sie in dieser Hinsicht

mit brüderlichem Gruß

Ihr [gez.] Martin Siebert

2.3.7. J. Köbberling an Martin Siebert, 13.4.1947

Dr. med. Köbberling   Holzminden, am 13.4.47[210]
Holzminden/Weser
Evang. Krankenhaus

Lieber Bruder Siebert!

Ihr Brief hat mich recht traurig gemacht. Nicht weil ich so optimistisch war, eine volle Zustimmung zu meiner Arbeit zu erwarten. Doch eine klare Stellungnahme in irgendeiner Richtung hatte ich erwartet und dass ich zumindest einigermaßen in meinem Anliegen verstanden würde. Sie bekunden mir das Gegenteil. Das ist doch ein trauriges Zeichen, dass wir als Brüder in Christus eine so verschiedene Sprache sprechen heute, dass wir uns einfach nicht mehr verstehen. Das ist eigentlich noch schlimmer als Unruhe und Unfrieden, was Sie so sehr befürchten.

Auf meine „natürlich … andere Stellungnahme zum ‚Weg'" gehen Sie nicht ein. Ihre Einwände, mit denen Sie hoffen dem Frieden zu dienen, beziehen sich mit keinem Wort auf den Inhalt meiner Schrift, also auf die Wahrheiten, um die ich streite. (Der Streit um Wahrheit in diesem Sinne scheint mir keinesfalls gegen unsere guten Gewohnheiten zu sein.) Sie geben mir lediglich Ihre Befürchtungen darüber zum Ausdruck, was geschehen würde, wenn dieser Streit zu sehr in die Öffentlichkeit dringt.

Doch Sie gehen noch weiter. Ich will auch nicht verhehlen, dass es mir schon eine Anfechtung ist, wenn ein Bruder in Ihrer Stellung mir ein so weitgehendes Urteil mitteilt wie: „Ich

---

[210] Datum korrigiert: im Original „13.4.46".

114

glaube nicht, dass Sie durch Ihre Schrift der Förderung des Evangeliums dienen." Das wäre schon ein vernichtendes Urteil, wenn es zu Recht bestände. Denn das möchte ich um jeden Preis, der Sache des Evangeliums dienen mit den Gaben, die Gott mir gegeben hat. Mich treibt weder persönlicher Ehrgeiz zu solchem Schreiben noch ein Rechthabenwollen um jeden Preis, auch kein Beharrungsvermögen auf einem bestimmten Standpunkt, sondern gerade „gegen" dieses alles möchte ich, um der Sache des Evangeliums willen, mit meiner Schrift streiten. Lassen Sie uns doch ruhig in diesem Sinne „Streiter Christi sein". Ihr Satz: „Alles was nicht zum Frieden dient, ist bestimmt vor Gott nicht wohlgefällig", hat jedoch eine klare Grenze. Wer in seinem Streit sich im Frieden weiß mit seinem Herrn, der streitet wohlgefällig. ER ist unser Friede, und nicht irgendein menschlicher Friede, den wir uns wünschen.

Sicherlich wünsche ich mir ebenso wie Sie um der Gemeinschaft mit möglichst vielen Brüdern willen eine einheitliche Haltung zur Förderung der Belange des Evangeliums. Diese einheitliche Haltung ist aber auf der Basis, wie sie in der Schrift von Bruder Schmidt dargelegt wird, nicht möglich. Sie muss erst wieder neu errungen werden.

Nun glauben Sie doch bitte nicht, das sei eine „persönliche Meinungsverschiedenheit" mit Bruder Schmidt. Wenn wir zusammen kommen, vertragen wir uns persönlich sehr gut, da braucht die Welt keinen Anstoß zu nehmen. Sie würde höchstens darüber erstaunt sein können, dass bei den Christen trotz so schwerwiegender sachlicher Gegensätze die Bruderliebe nicht zu leiden braucht. Doch die hier vorhandenen Gegensätze kann man wohl nicht mehr, wie Sie meinen, durch eine persönliche Aussprache zwischen Bruder Schmidt und mir einfach aus der Welt schaffen. Bruder Schmidt ist ja auch nur der führende Exponent einer ganz bestimmten Gruppe, die dem Bund heute das Gepräge gibt. Er hat diese Haltung in seiner Schrift offen dargelegt. Ich habe nun versucht zu zeigen, dass diese Haltung sich nicht auf der biblischen Linie bewegt, die unsere Gemeinden seit ihrer Entstehung einzuhalten bemüht sind.

Auf diese Argumente gehen Sie aber nicht ein. Sie verurteilen vielmehr in Bausch und Bogen: Es fördert nicht das Evangelium, dient nicht dem Frieden, ist also „bestimmt vor Gott nicht wohlgefällig". Das alles glaube ich mit mehr Recht über die Schrift von Bruder Schmidt sagen zu müssen. Doch so einfach habe ich mir die Sache nicht gemacht. Ich habe lange daran gearbeitet, das Wort Gottes und die Brüder gefragt, um dann ausführlich und begründend, nicht in Bausch und Bogen verurteilend, zur Besinnung aufzurufen. Sie geben in Ihrem Schreiben dieser Besinnung nicht Raum. Sie wittern aber, und das hat mich sehr überrascht, eine Auseinandersetzung, vergleichbar mit „Unruhen, Demonstrationen, Streik". Gerade das Gegenteil erstrebe ich: Gegen unklare Masseninstinkte, auch da wo sie in christlicher Färbung auftreten, für eine personale Entscheidung mit einem wachen Gewissen! Ohne Beunruhigung geht es allerdings dabei nicht ab. Gerade Ihr Hinweis auf die gegenwärtige Zeitlage macht deutlich, dass solche Arbeiten wie meine kleine Schrift, die der Klärung der geistigen Situation dienen wollen, sehr notwendig sind.

Ich bitte Sie im Sinne dieser Ausführungen, sich die Probleme noch einmal durch den Kopf gehen zu lassen, und hoffe auf ein weiteres fruchtbares Gespräch.

Mit brüderlichem Gruß

Ihr [Jacob Köbberling]

2.3.8. Eberhard Schröder an J. Köbberling, 14.4.1947

J.G. Oncken Nachf. G.M.B.H.
Verlags-, Sortiments- und Versand-Buchhandlung
Verlag: (14) Stuttgart O, Blumenstraße 36
Sortiments- und Versand-Buchhandlung: (16) Kassel-Niederzwehren, Frankfurter Str. 224

Herrn Dr. med. J. Köbberling   Kassel, den 14.4.1947
(20) Holzminden/Weser
Evangelisches Krankenhaus

Lieber Bruder Köbberling!

Bei der Wichtigkeit der Angelegenheit habe ich mich mit dem Vorsitzenden der Verlagsverwaltung, Br. Fiedler Stuttgart, in Verbindung gesetzt. Ich werde ab 23.4. in Stuttgart sein, muss von dort aus allerdings zu einer Tagung nach Bad Boll, von der ich erst gegen den 6.5. zurück sein werde. Ich werde versuchen, inzwischen eine Stellungnahme der Verlagsverwaltung herbeizuführen.

Mit brüderlichem Gruß!

Ihr [gez.] Schröder

2.3.9. Ewald Fiedler an J. Köbberling, 17.4.1947

Ewald Fiedler[211]   (14a) Stuttgart-W, den 17. Apr. 1947
Stuttgart-W
Lindenspürstr. 18

Herrn Dr. med. Jak. Köbberling
(20) Holzminden/Weser, Evang. Krankenhaus

Lieber Bruder Köbberling!

Ihr Manuskript, das Sie mit Ihrem Brief vom 22. März den Mitgliedern der Bundesleitung zur Stellungnahme zugesandt haben, erhielt ich erst am 31. März. Leider konnte ich wegen Arbeitsüberhäufung in den Ostertagen und wegen verschiedener Reisen die umfangreiche Arbeit nicht eher gründlich durchsehen.

Auf Ihre Bitte hin möchte ich Ihnen nun Folgendes kurz mitteilen, da ich zu längeren Ausführungen keine Zeit finde:

Obwohl die Schrift manchen Gedanken enthält, der für unser Bundes- und Gemeinschaftsleben wichtig ist und richtunggebend werden kann, möchte ich doch dringend bitten, von einer Veröffentlichung abzusehen. Die Schrift macht trotz der gegenteiligen Beteuerung doch stark den Eindruck, dass es sich um einen persönlichen Angriff gegen Br. Paul Schmidt und die Brüder der Bundesleitung handelt, die damals verantwortlich handeln mussten. Ich habe noch nicht zur Bundesleitung gehört, als sie Stellung nehmen musste zum Zusammenschluss, zum Glaubensbekenntnis und zum damaligen Staat, kann also nicht in den Verdacht kommen, als rede ich hier für mich. Ich habe in manchen Einzelheiten eine andere Auffassung gehabt als Br. Schmidt und dies ebenso, wie Sie das von sich sagen, Br. Schmidt gegenüber geäußert. Ich habe mir aber auch sagen müssen, dass ich vielleicht auch meine Grundgedanken und Absichten nicht hätte ganz durchführen können, wenn ich die Verantwortung für eine Gemeinschaft von etwa 100 000 Menschen getragen hätte. Das werden Sie auch für sich zugeben müssen. Es lässt sich hinterher leicht Kritik üben. Sie haben sich ja auch in den entscheidenden Zeiten nicht an eine größere Öffentlichkeit gewandt, etwa durch Vervielfältigungen oder dergl. Ich hätte gewiss auch gerne gesehen, dass beim Zusammenschluss die Gemeinden mehr gefragt worden wären, aber in den Kriegszeiten hat sich manches schlecht verwirklichen können.

Sie werden sich darauf berufen, dass der Bericht von Br. P. Schmidt unter dem Titel „Unser Weg..." ja jetzt erst veröffentlicht ist und Sie nicht eher Stellung dazu nehmen konnten. Ich

---

[211] Ewald Fiedler (1892-1977), Prediger in Hassenhausen 1921-28, Stettin-Grabow bis 1939, Stuttgart von 1939-1951, danach in Hassenhausen bis zu seinem Ruhestand 1958.

habe den Eindruck, dass diese Broschüre nur zum Anlass zu diesen grundsätzlichen Ausführungen genommen wird, denn es sind doch nur wenige Sätze herausgegriffen und angegriffen. Ich habe die Schrift auf Grund Ihrer Ausführungen noch einmal durchgelesen und finde nicht, dass sie viele Angriffsflächen enthält und Ärgernis hervorrufen kann. Deshalb kann ich auch meine Zustimmung zu einer Veröffentlichung Ihrer Streitschrift in unserem Verlag nicht geben. Ich frage mich, was bei einer solchen Veröffentlichung erreicht wird. Nach außen wird der Eindruck erweckt, dass wir untereinander schmutzige Wäsche in aller Öffentlichkeit waschen wollen. Dadurch wird unbedingt Schaden nicht nur für unseren Bund, sondern für das Reichsgotteswerk überhaupt angerichtet. Ihren Anliegen wird viel besser gedient durch eine Besprechung mit Br. P. Schmidt und der Bundesleitung und durch spätere positive Ausführungen in unseren Blättern, wenn sie wieder umfangreicher erscheinen können, oder durch Broschüren. Das kann ganz grundsätzlich geschehen, ohne dass zurückliegende Vorgänge ins Licht der Kritik gerückt werden. Es ist so überaus traurig, dass im politischen Leben heute keine Beruhigung eintritt, weil einer den anderen verdächtigt, lieblose Kritik übt und mit Befriedigung die Möglichkeit und Gelegenheit benutzt, den Andersgesinnten nun zu demütigen. Sollte das nicht in der Gemeinde Jesu auf alle Fälle vermieden werden?

Sie stellen das Verhalten des Br. Schmidt und unseres Bundes dem Staate gegenüber in Vergleich mit der Haltung der Bekenntniskirche. Ich muss sagen, dass ich die Treue und den Bekennermut einzelner Vertreter dieser Richtung immer bewundert habe. Andererseits steht aber doch fest, dass die Pfarrer der Kirche zu ihrem Schritt oft durch die Verhältnisse innerhalb der Kirche gezwungen worden sind. Für uns wäre es fast eine Versuchung Gottes, eine Herausforderung des Staates gewesen, wenn wir die gleiche Stellung eingenommen hätten, ohne dass eine dringende Notwendigkeit vorlag. Wir dürfen tatsächlich dem Herrn danken, dass wir von derartigen innerkirchlichen Erscheinungen bewahrt geblieben sind. Das soll nicht bedeuten, dass ich mit der inneren Stellung der Gemeinden in unserem Bunde zufrieden bin. Ich denke, Sie sehen auch die Mängel in den Volkskirchen, die zum Teil sehr ablehnende, überhebliche Stellung den Freikirchen gegenüber und jetzt die inneren Auseinandersetzungen zwischen den einzelnen Gliedkirchen der EKD, wie sie augenblicklich im Gange sind.

Zur Veröffentlichung einer Kritik am Glaubensbekenntnis möchte ich Br. Rufus Flügge[212], der soviel ich weiß, zur evangelischen Kirche übergetreten ist, eigentlich das Recht absprechen. Es tut mir leid, das einem Mitglied der Familie Flügge gegenüber sagen zu müssen. Die Familie Flügge habe ich in den 34 Jahren, seit ich sie kenne, stets hochverehrt. Aus Wertschätzung des Br. Flügge sen. bin ich während meiner Seminarzeit Mitglied der Gemeinde Hamburg-Eimsbüttel geworden. Aber hier handelt es sich um eine grundsätzliche Einstel-

---

[212] Zu Rufus Flügge s. Brief an Jakob Meister vom 20.7.1947 (III.2.3.18.).

lung. Wer sich einer anderen Glaubensüberzeugung zugewandt hat, kann nicht maßgeblich unser Glaubensbekenntnis kritisieren. Damit will ich auf keinen Fall sagen, dass es keine Mängel aufweise, die gebessert werden können.

Ich bitte Sie also noch einmal, von einer Veröffentlichung der Schrift in unserem oder einem fremden Verlage abzusehen.

Mit brüderlichem Gruß

Ihr [gez.] E. Fiedler

2.3.10. Paul Schmidt an J. Köbberling, 18.4.1947

Bund Evangelisch-Freikirchlicher Gemeinden in Deutschland
Körperschaft des öffentlichen Rechts
Bundeshaus: Berlin-Lichterfelde-West, Weddigenweg 60
Leitung: Paul Schmidt und Walter Vogelbusch

Herrn   Berlin-Lichterfelde-West, den 18. April 1947
Dr. med. J. Köbberling   Jetzt: Bad Pyrmont, Friedrichstr. 4
Holzminden/Weser
Evangelisches Krankenhaus

Lieber Bruder Köbberling,

zu meinem großen Bedauern war ich nicht zu Hause, als Sie uns vor einigen Wochen besuchten. Sehr gerne hätte ich Sie persönlich gesehen und mit Ihnen, wenn es möglich gewesen wäre, über Ihre Denkschrift gesprochen. Sie haben sie mir nun zugesandt. Noch konnte ich sie nicht in Ruhe lesen, weil vorliegende Reiseverpflichtungen und einige Termine wahrgenommen werden wollen. Heute Nachmittag reise ich nach Berlin. So kann ich heute nur Ihre Zuschrift bestätigen und der Hoffnung Ausdruck geben, dass ein kommendes Gespräch im Geist und in der Gesinnung Jesu Christi stattfinden werde und der totalen Krise von heute Rechnung tragen möge. Ich denke, in 2 Dingen sind wir uns von vornherein einig, dass alles was wir tun und lassen, im Geist und in der Gesinnung Jesu Christi zu geschehen habe und dass jeder von uns seine Verantwortung zu tragen habe, besonders aber in Zeiten, wie wir sie seit 1914 [sic – gemeint 1941?], um ein neueres Datum zu nennen, zu durchleben, zu durchglauben und zu durchgehen haben. Gerade der gegenwärtige Augenblick verpflichtet alle verantwortlichen Christen doppelt, im Blick auf Entwicklungen, wie sie auch im deutschen Protestantismus zum großen Leidwesen vieler treuer Männer vor sich gehen.

Gerne möchte ich von mir aus, dass bei unseren Gesprächen persönliche Verletzungen unterbleiben und auch bei vorhandenen Denk- und Auffassungsverschiedenheiten die Verantwortung vor Gott und vor Menschen uns führen mögen. Sie werden gewiss Ihre Denkschrift inzwischen an die Mitglieder der Bundesleitung gesandt haben, wie ich von hier und da es auch schon bestätigt erhielt. An Br. Hugo Hartnack werde ich sobald wie möglich mein Exemplar zur Einsicht weitergeben.

Mit brüderlichem Gruß!

Ihr [gez.] Paul Schmidt

2.3.11. Lydia Muske an J. Köbberling, 27.4.1947

Kassel, d. 27.4.47
Landaustr. 12

Lieber Br. Köbberling,

durch Br. Schröder erhielten wir Ihre „Streitschrift". Ob Sie uns vergessen haben bei der Versendung? Oder war es Absicht. Könnte ich nicht noch eine bekommen? Ich stamme doch aus einer alten baptistischen Familie und würde sehr gerne Ihre Schrift an meine Schwestern schicken, die sich auch sehr dafür interessieren. Wir waren doch auch nicht für den Zusammenschluss. Im Übrigen freue ich mich sehr, dass Sie den Mut fanden, einmal alles klarzulegen. Also darf ich bitten?

Mit freundl. Gruß

Ihre [gez.] Lydia Muske[213]

---

[213] Ihr Mann Otto Muske (1880-1960) studierte am Seminar in Hamburg 1903-1907, war Prediger in Berlin O von 1907-1911, in Berlin-Charlottenburg von 1911-1926, danach in Bremen I von 1926-1936. Von 1936 bis 1954 war er Schriftleiter im Verlagshaus in Kassel, zunächst des „Wahrheitszeugen" dann der „Gemeinde".

2.3.12. Jakob Meister an J. Köbberling, 2.5.1947

Bund Evangelisch-Freikirchlicher Gemeinden in Deutschland
Körperschaft des öffentlichen Rechts
Bundeshaus: Berlin-Lichterfelde-West, Weddigenweg 60
Leitung: Paul Schmidt und Walter Vogelbusch

Herrn   Berlin-Lichterfelde-West, den 2.Mai 1947
Dr. med. Jacob Köbberling   Weddingenweg 50
Holzminden/Weser
evangel. Krankenhaus

Lieber Bruder Köbberling,

von einer längeren Dienstreise nach hier zurückgekehrt hatte ich Gelegenheit, mit Br. P. Schmidt über Ihre Darlegungen zu sprechen. Es erscheint uns notwendig, dass Sie zu unserer nächsten Bundesleitungssitzung, die in Hamburg Anfang Juni stattfinden wird, kommen, damit wir dort Gelegenheit zu einem mündlichen Austausch haben. Ich lade Sie deshalb herzlich ein zu unserer Sitzung für Freitag, den 6.Juni in Hamburg im Albertinenhaus.

Eine Aussprache zwischen Ihnen und Br. Schmidt sollte, wenn immer möglich, vorher zustande kommen. Wenn ich recht sehe, sollten wir das sachliche Anliegen freihalten von Gefühlen und Gedanken, die die Grenzen des Persönlichen berühren. In dieser Richtung wäre eine Aussprache zwischen Ihnen und Br. Schmidt eine unerlässliche und wie ich hoffe sehr günstige Vorarbeit für Hamburg.

Eine Drucklegung, wie sie von Ihrer Seite in Kassel gewünscht worden ist, sollte auch nach meinem Dafürhalten vermieden werden. Wir durchschreiten zurzeit auf vielen Gebieten Monate ernster Erschütterung. Es ist für uns, die wir gegenwärtig vom Vertrauen der Gemeinden getragen und mit so vielen Aufgaben der sehr ernsten Nachkriegszeit betraut worden sind, nicht leicht, grundsätzlich und praktisch den schmalen Weg zu finden und zu gehen. Für mich persönlich bitte ich von dem Gott aller Gnade um Licht und Weisung, um Klarheit und Kraft von Oben.

Ein Durchschlag dieser Zeilen geht gleichzeitig an Br. P. Schmidt und an Br. E. Schröder.

Mit herzlichen Grüßen, zugleich von Familie an Familie bin ich

Ihr Mitverbundener [gez.] J. Meister[214]

---

[214] Jakob Meister (1889-1970), Baptistenprediger aus Zürich, von 1945 bis 1955 Vorsitzender des Bundes Evangelisch-Freikirchlicher Gemeinden in Deutschland; vgl. die Kurzbiografie in G. Balders, Ein Herr, S. 354.

2.3.13. Paul Schmidt an J. Köbberling, 10.5.1947

Bund Evangelisch-Freikirchlicher Gemeinden in Deutschland
Körperschaft des öffentlichen Rechts
Bundeshaus: Berlin-Lichterfelde-West, Weddigenweg 60
Leitung: Paul Schmidt und Walter Vogelbusch

Herrn	Berlin-Lichterfelde-West, den 10. Mai 1947
Dr. med. J. Köbberling	Jetzt: Bad Pyrmont, Friedrichstr. 4
Holzminden/Weser	
Evangelisches Krankenhaus	

Lieber Bruder Köbberling,

im Einvernehmen und in Gemeinschaft mit den Brüdern J. Meister und H. Hartnack lade ich Sie ein zu einer Aussprache im Rahmen unserer nächsten Bundesleitungssitzung in Hamburg-Blankenese, Schenefelder Landstr. 124 (Haus Tabea) am Freitag den 6. Juni nachmittags 15 Uhr. Wenn es Ihnen möglich und angenehm ist, könnten wir beiden vorher noch ein brüderliches Gespräch führen, am besten hier in Bad Pyrmont. In der Woche nach Pfingsten hätte ich Zeit. Es liegt mir jedenfalls daran, mit Ihnen persönlich die ganzen Dinge durchzusprechen, bevor wir zu einem gemeinsamen Gespräch kommen. Bei der Wichtigkeit der Angelegenheit und der unerhörten Schwere der gegenwärtigen Zeit wird wahrscheinlich auch Ihnen ein solches Brudergespräch erwünscht sein. Gerne erwarte ich Ihre diesbezügliche Nachricht.

Mit herzlichen Grüßen von Haus zu Haus,

Ihr [gez.] Paul Schmidt

2.3.14. Rudolf Kretzer an J. Köbberling, 31.5.1947

Rudolf Kretzer[215]
Klafeld
(21b) Post Geisweid
Marktstraße 12 (Kreis Siegen)   Klafeld, den 31. Mai 1947

Herrn Dr. Jakob Köbberling!
Evangelisches Krankenhaus
Holzminden

Sehr geehrter Herr Dr. Jakob Köbberling!

Im Anschluss an einige Anfragen bei dem verehrten Verfasser von „Der Schriftforscher",
dem alten Bruder C.A. Flügge, empfiehlt derselbe mir, mich einmal an Sie zu wenden
zwecks leihweiser Überlassung einer Abschrift der von Ihnen verfassten Entgegnung auf „P.
Schmidt, Unser Weg". Indem ich hiermit dem Vorschlage von Br. C.A. Flügge folge, bitte ich
Sie um baldige, leihweise Überlassung Ihrer Arbeit und bitte mir dieselbe als Einschreiben
zugehen zu lassen. Es würde mich freuen, Ihre Ausführungen in meinen Urlaubstagen zur
Kenntnis nehmen zu können.

Sollten Sie einmal Ihre Arbeit bzw. Ausführungen drucken lassen, so wollen Sie mir 2-3
Exemplare davon zustellen.

Die Schrift von „Paul Schmidt, Unser Weg" hat größtes Befremden bei mir ausgelöst, und ich
bin dankbar zu hören, dass sich jemand gefunden hat zur notwendigen Entgegnung.

Wenn möglich, dann wollen Sie mir auch je ein Exemplar von „Glaubensbekenntnis der Baptisten" und „Verfassung der Baptisten" besorgen und zustellen.

Die Ihnen entstehenden Unkosten erstatte ich Ihnen gerne. Mit Interesse, Dank und Gruß
der Entsprechung meines Ansinnens entgegensehend

Ihr ergebener

[gez.] Rudolf Kretzer

---

[215] Rudolf Kretzer (1907-1975) war ausgebildeter Dreher. Er gehörte der geschlossenen Brüderversammlung in Klafeld (Kreis Siegen) an und pflegte vielseitige theologische Interessen. Er lehnte den
Bund freikirchlicher Christen ab und beteiligte sich an illegalen Zusammenkünften der Gegner des
Bundes. Er wurde deshalb 1942 zu einer sechswöchigen Gefängnisstrafe vom Sondergericht Hagen
verurteilt (vgl. Liese, Verboten, S. 530f.). Nach Kriegsende betätigte er sich als engagierter Kritiker
des BfC und des BEFG, denen er eine zu große Nähe gegenüber dem nationalsozialistischen Staat
vorwarf. (Die Angaben verdanke ich Andreas Liese, R.F.)

2.3.15. Rudolf Kretzer an J. Köbberling, 14.6.1947

Rudolf Kretzer
(21b) Klafeld-Geisweid Kr. Siegen
Marktstraße 12   den 14. Juni 1947

Herrn
Dr. Jakob Köbberling
(20) Holzminden (Weser)
Evangelisches Krankenhaus

Sehr geehrter Herr Dr. Köbberling!

Im Anschluss an meinen Brief vom 31. v.M. an Sie möchte ich Ihnen mitteilen, dass mir eine Abschrift einer Arbeit von Ihnen, betitelt: „Über Bekenntnis und Verfassung des Bundes evang. freikirchlicher Gemeinden"[216] zugegangen ist. Es würde mich freuen, von Ihnen erfahren zu dürfen, ob diese Arbeit die in Frage stehende Erwiderung auf „P. Schmidt, Unser Weg" darstellt. Da die betreffende Arbeit kein Datum enthält, wollen Sie mir eben auch das Entstehungsdatum Ihrer Arbeit mitteilen.

Sollte neben dieser sich z. Zt. in meinem Besitz befindlichen Arbeit noch eine weitere diesbezügliche Arbeit von Ihnen erschienen sein, so wollen Sie mir dieselbe bitte auch zugehen lassen. Ebenso darf ich Sie wohl bitten, mir alle Ihre Arbeiten, welche druckverlegt wurden, zugehen zu lassen.

Bezüglich der z.Zt. in meinem Besitz befindlichen Arbeit von Ihnen wäre es mir nützlich, wenn Sie mir den auf Seite 2 unten erwähnten Bericht für kurze Zeit zugänglich machen würden, ebenso auch das auf Seite 5 erwähnte Bekenntnis[217].

Ganz besonderes Interesse habe ich an der auf Seite 6 erwähnten Untersuchung aus der Feder des Predigers Flügge[218], Königsberg. Bitte lassen Sie mir auch diese für kurze Zeit zugehen.

Sehr geehrter Herr Dr. Köbberling, es ist mir eine Freude, endlich einmal aus den Reihen des B.E.F.G. eine Stimme zu hören, die offen und frei die Fehlentwicklung aufzeigt mit dem Wunsche der ehrlichen Zurückbesinnung. Vor mir liegen alle die vielen Zeugen der bedauerlichen Entgleisung des „B.E.F.G." der letzten Jahre, welche auch heute noch nicht genügen, die notwendige Zurückbesinnung zu veranlassen.

---

[216] S. III.3.3.
[217] Gemeint ist das Glaubensbekenntnis von 1944 (s. III.3.1.).
[218] Die Stellungnahme von Rufus Flügge zum Glaubensbekenntnis von 1944 (s. III.3.2.).

Es würde mich freuen, mit Ihnen ein nutzbringendes Gespräch anzuknüpfen zur Klärung und Erörterung der bedauerlichen Entwicklung.

Ihrer geschätzten Zuschrift mit Dank und Gruß entgegensehend

Ihr verbundener [gez.] Rudolf Kretzer

N.B. Bitte besorgen Sie mir ein Glaubens-Bekenntnis und eine Verfassung des B.E.F.G.

2.3.16. Paul Schmidt an J. Köbberling, 16.6.1947

Bund Evangelisch-Freikirchlicher Gemeinden in Deutschland
Körperschaft des öffentlichen Rechts
Bundeshaus: Bad Pyrmont, Friedrichstraße 4 - Leitung: Paul Schmidt und Hugo Hartnack
Büro für Berlin und die Ostzone: Berlin-Lichterfelde-West, Weddigenweg 60

Herrn   (21a) Bad Pyrmont, den 16.Juni 1947
Dr. med. J. Köbberling   Friedrichstraße 4
Holzminden/Weser
Evangelisches Krankenhaus

Lieber Bruder Köbberling,

nun haben Sie doch nicht an einem Gespräch in der Bundesleitung über Ihre Niederschrift teilnehmen können. Das haben alle Brüder sehr bedauert, ich vielleicht am lebhaftesten. Br. H. Becker war extra zu diesem Gespräch für einen Tag nach Hamburg gekommen, weil auch ihm sehr daran lag, ein Gespräch zu führen. Aufgeschoben ist aber nicht aufgehoben. Das Gespräch sollten wir noch nachholen.

Alle Brüder sind der einmütigen Überzeugung, dass Ihr Anliegen innerhalb der Bruderschaft erledigt werden sollte, dass Sie aber von einer Veröffentlichung absehen sollten. Ich denke, dass auch Br. Meister in diesen Sinne noch an Sie schreiben wird.

Nachdem wir das Gespräch in Hamburg nicht miteinander führen konnten, konnten sich die Brüder auch nicht entschließen, die Sache zu einem besonderen Punkt der Tagesordnung für die Bundesratssitzung in Düsseldorf zu machen. Es wäre aber gewiss von Wert, wenn ein Gespräch zwischen Ihnen und uns in absehbarer Zeit und in einiger Muße geführt werden könnte. Unsere persönliche Aussprache hier in Bad Pyrmont hat mich befriedigt und scheint mir auch eine Gewähr dafür zu sein, dass wir gemeinsam ein fruchtbares Gespräch werden führen können.

Inzwischen ergeben sich aus der Nachkriegsentwicklung auch bereits neue Gesichtspunkte und neue Erkenntnisse, die berücksichtigt werden können. Soweit es sich um nur grundsätzliche Fragen handelt, hat eine gewisse Überzeitlichkeit ihr Recht. Sobald aber das wirkliche Leben mit seinen Ansprüchen und Bedingungen dazu kommt, wird immer neu erkannt und neu entschieden werden müssen. Für die Gemeinde Jesu wie für den einzelnen Christen kommt dann alles darauf an, dass der Heilige Geist Raum und Recht bei uns hat. Die Erkenntnisse in ihrer Mannigfaltigkeit und Verschiedenartigkeit werden es immer wieder notwendig werden lassen, dass die Liebe Jesu Christi der höchste und letzte Maßstab bleibt.

In der vergangenen Woche habe ich an den Beratungen des Wiederaufbauausschusses der Evangelischen Kirche in Deutschland und seines Exekutivkomitees unter der Leitung von Bischof Wurm teilgenommen. Bei der Gelegenheit erfuhr ich zu meiner Freude, dass die letzten Verhandlungen in Treysa dazu geführt haben, dass es innerhalb der Evangelischen Kirche zu besseren Angleichungen kommen wird und dass bereits der nächsten Kirchenversammlung ein Verfassungsentwurf vorgelegt werden soll.

Freuen würde es mich, wenn wir uns bald, am liebsten hier in Bad Pyrmont, wieder einmal sehen würden.

Mit herzlichen Grüßen von Haus zu Haus

Ihr [gez.] Paul Schmidt

D/Br. J. Meister
Br. H. Hartnack

2.3.17. J. Köbberling an Rudolf Kretzer, 22.6.1947

[Jakob Köbberling]   22.6.1947

Lieber Bruder Kretzer!

Haben Sie herzlichen Dank für Ihre freundlichen Zeilen. Ich habe bisher auf Ihren ersten Brief nicht antworten können, da ich mich mitten in einem Umzug befand und stark beruflich in Anspruch genommen bin. Leider kann ich auch jetzt noch nicht Ihren Wünschen entsprechen und Ihnen die angeforderten Druckschriften zusenden, da ich sie nur zum Teil besitze und auch noch nicht an meine Papiere heran kann.

Doch muss ich Ihnen einiges zur Klärung der Situation sagen. Ich habe mich sehr gewundert, dass Sie eine Arbeit von mir in Abschrift in den Händen haben. Nicht weil mir das nicht recht wäre. Vielmehr freue ich mich über jedes Interesse in diesen Dingen, denen man in unseren Reihen viel zu viel Gleichgültigkeit entgegen zu bringen scheint. Doch ich kann mir nicht recht erklären, wer diese Arbeit unter einem anderen Titel weitergegeben hat. (Ich hatte sie betitelt: „Der Weg einer Freikirche." Ihr Bekenntnis und ihre Haltung zum Staat.[219] Es war eine Erwiderung auf die Schrift von Paul Schmidt, „Unser Weg". Über die Verfassung konnte ich nicht schreiben, da sie mir auch nicht vorliegt.) Diese Arbeit habe ich im vergangenen Winter geschrieben und wollte sie veröffentlichen. Dann haben mir aber leitende Brüder des Bundes abgeraten. Ihrem Wunsche gemäß habe ich dann nur eine Abschrift an die Mitglieder der Bundesleitung geschickt. Diese hat mich zu einem Gespräch bei ihrer letzten Sitzung eingeladen. Leider war ich aber im letzten Augenblick dringend verhindert, deshalb nach Hamburg zu fahren. Die Brüder haben mich dringend gebeten, die Schrift nicht zu veröffentlichen, da sie Streit auslöse. Ich kann diese Bitte nicht ganz begreifen, da man sich über eine offene Klärung doch freuen sollte und ich mir davon nur eine positive Wirkung für die Gemeinden versprechen kann. Ich habe grundsätzliche biblische Bedenken [bei] dieser Scheu vor Öffentlichkeit. Ich erinnere nur an die Haltung der Apostel, die sich nicht scheuten, in unerhört scharfer Form ihre gegensätzlichen Auffassungen in aller Offenheit vor den Gemeinden [auszu]tragen (Paulus-Petrus). Wenn dies auch nur ein Vergleich ist, so meine ich doch, dass gerade heute, wo man sich im politischen Bereich um ein Loskommen von der alten Geheimdiplomatie der Politiker bemüht, wir als Christen unser Licht leuchten lassen sollten und bei uns alles offen zu Tage liegen sollte. Zu diesen grundsätzlichen Bedenken kommen mir nun sehr praktische. Deshalb interessiert es mich sehr, wie die Arbeit in Ihre Hände kam. Denn offenbar ist es gar nicht möglich, so etwas zu verheimlichen, wozu kein Grund ist. Im Gegenteil bekommt so die Sache ein schiefes Gesicht. Man hat z.B. meine Arbeit als eine Hetzschrift bezeichnet, was sie bestimmt nicht ist, und ich bin geradezu gezwungen, sie offen darzulegen. Ich würde gerne Ihre Meinung dazu hören. Ich denke, ich werde mich dazu entschließen, diese Arbeit zusammen mit der von Prediger Flügge über das Bekenntnis, vielleicht auch noch mit einer anderen kurzen Denkschrift, die ich 1937 schrieb und nicht veröffentlichen konnte, gewissermaßen als Material gedruckt vorzulegen. Selbstverständlich würde ich sie Ihnen dann zuschicken und wäre Ihnen dankbar, wenn Sie mir schreiben würden, wie Sie die Situation von dort aus beurteilen, ob Sie Brüder kennen, die ähnlich denken.

Von der Sitzung der Bundesleitung habe ich bisher nur durch Bruder Schmidt mitgeteilt bekommen, dass man sich auch nicht entschließen konnte, „die Sache zu einem besonderen Punkt der Bundesratssitzung in Düsseldorf zu machen". Man hofft aber, mit mir in [ein] fruchtbares Gespräch zu kommen. Ich halte diese Art von Gesprächen im kleinen Kreis durchaus nicht für fruchtbar, wenn sie die Tendenz zeigen, das Licht der Öffentlichkeit zu [...][220]

---

[219] Da das Titelblatt der Gegenschrift Köbberlings verloren ist (die erhaltenen Abschriften beginnen alle mit Seite 2), finden wir hier den von Köbberling selbst formulierten Titel seiner Arbeit, ebenso im Brief von W. Stücher vom September 1947 (s. III.2.3.19.).

[220] Blattende, weiteres Blatt nicht vorhanden.

2.3.18. J. Köbberling an Jakob Meister, 20.7.1947

Dr. med Jacob Köbberling   Holzminden/Weser 20.7.1947
                                            Evangelisches Krankenhaus

Lieber Bruder Meister,

es hat mir sehr leid getan, dass ich Ihrer freundlichen Einladung zur Sitzung der Bundesleitung in Hamburg doch nicht Folge leisten konnte, obwohl ich es fest beabsichtigte. Es kamen
im letzten Augenblick unüberwindliche berufliche Schwierigkeiten dazwischen. Ein Absage-
telegramm hätte wenig genützt, und ich bitte nachträglich, mein Fernbleiben nicht als Unhöf-
lichkeit anzusehen. Sie können sich denken, dass mir dieses Gespräch wichtig genug war,
dass ich ganz traurig über meine berufliche Gebundenheit war.

Noch mehr war ich allerdings enttäuscht, als ich den Brief von Br. Schmidt erhielt, für den ich
einfach kein Verständnis finden kann. Er teilt mir mit, dass die Brüder einmütig der Überzeugung waren, dass ich von einer Veröffentlichung meiner Arbeit Abstand nehmen solle und
dass man sich auch nicht entschließen konnte, die Sache zu einem besonderen Punkt der
Tagesordnung für die Bundesratssitzung in Düsseldorf zu machen. Sonst erfuhr ich von der
Stellungnahme der Brüder zu meiner Arbeit nichts. Ich nahm an, dass dies noch von Ihnen
oder einem anderen beauftragten Bruder nachkommen würde und wartete bisher, doch vergeblich.

Wie soll ich das verstehen? Heißt das, ich soll meine Arbeit zurückziehen und warten, bis
der kleine Kreis der Bundesleitung, der bisher allein offizielle Kenntnis von diesen Dingen
hat, das Gespräch nachholt, das, wie Bruder Schmidt tröstlich schreibt, aufgehoben aber
nicht aufgeschoben sei. Ich habe doch den Brüdern mitgeteilt, und der ganze Inhalt meiner
Schrift geht in diese Richtung, dass nach meiner Auffassung eine offene Darlegung vor allen
verantwortlichen Brüdern notwendig ist. Ich habe die dazu notwendige Drucklegung über ein
halbes Jahr hinausgezögert, gegen meine eigentliche Überzeugung, gegen den Rat anderer
Brüder, die gleicher Auffassung sind wie ich. Ich werde auch jetzt gedrängt, endlich diese
Schrift zu veröffentlichen, um zur Klärung der Sachlage beizutragen. Ich wollte aber durchaus nicht unbeirrt diesen Weg gehen, von dessen Unrichtigkeit mich bisher noch niemand zu
überzeugen vermochte. Zwingt mich der Brief von Bruder Schmidt, wenn er die Meinung der
Brüder richtig wiedergibt, nicht geradezu auf diesen Weg, den die Brüder doch offenbar nicht
wünschen. Wie soll ich es sonst verstehen, dass Sie nicht einmal wünschen, dass der Bundesrat sich mit diesem Punkt beschäftigt?

Bitte verstehen Sie mich recht. Es geht mir nicht darum, dass m e i n e Sache wichtig genug
genommen wird, sondern darum, dass eine Sache, die mir einer der wichtigsten Punkte für
unser Bundesleben überhaupt zu sein scheint, nicht übersehen wird. Es geht ja doch hier

keineswegs, wie man mir immer vorhält, um persönliche Dinge, etwa um Br. Schmidt, sondern um ganz grundsätzliche Fragen der Besinnung. Dass ich als Anlass die Schrift von Bruder Schmidt dazu benutzte, mag manchem unglücklich gewählt erscheinen. Der Anlass ist aber nicht willkürlich, da eine solche Schrift einfach heutzutage nicht unwidersprochen bleiben darf, wenn man noch mit lebendigen geistigen Kräften in unseren Reihen rechnet. Dass sie so vielen Gemeindegliedern so wenig anstößig erscheint, ist umso mehr Grund, eine entsprechende Gegenschrift erscheinen zu lassen. Ich möchte aber nochmals betonen, weil ich darin dauernd missverstanden wurde, dass es mir keineswegs um die Anklage einiger Brüder geht, nicht wie man mir vorhielt, um Bekritisieren einer früheren oder gegenwärtigen verantwortlichen Bundesleitung vom leichten Standpunkt des Nichtverantwortlichen, sondern in erster Linie um grundsätzliche Fragen unseres Gemeindelebens unserer ins Wanken gekommenen Grundsätze. Br. Fiedler schrieb, dass diesem Anliegen besser gedient sei durch spätere „positive Ausführungen" in unseren Blättern, wenn sie wieder umfangreicher erscheinen können, oder durch Broschüren. Ich halte meine kritischen Ausführungen durchaus für positiv und finde die Form der Streitschrift im gegenwärtigen Zeitpunkt durchaus der Sache angepasst. Jedenfalls scheint mir ein ständiger Aufschub nicht gerechtfertigt. Wir haben schon viel zu lange aufgeschoben. Je länger wir diese grundsätzliche schonungslose Besinnung aufschieben, umso schwieriger wird sie. Ich verstehe also diese Tendenz des Aufschiebens und Hinhaltens nicht. Gibt es denn da so viel wichtigere Aufgaben, gibt es da überhaupt noch äußere Hinderungsgründe, die man nicht mit allen Kräften zu überwinden versuchen müsste.

Es ist äußerst bedauerlich, dass wir in Hamburg nicht zusammen kommen konnten. Doch da dies durch äußere Gründe verhindert wurde, müssen wir doch trotzdem in dieser verschleppten Angelegenheit in der Sache weiterkommen. In der Antwort von Bruder Schmidt sehe ich keinen Weg: Veröffentlichung möchte man nicht, Gespräche irgendwann im kleinen Kreis (in Muße, die man für diese Dinge so selten hat. Jeder Brief spricht von Eile!) und auch keine Ausweitung des Gespräches auf einen größeren Kreis. Ich bin gerne bereit zu jedem Gespräch und hoffe nicht, dass ich noch einmal so stark verhindert sein werde wie kürzlich nach Hamburg. Doch ich kann eben nicht die Dinge einfach ruhen lassen, das ist nun einmal, wie ein Bruder mir schrieb, meine „heilige Verpflichtung". Ich bin mir meiner isolierten Stellung durchaus bewusst, ich muss schreiben, ohne im ständigen Konnex mit den verantwortlichen Brüdern zu sein. Ich hätte das sehr gerne geändert gesehen, weil ich mir von persönlichen Aussprachen auch viel verspreche. Doch man sollte nicht, wie es aus dem Brief von Br. Schmidt über die Hamburger Sitzung herausklingt, das eine nicht tun und das andere auch möglichst lassen. Ich bin mehr für beides tun. Das ist die Sache wert. Ich bitte die Brüder also, wenn ich doch dazu komme, meine Arbeit einem größeren Kreis zukommen zu lassen, dies nicht als eine leichtfertige Missachtung ihres Rates anzusehen, sondern anzuerkennen, dass ich darin eine innere Verpflichtung sehe und im Gehorsam und der Leitung durch den Geist stehen möchte. Geben Sie mir auch bitte weiter Gelegenheit mit den Brüdern zu sprechen.

Man macht sich die Dinge häufig zu leicht bei uns, indem man einen Bruder als außenstehend erklärt und dann sein Anliegen nicht mehr ernst nimmt. So spricht z.B. Br. Fiedler meinem Schwager Rufus Flügge[221] das Recht ab, sich zu unserem Glaubensbekenntnis kritisch zu äußern, weil er inzwischen evangelischer Pfarrer geworden sei. Als ob solche persönliche Lebensführung irgendetwas an den grundsätzlichen Fragen ändern würde, die da erörtert werden. Außerdem war Rufus, als er diese Arbeit verfasste, noch Königsberger Baptistenprediger und fühlte sich so sehr verantwortlich für die ihm anvertraute Gemeinde, dass er beabsichtigte, nach Königsberg in die sterbende Stadt unter den Russen zurückzukehren, wenn ihn nicht militärischer Befehl daran gehindert hätte. Mit solcher Art von persönlicher Argumentation kommen wir nicht weiter. So sagte mir ein Bruder, der den Bund genau kennt, dass ich wenig Aussicht hätte, mit meinem Anliegen ernst genommen zu werden, da man mich eben zu der abseitigen Familie Flügge zählt und mich eben auch eines Tages zur „Kirche" überwechseln sieht. Diesen Rat gab mir schon unverblümt ein Prediger schriftlich, als ich 1937 für ein größeres Verständnis der Bekennenden Kirche eintrat.[222] Ich bleibe nicht, weil ich denen, die diesen Übertritt um der Bequemlichkeit wünschen, nicht den Gefallen tun möchte, sondern weil ich mich von Gott auf diesen Platz gestellt sehe und in unserer Freikirche mit allerlei guten Ansätzen trotz mancher Fehlentwicklungen durchaus weiter Kirche Jesu Christi zu sehen weiß.

Allerdings hängt diese Gewissheit davon ab, im welchem Maße diese Kirche in ständiger Reformation begriffen ist, also, wie Karl Barth formuliert, nicht nur Kirche ist, sondern auf dem Wege ist, Kirche zu werden. Diese Bereitschaft scheint mir bei uns so erschreckend gering geworden zu sein, das ist meine Sorge.

Diese Tage bekam ich endlich die Schrift von Karl Barth über die Taufe[223] in die Hände, nachdem ich schon häufig davon gehört hatte, wohl erstmalig von Ihnen bei Ihrem Besuch in

---

[221] Rufus Flügge (1914-1995), jüngster Sohn von C.A. Flügge, nach Studium der evangelischen Theologie und der Kunstgeschichte in Königsberg, Erlangen, Zürich und Basel (zuletzt bei Brunner und Barth), sowie von 1938 bis 1939 am Predigerseminar der deutschen Baptisten in Hamburg. Er heiratete am 17.7.1939 in Basel Marianne Oeri, die Tochter des Chefredakteurs der Basler Nachrichten. Seine erste Predigtstelle trat er am 1.9.1939 in der Gemeinde Königsberg-Tragheim an und blieb dort bis 1945. Im April 1945 flüchtete er mit dem letzten Schiff nach Dänemark, wo er in Nyborg interniert wurde. 1946 trat er über in die Ev.-Luth. Landeskirche von Hannover. 1960 Superintendent in Celle, 1963-1979 Stadtsuperintendent in Hannover; vgl. Gedenkheft zum Tod von Rufus Flügge *11.9.1914 +21.4.1995.

[222] Gemeint ist Köbberlings Stellungnahme zur Weltkirchenkonferenz in Oxford 1937 (s. III.1.2.). Darin kritisiert er scharf das Auftreten der beiden freikirchlichen Vertreter, dem methodistischen Bischof Otto Melle und Paul Schmidt, und zeigt offene Sympathie für die Bekennende Kirche.

[223] Die kirchliche Lehre von der Taufe, Zürich 1943, München 1947.

Einbeck, an den ich noch gerne zurückdenke. Diese Schrift hat mich außerordentlich bewegt, lese ich doch seit 16 Jahren Barthsche Schriften und habe seine hervorragende Bedeutung am Anfang des Kirchenkampfes erlebt. Nun äußert er sich zusammenhängend über die Taufe, die uns seit unserer Kindheit beschäftigt. Natürlich freuen sich alle Baptisten über seine Stellungnahme zur Kindertaufe, die sich weitgehend mit den Grundsätzen der Baptisten deckt. Doch ist es doch wieder einmal sehr oberflächlich, diesen Teil willkürlich aus Barths Schrift heraus zu nehmen. Ja, mir war dieser allzu laute Beifall geradezu peinlich, als ich las, wie Barth in der ihm eigentümlichen Schärfe in der gleichen Schrift im Grunde auch unsere Taufpraxis ablehnt. Einmal spricht er von einer jämmerlichen Winkel- und Wiedertaufe, und zum Schluss gibt er Vilmar[224] Recht und bezeichnet Wiedertaufe als Gotteslästerung. Ich weiß natürlich, dass wir ablehnen, Wiedertäufer zu sein, und die Kindertaufe als Besprengung nicht als Taufe anerkennen. Dabei ist mir aber schon lange nicht mehr wohl, denn das läuft ja darauf hinaus, all die der Gotteslästerung zu bezichtigen, die Kinder taufen, wie das unsere Väter teilweise auch unbefangen taten. Sind wir darin nicht einen Schritt weiter, wenn wir weiter keine Kinder taufen, wie das auch Barth für die ganze evangelische Kirche befürwortet, doch dessen ungeachtet die andere unvollkommenere Ordnung anerkennen. Es ist ja keine Konzession an die allgemeine kirchliche Meinung, wenn Barth ausdrücklich formuliert: „Taufe o h n e jene verantwortliche Willigkeit und Bereitschaft des Täuflings ist wahre, wirkliche und wirksame, sie ist aber nicht rechte Taufe, sie ist nicht im Gehorsam, nicht ordnungsgemäß vollzogene und dadurch notwendig verdunkelte Taufe." Diese Aussage entspringt der Grundhaltung seiner Theologie. Dass er nicht unsere Taufpraxis meint, geht noch klarer aus einer anderen Stelle hervor. „Es könnte sich ja wirklich auch bei der Willigkeits- und Bereitschaftstaufe nicht darum handeln, die Schafe von den Böcken, die Gläubigen von den Nichtgläubigen, die Gerechten von den Ungerechten, den wahren Leib Christi von den Maul- und Namenchristen vor der Zeit scheiden zu wollen. Etwas ganz anders aber wäre dies: dem freien Wehen und Walten des Heiligen Geistes in der Berufung und Sammlung der Kirche, dem die heutige Taufpraxis dauernd Gewalt anzutun versucht, wieder Raum zu geben." Verzeihen Sie, wenn ich so ausführlich zitiere, Sie haben die Schrift wohl selbst gelesen. Ich wollte uns auf diese Sätze hinweisen, um deutlich zu machen, dass das Gespräch über die Taufe nicht so leichthin geführt werden kann. Man muss schon theologisch sehr fest im Sattel sitzen, um hier mitreiten zu können. Der Artikel von Prof. Schneider in „Die Gemeinde" ist sehr gut, doch geht er diesen Schwierigkeiten sehr geschickt aus dem Wege. Das eigentliche Problem, dass man mit gutem Grund einen Unterschied machen muss zwischen Ordnung und Wesen der Taufe, erwähnt er gar nicht. Mir scheinen die Dinge so zu liegen, dass die großen Kirchen die Frage der Ordnung zwar schändlich vernachlässigt haben, so dass die Bedeutung der Taufe verdunkelt wurde, dass wir aber die Ordnung

---

[224] August Friedrich Christian Vilmar (1800-1868).

so mit dem Wesen der Sache verwechselt haben, dass dadurch auch eine gewisse Verdunklung trotz der größeren Deutlichkeit des sichtbaren Zeichens eingetreten ist.

Der Sonntag gab mir endlich Zeit, Ihnen etwas länger zu schreiben, hoffentlich haben Sie Zeit zum Lesen.

Mit herzlichen Grüßen auch von meiner Frau

Ihr verbundener [Jacob Köbberling]

2.3.19. Wilhelm Stücher an J. Köbberling, 10.9.1947

W. Stücher[225]   (21b) Eiserfeld/Sieg 10. September 1947
                                   Grabettstraße 40

Herrn Dr. med. Köbberling, Holzminden/Weser
Evang. Krankenhaus

Sehr geehrter Herr Doktor,
lieber Bruder in Christo!

Durch Ihre Schwester, Frau Ewald Müller, erhielt ich Kenntnis von Ihrer Abhandlung „Der Weg einer Freikirche"; sie bat mich um Stellungnahme dazu. Mein schriftlicher Dienst und viele Reisen ließen mir bisher keine Zeit, Ihre Schrift einmal durchzuarbeiten.

Aber ich gehöre zu den unbekannten Freunden, die darin ausgesprochen finden, was auch sie bewegt, und ich kann dem Inhalt im Wesentlichen nur zustimmen, umso mehr als ich schon in den Jahren vor dem Versammlungsverbot diesen Kampf gegen den faulen Frieden geführt habe. Nach 1937 gehörte ich zu denen, welche die Gestapo mit Gewalt in den BfC zu treiben versuchte. Wie gefährlich diese „Staatsfeinde" und Gegner des BfC dem Reichsbeauftragten erschienen, das geht aus seinem Briefe vom 3.10.38 an einen Bundesbruder hervor: „...An denen, die durch Schriften und Reisen den Willen zu verbotenen Zusammenkünften gestärkt haben, will aber die Stapo ein Exempel statuieren. Eine Nichtahndung dieses Tuns hält sie für nicht vereinbar mit der Staatsautorität. Darin muss ich ihr Recht geben."

---

[225] Wilhelm Stücher (1898-1969) war ein Büromaschinenhändler und gehörte bis 1937 der geschlossenen Brüderversammlung in Siegen-Eiserfeld an. Den Bund freikirchlicher Christen lehnte er konsequent ab und beteiligte sich an Zusammenkünften von Gegnern des Bundes. 1943 wurde er deshalb vom Landgericht Siegen zu einer Geldstrafe verurteilt (vgl. A. Liese, Verboten-geduldet-verfolgt, Die nationalsozialistische Religionspolitik gegenüber der Brüderbewegung, 2. durchgesehene Aufl., Hammerbrücke 2003, 571-574). Unmittelbar nach Kriegsende engagierte er sich bei dem Wiederaufbau geschlossener Brüderversammlungen. (Die Angaben verdanke ich Andreas Liese, R.F.)

Das war die geistige Haltung der Bundesführung, die sich in ihrem Urteil über ihre bedrängten und leidenden Geschwister auf die Seite der Gestapo stellte. Diese Parteinahme für die feindselige Welt ist allerdings den Wenigsten zum Bewusstsein gekommen, was weiter nicht verwunderlich ist, wenn man Römer 13 zum Angelpunkt der Schrift macht und jeglichen Widerstand der Christen gegen die Gewalten als „menschliches Aufbegehren" anspricht („Unser Weg", S.12). Beim Lesen der Schrift von P.S. kam mir gleich der Gedanke, ob sich einer finden wird, der diesen kläglichen Rechtfertigungsversuch einmal ins richtige Licht rückt und vor dieser Führung warnt?! Ein Mann, der 1937 in Oxford von der Freiheit des Evangeliums in Deutschland faseln und 1938 in der Wuppertaler Stadthalle erklären konnte: „Die spätere Generation wird dem neuen Deutschland einmal dankbar sein für diese herrliche Zeit"! – sollte der sich nicht billig schämen? Hätte der nicht allen Grund, Buße und Bekenntnis zu tun, ehe er weiterredet? Ist es nicht ein sehr bedenkliches Symptom, wenn die Gemeinden des BefG solche Führer noch tragbar finden? Ob gegen diese Trägheit des Geistes und die Unempfindlichkeit des Gewissens noch viel auszurichten sein wird? Möge Ihr Wunsch sich erfüllen, dass Ihre Schrift aufweckend wirke und die Gewissen schärfe. Es interessiert mich nun sehr zu wissen, ob Sie Ihre Schrift in Druck gegeben haben und ob ich einige Exemplare (10-20) davon haben kann. Andernfalls würde ich sie gerne für einige Freunde mit Ihrem Einverständnis abschreiben lassen. Vielleicht könnte ich Ihnen auch zu einem Manuskriptdruck verhelfen. Wenn Ihnen einige ergänzende oder auch kritische Bemerkungen dazu erwünscht sind, dann lassen Sie es mich bitte wissen.

Meine aufklärende Schrift, für solche Geschwister bestimmt, die nach dem Zusammenbruch als ehrlich Fragende an uns herantraten, wird Sie auch interessieren; ich füge 1 Expl. hier bei. Dies ist nicht der sog. „Eiserfelder Traktat", auf welchen in der Schrift „Was soll nun werden?" von Koch-Surmann, die Ihnen wohl bekannt geworden sein wird, Bezug genommen wird.

Ich möchte Ihre kostbare Zeit nicht ungebührlich beanspruchen, wäre Ihnen aber für eine baldige kurze Mitteilung dankbar.

Mit herzlichem Gruß und Dank im Voraus

Ihr [gez.] W Stücher

2.3.20. Hans Rockel an J. Köbberling, 27.10.1948

*Erst über ein Jahr später erhielt Köbberling eine briefliche Antwort von Prediger und Semi-
narlehrer Hans Rockel (1906-1979). Darin erklärt dieser: „ich lehne den sog. ‚Unsern Weg'
ebenfalls ab" und schildert, wie er das Gespräch in der Sitzung der Bundesleitung über Köbberlings Gegenschrift erlebt hat. Durch taktisches Agieren sei eine vertiefende Aussprache
verhindert worden.*

Predigerseminar
des Bundes Evangelisch-Freikirchlicher Gemeinden in Deutschland
Körperschaft des öffentlichen Rechts
Hamburg-Horn – Wiedenest-Rhld.   Wiedenest den 27.10.1948

Lieber Jakob Köbberling!

Bevor ich nun endgültig von Wiedenest nach Hamburg übersiedle, musst Du unbedingt einen Gruß haben. Sehr gefreut habe ich mich über Deinen letzten Brief. Es war so bei mir, ich
hätte Dir auf Deinen Brief damals sehr ausführlich schreiben sollen und hoffte immer, es
würde sich einmal eine Gelegenheit ergeben zu einer mündlichen Aussprache. Aber ich bitte
Dich herzlich um Verzeihung, dass ich nicht wenigstens einen kurzen Gruß an Dich richtete.
Ich würde mich freuen, wenn wir uns nicht verlieren würden.

Wenn ich an die Sache denke, die mit deiner Erwiderung auf Paul Schmidts „Unser Weg"
zusammenhängt, so habe ich einen bitteren Geschmack im Munde. Als die Angelegenheit in
der Sitzung der Bundesleitung zur Sprache kommen sollte, geschah etwas sehr Seltsames,
auf das ich am allerwenigsten gefasst war, denn ich lehne den sog. „Unsern Weg" ebenfalls
ab. Bevor die eigentliche Diskussion eröffnet wurde, gab Paul Schmidt eine Erklärung ab, in
der er andeutend wiedergab, dass er mit Dir die ganze Geschichte durchgesprochen hätte,
dass Du zugegeben hättest, nicht genügend orientiert gewesen zu sein usw., sodass für uns
kein Grund bestand, weiter auf die Sache einzugehen. Wahrscheinlich bist du längst darüber
unterrichtet. Auf alle Fälle weißt Du, dass Deine „Erwiderung" nicht ernst genommen wurde.
Ich glaube auch nicht, dass heute irgendjemand daran denken wird oder gar fürchtet, es
könnte noch einmal ernst werden. Die allgemeine Entwicklung ist ja auch nicht dazu ange-
tan, in dieser Hinsicht das Urteil der Masse zu ändern. Vielleicht sind wir heute schon wieder
dabei, neu „unsern Weg" zu verfehlen; ich meine, darüber zu wachen ist jetzt dringlicher.

Kurz vor Dir war ich in England und habe dort eine sehr schöne Zeit verlebt, da ich mir mein
Programm selbst machen konnte. Leider hatte ich keine Zeit, an der Tagung, zu der Du mir
Anmeldeformulare schicktest, teilzunehmen. Wir hatten selbst hier in Wiedenest die erste internationale Jugendführertagung, die für unsere Freundschaftsarbeit ein neuer Anfang bedeutete.

Hoffentlich wird es leichter sein, sich zu treffen, sobald wir in Hamburg wohnen. Zunächst muss ich noch für vier Wochen alleine hin, da die Wohnungen noch nicht fertig sind. Anfang Dezember sollen die Familien nachkommen. Die Eröffnung des Seminars ist am 3.November.

Sei nun mit Deiner lieben Frau recht herzlich gegrüßt von Deinen

[gez.] Hans u. Gisela Rockel

2.3.21. J. Köbberling an Paul Schmidt, 26.11.1949

Dr. med. Jacob Köbberling   Holzminden, den 26.11.1949
Facharzt f. inn. Krankheiten   Ev. Krankenhaus

Lieber Bruder Schmidt!

Es war mir leider nicht möglich, Sie in Kassel noch zu sprechen. Kein Wunder bei der Inanspruchnahme auf allen Seiten! Ich habe selbst nicht an der ganzen Tagung teilnehmen können, da ich zwischendurch noch einen Tag hier gearbeitet habe. So muss ich meine Anliegen doch noch schriftlich vorbringen. –

Als erstes möchte ich Ihnen sagen, dass ich es einerseits doch bedauerlich finde, damals meine Erwiderung auf Ihren Bericht „Unser Weg" nicht veröffentlicht zu haben. Ich glaube, dass es wesentlich zur Klärung beigetragen hätte. Vieles, was heute bei der Auseinandersetzung mit dem B.f.C. Schwierigkeiten macht, ist doch wohl die Folge jenes Fehlansatzes, den ich in dieser Schrift versuchte aufzuzeichnen. Diese Klärung wäre wohl besser früher erfolgt, als dass sie sich jetzt auf unabsehbar lange Zeit hinzieht. Andererseits wird wohl der Weg der Brüderlichkeit, den ich gewählt habe, seinen Sinn haben. Allerdings kann ich keinen Sinn darin sehen, wie Sie und die damalige Bundesleitung mit dieser Schrift verfahren sind. Über diesen Punkt wollte ich Sie um Erklärung persönlich bitten. Wir haben uns damals in Pyrmont wunschgemäß vorher ausgesprochen und Sie waren wohl zu der richtigen Überzeugung gekommen, dass es mir dabei nicht um einen persönlichen Angriff sondern um ein sachliches Anliegen ging. Bei der darauffolgenden Bundesleitungssitzung in Hamburg, zu der ich wegen widriger Umstände nicht erscheinen konnte, haben Sie erklärt, dass die Angelegenheit durch persönliche Aussprache „bereinigt" sei. Dies habe ich erst viel später erfahren, wodurch mir nachträglich das eigenartige Verhalten der Bundesleitung verständlich erscheint, die dann die Angelegenheit für erledigt hielt. Ich habe dann noch Bruder Meister geschrieben, der mich bat, mich mit Ihnen in Verbindung zu setzen, damit die Angelegenheit in der darauffolgenden Sitzung in Göttingen besprochen würde. Als ich Sie dann in Pyrmont anrief, erklärten Sie mir: Die Sitzung würde verschoben! Einige Monate später hat sie dann stattgefunden und ich hörte nichts mehr. –

Ich bin mir im Klaren, dass inzwischen tatsächlich eine gewisse Verjährung eingetreten ist. Doch glaube ich, Ihnen nochmals sagen zu müssen, dass ich diese Art, solche Auseinandersetzungen zu führen, nicht für richtig halte und [sie] für das geistliche Leben unserer Glaubensgemeinschaft hemmend ist. Ich wäre Ihnen sehr dankbar, wenn Sie mir eine Erklärung geben könnten, die ein anderes Licht auf diese Angelegenheit wirft. –

Meine zweite Frage betrifft einen Satz in Ihrem gedruckten Bericht: „Der Ökumene gehört unser Bund bisher nicht an". Darüber war ich einigermaßen entsetzt, da ich bisher angenommen habe, dass dies der Fall ist. Sie wissen, wie mir das ökumenische Anliegen am Herzen liegt. Ich glaube, dass es geradezu eine Lebensfrage unserer Gemeinschaft ist, dass sie die Bedeutung der Ökumene erkennt. Gerade auf unserer Bundesratssitzung in Kassel kam dies bei der Eröffnungsversammlung und bei den Berichten der Zeltmissionare stark zum Ausdruck. Andererseits habe ich in Kassel erlebt, wie auch Prediger ein m.E. falsches Bild von der Ökumene haben, das etwa der Haltung der fundamentalistischen „Southern Baptists" entspricht. Ich wäre Ihnen sehr dankbar, wenn Sie mir eine Aufklärung darüber geben könnten, woran der Anschluss unseres Bundes an die Ökumene bisher gescheitert ist. Es drängt mich sehr, dieses bald zu wissen, da ich mich bisher einem Irrtum hingegeben habe, der sich beim Gespräch, z.B. habe ich Visser't Hooft[226] kürzlich gesprochen, peinlich bemerkbar machen könnte. –

Als letztes muss ich Ihnen noch sagen, dass ich ebenso entsetzt war über die zweite Seite Ihres Berichts, bei der Sie die divergierenden Tendenzen in unserem Bund in Parallele setzen mit der Entwicklung in der E.K.i.D. Sie schreiben dort, dass das Dritte Reich die Bildung einer D.E.K. ermöglicht habe, dass dann aber nach dem Zusammenbruch offenbar wurde, dass eine innere Einheit nicht geschaffen war. Die tatsächlichen Verhältnisse liegen doch wohl umgekehrt. Die vom Dritten Reich angestrebte Schaffung einer Einheits-Reichskirche ist durch den Widerstand innerkirchlicher Kräfte im Kampf vereitelt. Nach dem Kriege waren dann die einheitlichen Kräfte immerhin so stark, dass trotz der zweifellos bestehenden Konfessionsgegensätze die E.K.i.D. zustande gekommen ist. –

Ebenso bedenklich finde ich es, wie Sie im gleichen Abschnitt die zweifellos bedauerlichen konfessionellen Tendenzen, die Sie in den Landes- und Freikirchen in gleiche Linie stellen, als Wechselwirkungen zwischen dem „allgemein geistigen Raum und dem religiösen Lebensraum" kennzeichnen. Einmal scheinen mir die Trennungsbestrebungen bei uns ohne weiteres mit dem Konfessionalismus in den Landeskirchen vergleichbar zu sein. Andererseits halte ich die Lehre der sich gegenseitig beeinflussenden Lebensräume in dieser Form

---

[226] Willem A. Visser't Hooft (1900-1985), reformierter Theologe, beteiligt an der Leitung der Weltkirchenkonferenzen in Oxford und Edinburgh 1937, 1948-1966 Generalsekretär des ÖRK.

für völlig verfehlt. Das habe ich auch schon in der eingangs erwähnten Schrift über „Unser Weg" dargelegt. So zeigt mir auch die Tatsache, dass Sie weiterhin ohne Bedenken solche gefährlichen Lehren äußern, dass es bedauerlich ist, meiner damaligen Schrift nicht zu der nötigen Wirkung verholfen zu haben. –

Vielleicht sind aber auch Sie inzwischen mit mir einer Meinung, dass solche Erörterungen in aller Offenheit notwendig sind. Ich wäre Ihnen dankbar, wenn Sie mir als Mann der Praxis in unserem Bund Wege weisen würden, wie dies erfolgen kann. Leider scheitert das bei mir an anderweitiger beruflicher Inanspruchnahme, was mich jedoch nicht von der inneren Verpflichtung enthebt, immer wieder den Versuch zu machen.

[gez. Jacob Köbberling]

2.3.22. J. Köbberling an Kurt Jägemann, 1996

Im hohen Alter nach seinem 85. Geburtstag (1996) äußerte sich Jacob Köbberling noch einmal zu seiner Schrift von 1947. Anlass dafür war eine Zuschrift von Kurt Jägemann, bis zu seinem frühen Tod Pastor in der EFG Hamburg-Eimsbüttel, in der er ihn offensichtlich zu seiner damaligen Gegenschrift zu P. Schmidt befragt. Es handelt sich bei diesem Brief Köbberlings um wenige handschriftliche Zeilen auf der Rückseite des Schlussblattes der Kopie.

Lieber Bruder Jägemann

Durch die „Nacharbeit" zu meinem 85. Geburtstag bin ich über die umgehende Abschickung hinweg gekommen. Dank für Ihren Brief und die Anlagen! Zu diesen vorweg: Mir fällt es recht schwer, diese Arbeit der Nachkriegszeit (mitsamt ihren Schreibfehlern) zu lesen. Die Sprache ist ganz die der „Bekennenden Kirche"; und die wurde offenbar auch in der Nachkriegszeit nicht mehr verstanden. Ich nehme sogar an, Paul Schmidt hat sie nie durchgelesen, diese Schrift, die er nach seinen eigenen Worten als eine Art Rache oder Genugtuung für die C.A. Flügge[227] befürchtete [?]. Kein Satz darin stützt diese Vermutung, die doch wohl auf ein schlechtes Gewissen hindeutet. Ich werde suchen nach evtl. noch vorhandenen Schriften. Das braucht einige Zeit.

Freundlichen Gruß
Ihr [gez.] J Köbberling

---

[227] C.A. Flügge wurde im Herbst 1939 (?) mit einem offiziellen Schreiben von Verlagsdirektor Eberhard Schröder und Bundesdirektor Paul Schmidt gekündigt. So steht es in einem Brief von Lydia Flügge, damals Angestellte des Oncken-Verlages, vom 8.11.1945; Privatbesitz Eva-Maria Mascher (s. III.2.3.23.); vgl. auch den Auszug aus dem Bundesleitungsprotokoll vom 3.7.1939, in dem nur von Beurlaubung die Rede ist, s. Einführung, Anm. 41.

2.3.23. Lydia Flügge an J. Köbberling, 8.11.1945

Der folgende Auszug aus einem Brief von Lydia Flügge, der ältesten Tochter von C.A. Flügge, schließt sich an Jacob Köbberlings Erinnerungen an Flügge an (s. 2.3.22.) und wurde deshalb an dieser Stelle – außer der chronologischen Reihenfolge – aufgenommen. Er zeigt, wie die Familie das Ausscheiden des Vaters aus dem Dienst erlebte. Die Tochter war zu der Zeit eine Mitarbeiterin des Oncken-Verlags. Trotz der subjektiven Färbung – eine Tochter streitet für ihren Vater – ist es ein konkretes Beispiel dafür, wie der offizielle Baptismus mit unbequemen und anpassungsunwilligen Pastoren umging. C.A. Flügge war seit 1921 Leiter der Christlichen Traktatgesellschaft im Oncken-Verlag. Die Schriften, Traktate und Bücher, von ihm geschrieben bzw. herausgegeben, erreichten Millionenauflage.

[Lydia Flügge an Jacob Köbberling] [8.11. 1945]

[…] Immerhin, man kann schon bei der Gelegenheit noch einmal daran denken, dass Flügge gekündigt wurde, offizielles Kündigungsschreiben, „Frl. Flügge, wollen Sie mir bitte unterschreiben, dass ich Ihnen diesen Brief für Ihren Vater ausgehändigt habe, dann brauche ich ihn nicht per Einschreiben zu schicken." – Offizielles Kündigungsschreiben, unterschrieben von Schröder, Verlagsdirektor, und Paul Schmidt, Bundesdirektor.

Nachdem Vater von den Brüdern mitgeteilt worden war, dass sie wünschten, er sollte sich pensionieren lassen, – eigentlich kam sogar der Vorschlag von ihm selbst!! – einigte man sich aber nicht auf einen bestimmten Tag, etwa zum nächsten ersten, sondern er durfte von Stund an das Verlagshaus nicht mehr betreten. Da saß er zu Hause, wochenlang, schließlich sagte er eines Tages: „Ach was, ich geh mal wieder hin. Ich hab ja noch mein Zimmer dort", Frl. Kässinger war noch da, es war ja alles noch in der Schwebe. – Aber da kam doch Muske[228] an, fast zitternd vor Angst. „Flügge, geh nach Hause! Ich bitte dich! Lass Schröder nicht merken, dass Du im Hause bist! Der telefoniert gleich nach Berlin! Geh nach Hause, Flügge, sei vernünftig, reize die Brüder nicht!" Flügge grüßte nie mit Heil Hitler, Flügge sprach immer davon, dass es bald Krieg geben würde, Flügge verbreitete immer die Nachrichten der Bekenntniskirche (und man <u>wollte</u> das einfach nicht wissen, was Flügge da verbreitete! „Behalt deine ‚Enten' für Dich", schrieb Hans Fehr, „ich verbitte mir solche Zusendungen") – Flügge war so unvorsichtig! Flügge verkehrte mit Juden. Flügges Sohn gehörte zur Bekenntniskirche, Flügges Schwiegersohn … Darum wurde ihm <u>gekündigt</u>! […]

---

[228] Prediger Otto Muske, seit 1936 Schriftleiter im Oncken-Verlag, Kassel, s. Anm. 213.

138

2.4. Bundesleitung

Sitzung am 5. und 6. Juni 1947 im Diakonissenhaus „Tabea", Hamburg-Blankenese[229]

[TOP] 1. Br. Paul Schmidt gibt zunächst eine allgemeine Übersicht über die seit der letzten Tagung der Bundesleitung stattgefundenen Ereignisse auf dem Gebiet der Politik und der ökumenischen Bewegung [...].

[Anlage: Allgemeine Übersicht]

[...] Das Leben in unserer eigenen Bundesgemeinschaft hat die gleichen Zeitnöte und Zeiterscheinungen zu durchlaufen, wie das schon angedeutet wurde. Das Memorandum von Br. Dr. Köbberling weist darauf hin, das Verlangen nach Namensänderung geht in die gleiche Richtung und Hinweise auf etwaige Wünsche unserer Glaubensgeschwister in anderen Ländern kommen aus dem gleichen Motiv. Es wird sich bei uns schließlich auch darum handeln, auf die Schrift und auf die Erfüllung des Gemeindeauftrages zu achten und bereit zu sein, in schwierigsten Lagen, auch wenn es mühevoll ist, das Zeugnis der Einmütigkeit abzulegen. Das fast chaotische Durcheinander und Nebeneinander von sich widersprechenden Motiven, Erkenntnissen und Ereignissen ist ein Kennzeichen unserer Gegenwart.

[TOP] 2. Br. Dr. Jakob Köbberling, Holzminden, hatte sich mit dem Anliegen an die Brüder der Bundesleitung gewandt, Zustimmung zu geben zur Herausgabe einer Streitschrift in unserem Verlag als Antwort auf den Bericht des Br. Paul Schmidt an den Bundesrat in Velbert vom 24.-26.5.46, der unter dem Titel „Unser Weg als Bund Ev.-Freik. Gemeinden in den Jahren 1941-46" herausgekommen war. Die im Manuskript dieser Schrift wegen des Zusammenschlusses besonders benannten[230] Brüder Dr. H. Becker und P. Schmidt nehmen Stellung zu den darin aufgestellten Behauptungen. Br. Paul Schmidt geht hierbei auch auf die von Br. Köbberling bemängelte Stellung zum Staat und auf das Glaubensbekenntnis ein. Br. Schmidt hatte inzwischen eine Unterredung mit Br. Köbberling, der auch zur heutigen Sitzung eingeladen war, aber nicht erscheinen konnte. Er hat den Eindruck, dass das Ergebnis dieser Besprechung höchstwahrscheinlich der freiwillige Verzicht Dr. Köbberlings auf die Veröffentlichung sein wird. - Die Bundesleitung würde die Veröffentlichung der Schrift für verhängnisvoll halten und lehnt eine weitere schriftliche Auseinandersetzung ab, ist dagegen bereit zu weiteren mündlichen Verhandlungen.

---

[229] In: Oncken-Archiv Elstal, Bestand C1 03 Bundesleitung allgemein 1938-1947; vgl. Protokollbuch vom 22.2.1941-19.10.1950, Bundesleitungsprotokoll vom 5. und 6. Juni 1947, Oncken-Archiv Elstal, Bestand A 4.15, S. 213f.

[230] Ursprüngliche Fassung „angegriffenen" wurde korrigiert.

3. Das Glaubensbekenntnis, Wiedenest, Februar 1944

Auch zum neuen Glaubensbekenntnis des Bundes Evangelisch-Freikirchlicher Gemeinden, das erst am 29. Februar 1944, also drei Jahre nach dem Zusammenschluss des Bundes der Baptistengemeinden und des BfC 1941 vorgelegt wurde, gab es kritische Stellungnahmen.[231]

Den folgenden Text (3.2.) fügte Jacob Köbberling seiner Gegenschrift an die Mitglieder der Bundesleitung bei. Er stammt von Rufus Flügge, dem jüngsten Sohn von C.A. Flügge. Er war seit 1.9.1939 Baptistenprediger in Königsberg-Tragheim, seit Juni 1940 als Sanitätssoldat dienstverpflichtet in der Schreibstube im Hauptlazarett Königsberg und verfasste diese kritische Sicht im November 1944.[232] Er lehnt das neue Glaubensbekenntnis ab.

Auch von Köbberling selbst liegt eine Stellungnahme zum Glaubensbekenntnis (1944) von 1945 vor (3.3.).[233]

3.1. Glaubensbekenntnis des Bundes Evangelisch-Freikirchlicher Gemeinden[234]

Im Folgenden geben wir das neugefasste Glaubensbekenntnis des Bundes, wie es nach vieler und eingehender Beratung zustande gekommen ist. Die endgültige Annahme erfolgte bei der Beratung in Wiedenest am 29.2.1944. Wir werden das Glaubensbekenntnis auch als Heftform zur Verfügung stellen können. Bei der Erarbeitung des Glaubensbekenntnisses hat sich eine restlose Übereinstimmung aller Brüder ergeben. Für diese Feststellung sind wir besonders dankbar. Dieses Glaubensbekenntnis löst „Glaubensbekenntnis und Verfassung der Gemeinden gläubig getaufter Christen (Baptisten)" ab. Wir sind der gewissen Zuversicht, dass alle unsere Gemeinden diese Fassung gerne auch als den Ausdruck ihrer persönlichen Überzeugungen nach der Schrift ansehen werden.

---

[231] Zum Glaubensbekenntnis von 1944 vgl. G. Balders, Ein Herr, S. 115f, 188f. Danach stammt der Originalentwurf von Hans Luckey, die Bibelstellen von Erich Sauer. Dieser Entwurf wurde von einem kleinen Arbeitsausschuss nochmals überarbeitet.

[232] Vgl. dazu den Brief an J. Meister vom 20.7.1947 (s. III.2.3.18.).

[233] Vgl. dazu den Brief an R. Kretzer vom 22.6.1947 (s. III.2.3.17.).

[234] Zuerst veröffentlicht in: Amtsblatt des Bundes Evangelisch-Freikirchlicher Gemeinden in Deutschland, Nr. 3, Berlin, den 20.März 1944. Auch als Faltblatt gedruckt. Das ursprüngliche korrigierte Manuskript („Original") enthält die letzten Änderungen, die nachfolgend vermerkt sind; aus: Oncken-Archiv Elstal, Bestand C1 03 BL allg. 1938-1947.

Artikel 1

Von Gott und seiner Offenbarung

Wir glauben an Gott, den e i n e n Herrn im Himmel und auf Erden, der als der Schöpfer alles Sichtbaren und Unsichtbaren uns nach seinem Bild geschaffen hat und als der Lenker der Welt unser Leben nach seinem Rat und Willen regiert.

Wir glauben an Jesus Christus, den Sohn des lebendigen Gottes, der am Kreuz für uns alle gestorben und aus seinem Grab erstanden ist, damit er uns von Sünde und Tod errette und durch den Geist ein neues Leben schenke.

Wir glauben, dass der Heilige Geist der Träger und Mittler göttlichen Lebens ist. Gott bezeugt sich zwar den Menschen in der Schöpfung und im Gewissen, Gottes Wort aber ist uns gegeben, damit wir, von Gottes Geist erleuchtet, das Heil in Christus erkennen und empfangen.

Die Heilige Schrift gilt uns darum als wahres Zeugnis göttlicher Offenbarung und als[235] Richtschnur für Glauben und Wandel.

I. Kor. 8, 5-6; II. Tim. 1, 9-10; I. Thess. 1, 5-6; Joh. 5, 39.

Artikel 2

Vom Geschöpf Gottes

Wir glauben, dass alle Menschen von Gott kommen und wieder vor Gott erscheinen müssen. Denn Gott ist als Schöpfer auch Ursprung und Ziel aller Kreatur. Er bildete uns den Leib, die Seele und den Geist, dass wir ihm ähnlich sind.

Unser natürliches Leben unterliegt darum den Gesetzen Gottes. Und unsere göttliche Bestimmung erfüllen wir nur, wenn wir in den Ordnungen Gottes wandeln und den Schöpfer im Geschöpf ehren. Wir bejahen also die menschliche Kultur, soweit sie dem Willen Gottes entspricht[236].

Röm. 11, 32-36[237]; Röm. 2, 14-16; I. Petri 4, 3-6.

---

[235] Im Original gestrichen: „alleinige".
[236] Im Original geändert: „entspricht" statt „sich unterwirft".
[237] Ursprünglich im Original: „Röm. 11, 32. 36".

Artikel 3

Von der Sünde

Wir glauben, dass die Menschheit seit dem Fall des ersten Menschen unter dem Gericht Gottes steht und dem Tod verfallen ist. Von Gott und seinem Leben geschieden, sind wir tot in Sünden[238] und tun den Willen des Fleisches. Darum verurteilt uns unser Gewissen und spricht uns schuldig vor Gott. Und wir bleiben unter dem Verdammungsspruch Gottes, wenn wir nicht an der Erlösung in Christus teilnehmen und gerettet werden.

Röm. 5, 12. 15-18; Joh. 3. 36.

Artikel 4

Von der Erlösung

Wir glauben, dass Jesus Christus[239] der Sohn Gottes, der Erlöser der ganzen Welt ist. Was der Menschheit in ihrer Gottesferne unmöglich war, das tat Gott in seiner Liebe durch den sündlosen Menschen Jesus Christus: Er sandte ihn auf diese Erde, damit er als Schuldopfer für uns auf Golgatha den Tod erleide und als der Auferstandene uns am Ostermorgen den Sieg unvergänglichen Lebens bringe.

Darum wird der Mensch nicht aus eigenem Verdienst gerecht vor Gott, sondern durch den Glauben an den lebendigen Christus, der uns unsere Sünden vergibt, uns in seine Lebensgemeinschaft aufnimmt und die geängstete Kreatur zur Freiheit der Kinder Gottes führen wird.

I. Joh. 2, 2; Röm. 8, 3-4; Gal. 2, 16; Röm. 8, 19.

Artikel 5

Von Wiedergeburt und Heiligung

Wir glauben: Gott will, dass allen Menschen geholfen wird. Darum gebietet er jedermann, Buße zu tun. Wer sich dem Urteil Gottes unterwirft und das Heil in Christus recht erkennt, kommt zu der Gewissheit, dass ihm alle Sünden vergeben sind, und wird zum neuen Leben aus Gott wiedergeboren. Diese tiefe Umwandlung im Willen und Wesen des Glaubenden ist ein Werk des Heiligen Geistes und bedeutet den Anfang der zweiten, neuen Schöpfung Gottes.

---

[238] Im Original geändert: „in Sünden" statt „durch Übertretungen".

[239] Ursprünglich im Original: „Jesus Christus, der Sohn Gottes, …"

Wir glauben ferner, dass alle, die aus dem Geist geboren und im Geist geheiligt sind, der täglichen Heilung bedürfen. Der Gabe des neuen Lebens muss der Wandel im Geist, dem Glauben also die Tat folgen. Nur so werden wir in das Bild des Christus gestaltet. Dieser Vorgang ist nicht[240] ein einmaliges Geschehnis, sondern vollzieht sich in anhaltendem Wachstum durch Gottes Geist und unter Gottes Wort.

I. Tim. 2, 4; Apg. 17, 30; Hebr. 6, 4-6; Gal. 5, 25; Röm. 12, 1-2.

Artikel 6

Von der Gemeinde als Schöpfung und Ordnung Gottes[241]

Wir glauben, dass Christus das unsichtbare Haupt seines Leibes, nämlich der Gemeinde ist. Er macht alle, die das neue Leben aus Gott empfangen, zu Gliedern seines Leibes, damit sie miteinander und füreinander wachsen, jedes nach seiner Bestimmung an dem e i n e n Leib. Die Gemeinde des Herrn gehört also zur neuen Schöpfung Gottes und ist nicht schon da, wo Gottes Wort verkündigt und gehört wird, sondern erst da, wo Menschen zum neuen Leben hindurch dringen und zur Gemeinschaft der Kinder Gottes sich finden.

Wir glauben, dass zum Leib des Christus die Gesamtheit der Erlösten gehört. Von dem e i n e n Herrn errettet und berufen, sollen wir die Einheit der Kinder Gottes nicht nur mit dem Munde bekennen, sondern in der Tat darstellen, damit der Welt der e i n e Christus an der Gemeinde sichtbar und die sammelnde Macht des Geistes an uns offenbar werde.[242]

Wir glauben, dass der Herr der Gemeinde auch bestimmte Ordnungen für die Gemeinschaft untereinander gegeben hat.

Wir halten dafür, dass die innere Lebendigkeit des einzelnen unersetzbar und seine persönliche Verantwortung vor Gott unantastbar ist. Zugleich aber sind wir der Überzeugung, dass nach apostolischer Weisung das Glied dem Leibe sich zu fügen, der einzelne also unter die Gemeinschaft sich zu beugen hat. Diese Ordnung[243] gilt auch der einzelnen Gemeinde als Glied der Gemeinschaft[244].

Damit aber der Aufbau der Gemeinde[245] möglich wird, hat Christus über die Mitarbeit des einzelnen Gliedes hinaus[246] Evangelisten, Seelsorger, Lehrer, Prediger, Älteste und Diako-

---

[240] Im Original geändert: „nicht" statt „nie bloß".

[241] Ursprünglich im Original nur: „Von der Gemeinde als Schöpfung Gottes".

[242] Artikel 6 endet ursprünglich hier. Möglicherweise sollten die „Ordnungen" in einem Artikel 7 erscheinen; im Manuskript wurde die nachfolgende Zählung der Artikel korrigiert.

[243] Im Original geändert: „Ordnungen" statt „Regeln".

[244] Im Original geändert: „der Gemeinschaft" statt „einer organisierten Gemeinschaft".

[245] Im Original geändert: „der Aufbau der Gemeinde" statt „das Wachstum zueinander".

nen zum besonderen Dienst an der Gemeinde bestimmt[247]. Sie handeln wie der Geist Gottes ihnen gibt und die Ordnung der Gemeinde ihnen gestattet.

Wir glauben, dass die Gemeinde gehalten ist, solchen die Gemeinschaft zu versagen, die in der Sünde bleiben oder in der Abkehr vom Herrn verharren[248], dem Reumütigen jedoch die Gemeinschaft wieder zu gewähren[249].

Eph. 1, 22-23; I. Kor. 12, 13; Joh. 17, 23; I. Kor. 12, 24-25; Eph. 4, 11-13; I. Petri 5, 3.

Artikel 7

Von der Taufe

Wir glauben, dass die von Christus verordnete Taufe an denen vollzogen werden soll, die an den Herrn Jesus gläubig geworden sind und im Gehorsam gegen ihn vor vielen Zeugen das Bekenntnis ihres Glaubens ablegen möchten. Nach urchristlichem Vorbild wird der Täufling ins Wassergrab gesenkt[250], weil er in den Tod des Christus getauft wird. Sodann wird er wieder aufgerichtet, weil er ebenso an der Auferstehung des Christus vollen Anteil haben wird. Die Taufe ist mithin eine gnadenvolle Zusage Gottes an den Glaubenden, dass er so, wie er mit dem Gekreuzigten der Sünde gestorben ist, auch mit dem Auferstandenen in einem neuen Leben wandeln darf.

In der Taufe verpflichten wir uns dem Herrn und bekennen uns zu ihm. Deshalb darf die Bewährung im Wandel nicht fehlen. Und wir taufen in der Öffentlichkeit der Gemeinde, weil diese unser Bekenntnis sowohl wie unsern Wandel wahrnimmt.

Apg. 2, 38; Röm. 6, 3-6; I. Tim. 6, 12.

Artikel 8

Vom Mahl des Herrn

Wir glauben, dass der Herr Jesus seiner Gemeinde das Abendmahl als heiliges Vermächtnis hinterlassen hat, damit sie es immer wieder feiere, des Gekreuzigten gedenke und Gemein-

---

[246] Im Original geändert: „über die Mitarbeit des einzelnen Gliedes hinaus" statt „den Gemeinden dienende Männer gegeben".

[247] Im Original geändert: „...Diakonen zum besonderen Dienst an der Gemeinde bestimmt. Sie handeln wie..." statt „...Diakonen. Sie bilden untereinander keine Rangstufen, sondern handeln, wie...".

[248] Im Original geändert: Reihenfolge Sünde – Abkehr.

[249] Im Original geändert: „jedoch die Gemeinschaft wieder zu gewähren" statt „aber wieder aufzunehmen".

[250] Im Original geändert: „ins Wassergrab gesenkt" statt „in Wasser getaucht".

144

schaft mit dem habe, der zu ihrer Erlösung seinen Leib hingab und sie zum neuen Bund in seinem Blut berief.

Wir glauben ferner, dass die Gemeinschaft des Leibes Christi in besonderer Weise zur Darstellung kommt, wenn wir von dem e i n e n Brot essen und von dem e i n e n Kelch trinken. Deshalb dürfen alle und freilich nur solche am Tisch des Herrn teilnehmen, die im Glauben und Wandel bezeugen, dass sie Vergebung ihrer Sünden empfangen haben und in dem e i n e n Geist und zu dem e i n e n Leib getauft sind.

Matth. 26, 26-28; I. Kor. 11, 23-28; I. Kor. 10, 16-17.

Artikel 9

Von den natürlichen Ordnungen

Wir glauben, dass Gott uns mit der Schöpfung der Welt auch bestimmte natürliche Ordnungen gegeben hat, die wir im Gehorsam gegen sein Wort erfüllen müssen.

Wir glauben, dass der gnädige Wille des Schöpfers es war, uns einen R u h e t a g zu geben, und dass wir dem Beispiel der apostolischen Gemeinden folgen sollen, indem wir den ersten Tag der Woche, an dem unser Herr auferstand, als Tag des Herrn feiern, damit wir Gemeinschaft unter Gottes Wort pflegen und für das Reich Gottes wirken.

Wir glauben ferner, dass die E h e von Gott gestiftet wurde, damit Mann und Weib in körperlicher und geistiger Gemeinschaft den Willen des Schöpfers erfüllen, indem sie Kindern das Leben schenken und einander im Kampf ums Dasein helfen. Wir sehen in der Einehe eine göttliche Ordnung.[251] Der Ehebrecher hat nach Gottes Wort keinen Anteil am Reich Gottes.

Wir glauben[252], dass F a m i l i e und V o l k [253] natürliche[254] Ordnungen Gottes sind, die wir nicht nur hinzunehmen haben, sondern für die wir auch wirken und die wir nach göttlichen Gedanken mitgestalten müssen, damit der Mensch Gottes an Leib und Seele gesund und zu allem guten Werk geschickt sei.

Wir glauben[255], dass der S t a a t eine Ordnung Gottes ist, der wir mit ganzem Ernst zu dienen haben. Denn Dienst am Volk ist zugleich Dienst vor Gott. Wir beten für die Obrigkeit, dass sie die ihr anvertraute Macht zum Schutz der Rechtlichen und zur Bestrafung der Übel-

---

[251] Im Original geändert: „Wir sehen in der Einehe eine göttliche Ordnung." statt „Der Mann sollte nur e i n e Frau, die Frau nur e i n e n Mann haben, solange beide Ehepartner leben."
[252] Im Original geändert: „glauben" statt „halten dafür".
[253] Im Original geändert: „Volk" statt „Volkstum".
[254] Im Original geändert: „natürliche" statt „schöpferische".
[255] Im Original geändert: „glauben" statt „sind überzeugt".

täter handhabe. Und wir leisten dem Oberhaupt des Staates den Treueid, tun auch Kriegsdienst, weil die Obrigkeit nach Gottes Wort das Schwert nicht umsonst trägt. Ebenso wenig
hindert uns unser Glaube, ein staatliches Amt zu bekleiden.

Apg. 20, 7; Matth. 19, 4-6; Eph. 5, 5; I. Petri 2, 13-17; Röm. 13, 1-7.

Artikel 10

Von der Weltvollendung

Wir glauben, dass unser Herr Christus sein Wort erfüllen und am Tag der Offenbarung wie-
derkommen wird, damit er das Werk der Welterlösung vollende und die Menschheit ans ver-
heißende Ziel bringe.

Der Herr der Gemeinde wird die Schar der Erlösten um sich sammeln, damit sie Anteil an
seiner Herrlichkeit und Macht nehmen. Die in Christus Entschlafenen werden in neuer Leib-
lichkeit auferstehen. Die dem Herrn gehören und noch leben, werden ihm entgegen gerückt,
nachdem sie verwandelt sind.

Die Welt aber geht dem Gericht entgegen. Die Toten werden auferstehen und vor dem Richter zur Rechten Gottes erscheinen. Die Gerechten gehen zum ewigen Leben ein, die Ungerechten werden verdammt. Auch der Satan wird verworfen, und der Tod wird aufgehoben.
Alle Not und alles Leid der Erde wird enden.

Dann wird zuletzt ein neuer Himmel und eine neue Erde das Werk der neuen Schöpfung
krönen. Gerechtigkeit und Frieden werden in Ewigkeit regieren. Denn Gott wird sein alles in
allen.

II. Thess. 2, 1-12; Matth. 24, 4-41; I. Kor. 15, 50-58; Offb. 20-22.

3.2. Stellungnahme von Rufus Flügge

Stellungnahme zum Glaubensbekenntnis des Bundes evangelisch-freikirchlicher Gemeinden vom 29.2.1944, von Rufus Flügge, Prediger[256]

I

Der 1. Absatz des 1. Artikels schließt sich eng an das Nicänum an, welches die Aussagen des Apostolicums um zwei Stücke erweitert: „ein Gott" sowie „Schöpfer alles Sichtbaren sowie Unsichtbaren". Doch mit dieser Äußerlichkeit ist die Treue auch schon am Ende. Denn das „ein" zieht das neue Bekenntnis nicht zu Gott, sondern setzt es als Apposition und als Beiwort zu „Herren", wohin es offenbar nicht gehört, da auch der im 2. Abs. zu nennende Jesus Christus in Sonderheit „Herr" genannt wird. Und sogar den Dritten nennt das Nicänum ausdrücklich „Herr": „und an den Herrn, den Heiligen Geist..." Das betonte „ein" gehört zu Gott, sicher nicht zu Herr. Ich glaube, an <u>einen</u> Gott, den Herren...

In den öcumenischen Symbolen wird aber auffälligerweise nicht Gott, sondern der Sohn und der Geist „Herr" genannt, dagegen wird für den einen Gott das Beiwort „Vater" gebraucht. Damit wird der Gott und Schöpfer in Beziehung gesetzt zu dem, was weiterhin bekannt wird: zu Sohn und Hl. Geist. Gerade nicht „einen Gott", nicht einen „Herren-Gott" oder „Schöpfergott" bekennen wir, das gerade nicht! Wir bekennen uns nicht zum Monotheismus, sondern zu Gott dem Vater, wie die beiden ersten Bekenntnisse, zu dem Gott in der Trinität und zu der Trinität in der Einheit, wie Athanasius sagt.

Man müsste weit zurückgehen, um die Bedeutung des „Gott, der Vater" zu beschreiben. Von Anfang war unser Gott nicht „Gott", sondern er hatte seinen Eigennamen, J a h v e, und er forderte nicht die Menschen auf „Gott zu suchen", sondern den Herrn Jahve da zu besuchen, wo Er Besuch empfängt. Und, um es kurz zu sagen, so ist die Benennung als „Vater Jesu Christi" in die Nachfolge getreten für die Benennung „Jahve". Aber zweierlei bleibt wichtig zu wissen über <u>unseren</u> Gott: dass er einen Namen hat und dass er einen Ort hat, wo er sich finden lässt. „Name" und „Ort" ist für die christliche Gemeinde gegeben mit den Worten „Vater Jesu Christi". Für die Juden blieb es bis jetzt bei „Jahve". Aber das haben beiden Bundeshaufen [sic!] gemeinsam, dass sie nicht „Gott", sondern „den Gott soundso" anbeten.

Es ist ein Mangel des neuen Bekenntnisses, dass es aus der testamentarischen Tradition in die monotheistische, philosophische Tradition übergeht.

---

[256] Aus dem Deckblatt geht hervor, dass diese Stellungnahme vorgelegt wurde: „dem Bunde: z.H. Bruder Rockschies, der Ostpreußischen Vereinigung: z.H. Bruder Brandt, der Gemeinde Tragheim: z.H. Bruder Klumbies, dem Bundeshaus: z.H. Bruder Schmidt, dem Seminar: z.H. Bruder Luckey, meinem Vater." Zur Person Rufus Flügge vgl. Brief an J. Meister vom 20.7.1947 (s. III.2.3.18. Anm. 221).

II

Der 2. Absatz knüpft statt an kirchliche Symbole an ein Bibelwort an, an das Bekenntnis des Petrus. Da heißt es: „Du bist der Sohn des lebendigen Gottes". Doch nach Gott ist hier ja nicht gefragt, sondern nach Jesus Christus. So könnte das hier nur schmückende Beiwort „lebendig" besser wegfallen. Denn diese Auffüllung mit einer neuerlichen gleichsam nachgeholten Gottesprädication darf uns nicht darüber hinwegtäuschen, dass über Jesus Christus zu wenig ausgesagt ist. Da steht: „an Jesus Christus, den Sohn...". Hier fehlt das „ein" oder besser „einzig", welches den Sohn von den Kindern Gottes unterscheidet oder von Göttersöhnen der Heiden. Hier fehlt das „eingeboren, nicht geschaffen" und sehr vieles noch. Hier fehlt das „Herr und Gott", hier fehlt der Hinweis dass er „im Anfang war" und dass er auf dem Thron der Majestät in der Höhe sitzt.

Man sage nicht: Das Gegenteil ist nicht gesagt, sondern alle diese Aussagen über Jesus sind zusammengefasst in dem Wort „S o h n." Hat in dem Bekenntnis sonst das Wort „Sohn Gottes" diese prägnante Fülle? Nein! An dem anderen Ort, wo von Gott und Jesus die Rede ist, im 4. Art. vom Erlösungswerk wird gesagt: „das tat Gott durch den sündlosen Menschen Jesus Christus. Er sandte ihn auf diese Erde." Der Handelnde ist allein Gott. Jesus ist der sündlose Mensch. Das ist [im] ganzen Bekenntnis alles, was über die Beziehungen zwischen Gott und Jesus ausgesagt wird.

Was das heißt „Sohn Gottes" bedarf der genaueren Erläuterung – wie die Dogmengeschichte zeigt. Und nicht ohne Sinn hält man noch heute an dem gewiss etwas monströsen Bekenntnis fest, welches Athanasius wider die Ketzer, A r i a n i genannt, gemacht hat. (Geht es doch in Bekenntnissen mehr um die Wahrheit als um Verständlichkeit und Gefälligkeit und Originalität der Formulierungen!) Auch sterben die Arianer nicht aus, sondern sind gerade heute sehr laut um uns herum, und man will unsere Jugend glauben machen, als sei das der gute Glaube guter alter Germanen.

Da müssen wir genauer Stellung nehmen.

III

Im dritten Absatz wird bewusst die alte trinitarische Symmetrie aufgehoben. Glauben wir an Gott und an Jesus Christus, so heißt es nun nicht weiter: an den Heiligen Geist, sondern: „dass der Hl. Geist der Träger und Mittler göttlichen Lebens ist".

Hier ist allerdings allzu großer Unähnlichkeit wegen ein Vergleich mit den öcumenischen Symbolen gar nicht erst zu beginnen. Dafür scheint die Lehre vom Hl. Geist fast wörtlich abgeschrieben zu sein aus der brevissima Institutio Faust S o c i n i von 1618, wo es heißt: „er ist nicht eine von Gott unterschiedene Person sondern, nur eine Kraft und Wirksamkeit von Gott selbst und zwar die, welche die Heiligkeit mit sich bringt."

Bringt uns dieses nun in das Lager der Socinianer, so die Aussage, dass der Geist Mittler des „göttlichen" nicht des „christlichen" Lebens sei, in die Nähe der Bekenntnisse des Ostens, die darin von der abendländischen Tradition abweichen, dass sie sagen, der Hl. Geist gehe allein vom Vater aus.

Mit diesem „<u>göttlichen</u> Leben" des 3. Abs. hat es insofern noch seine besondere Bewandtnis, als nach dem 1. Abs. der Schöpfer unser Leben lenkt, nach dem 2. Abs. „Jesus durch den Geist ein neues Leben schenkt" – welches von diesen „göttlichen" Leben vermittelt nun der Hl. Geist? Das ist umso unklarer, als das Wort „göttlich" sonst durchaus „natürlich" angewandt wird: vgl. die „göttl. Gedanken" in der Lehre vom Staat Art. 9 Abs. 4 und unsere „göttl." Bestimmung in der Lehre von den natürlichen Ordnungen und der Kultur Art. 2. Abs. 2.

IV

Von der Offenbarung wird ein Doppeltes ausgesagt: 1.) Gott bezeugt sich den Menschen in der Schöpfung und im Gewissen. 2.) Gottes Wort ist uns gegeben, damit wir das Heil in Christus erkennen.

Beide Sätze sind ohne Zweifel richtig. Falsch ist ihre Verknüpfung durch „zwar" und „aber". Falsch ist es, dass das die ganze Lehre von der Offenbarung ist. Denn nach diesen Sätzen hätten wir dann zwar das Gesetz in Schöpfung und Gewissen, aber das Evangelium in der Bibel. Richtig muss man aber sagen, dass wir auch das Gesetz in der Hl. Schrift haben bzw. auch in der Bibel das Gesetz (Lehre vom Alten Testament!). Das durfte nicht übersehen werden.

V

Im zweiten Artikel wird von dem natürlichen Leben unter Gottes Ordnungen geredet. („Vom Geschöpf Gottes" ist eine recht unklare Überschrift.) „Und unsere göttliche (s.o.) Bestimmung erfüllen wir nur, wenn wir in den Ordnungen Gottes wandeln und den Schöpfer im Geschöpf ehren. Wir bejahen also (!) die menschliche Kultur, soweit sie dem Willen Gottes entspricht." Nun sind wir aber nicht aufgerufen, die menschl. Kultur zu bejahen oder zu verneinen, sondern sie ist <u>unsere</u> Kultur und wir stecken bis über Ohren und Augen drin. Wieweit sie dem Willen Gottes entspricht, kann nicht gut <u>v o r</u> der Lehre vom Sündenfall ausgemacht werden, denn da wird gesagt, dass alles Dichten und Trachten des Menschen eitel sei.

So ist der zweite Artikel der unklarste von allen geworden.

VI

Im 5. Art. wird gesagt: „Wer das Heil in Christo recht erkennt, kommt zu der Gewissheit, dass ihm alle Sünden vergeben sind." Wichtiger wäre, <u>davon</u> zu sprechen, dass durch den <u>Glauben</u> die <u>Vergebung</u> erlangt wird, ehe von „rechtem" „Erkennen" und von „Gewissheit" pp geredet wird.

Die Wiedergeburt sei „eine tiefe Umwandlung im Willen und Wesen des Glaubenden" (psychologische Erörterung nicht Glaubensbekenntnis…) und diese „bedeutet den Anfang der zweiten, neuen Schöpfung Gottes". Entweder ist es eine neue Schöpfung oder ist es nicht. Anfang einer jeden Schöpfung ist jedenfalls der Sohn, der da im Anfang war, nicht unsere tiefe Umwandlung.

Wenn ferner gesagt wird, dass dem „Glauben also die Tat folgen muss", so mag man das gelten lassen (besser wäre gesagt: „sie folgt"). Aber dem nächsten Satz müssen wir ein entschiedenes Nein! entgegensetzen: „Nur so werden wir in das Bild des Christus gestaltet." Dieses „nur so" widerspricht der Lehre von der Rechtfertigung aus dem Glauben. Denn das Gestaltet werden in das Bild des Christus vollzieht sich nicht „in anhaltendem Wachstum".

VII

Am Ende des 4. Abs. im 6. Art. wird ohne weitere Erläuterung ein neuer Begriff eingeführt: „Gemeinschaft" im Sinne umfassenderer Gemeinde. Es wird ganz folgerichtig so argumentiert: Wie der einzelne Gläubige sich dem „Leibe zu fügen habe", „sich unter die Gemeinschaft zu beugen habe", so gelte diese Ordnung des Beugens und Fügens auch der einzelnen Gemeinde als Glied der Gemeinschaft.

Hier kann zweierlei gemeint sein:

1.) Gemeinschaft steht für „Bund evangelisch-freikirchlicher Gemeinden in Deutschland". Dann hätte sich dieser Gemeindebund in den Rahmen dessen einbezogen, was man hierzulande die „Gemeinschaften" nennt. Die einzelne Gemeinde aber wird angehalten, sich diesem hier vorliegenden Bekenntnis zu beugen und zu fügen und es als „Ausdruck ihrer persönlichen Überzeugungen" (sic!) anzusehen, wie es im Vorwort heißt.

2.) Sogleich aber würde sich die Frage erheben, ob dann nicht auch der zweite Sinn dieses Satzes gelte: Dass auch diese „Gemeinschaft" sich der größeren Gemeinschaft fügen und beugen solle? „Gemeinschaft" stünde so für den größten Rahmen, in den man sich einbeziehen könnte, für die Eine Heilige Überdauernde Kirche Jesu Christi.

Dann müsste sich der Glaube dieser Gemeinden dem zuwenden, dem beugen, was „alle und immer und überall" geglaubt haben. Man dürfte sich dem nicht verschließen, was in ältesten Zeiten die allen gemeinsamen Väter der Kirche über den dreieinigen Gott bekannt haben und müsste sich ihrer Christologie beugen. Man müsste hören, was in unserem Lande über die Rechtfertigung gelehrt wurde, und schließlich hinhören, was heutigen tags bekannt wird mitten unter uns bzw. neben uns.

VIII

Im 10. Art. wird gesagt, dass alle Not und alles Leid der Erde enden wird. Und dann, hinterher erst, kommt zuletzt die neue Erde. Das ist unbiblischer Chiliasmus.

Mit der Aussage, was denn die Krone der neuen Schöpfung sei, möge man vorsichtiger umgehen: ist es gewiss der neue Himmel, und die neue Erde gar? Ist es nicht vielmehr Christus und die geschmückte Braut des Lammes?

IX

Im Art. von der Taufe ist nicht deutlich, warum der Getaufte jetzt zwar schon vollen Anteil am Tode Christi hat, an der Auferstehung dagegen nicht. Über die Taufe selbst bedürfte es erweiterter Ausführungen, die den Rahmen dieses Arguments sprengen würden. Auf Anforderung bin ich bereit, sie mitzuteilen in der Form, wie ich es eben ohne Zeit und ohne Bücher bewältigen kann.

Zu verschiedenen anderen Art. gäbe es noch Bedenken vorzutragen, besonders an der Lehre vom Staat und von der Gemeinde. Auch über Sprach- und Stilfehler wäre etwas zu sagen. Hier aber kam es nur darauf an, die grundlegenden Artikel des christlichen Glaubens zu besprechen und zu prüfen, ob wir mit dem neuen Bekenntnis auf dem Grunde des gemeinsamen christlichen Glaubens bleiben. Was zu verneinen war.

X

Vorstehende Ausführungen sind im Geiste brüderlicher Gesinnung geschrieben aus der Sorge heraus, es möchte den Menschen, die wegen der Verwerfung der Kindertaufe Baptisten sind, die geistliche Heimat genommen werden, indem man ihnen ein Glaubensbekenntnis sozinianischer und arianischer Form vorlegt, welches sie niemals anerkennen können.

Auch muss aufs dringlichste betont werden, dass die Lehre des neuen Bekenntnisses vom 29.2.1944 nicht dem Gemeinglauben der Baptistengemeinden entspricht.

Weil wir wissen, dass die Gliedschaft in der Einen Heiligen Kirche Jesu Christi nur verwirklicht ist durch die Gliedschaft in einer sichtbaren Gemeinde, weil wir wissen, dass geistliche Heimatlosigkeit schlimmer ist als das Abbrennen der ganzen Wohnstatt, so bitte ich herzlich um Prüfung der vorstehenden Argumente, ja ich bitte, dass man stracks abstehe von dem neuen Bekenntnis.

Der Jesus Christus aber schenke uns durch Seinen Heiligen Geist das rechte Bekenntnis und das rechte Bekennen.

Und dem Dreieinigen Gott allein sei die Ehre!

Königsberg Pr., den 18./19. November 1944

[gez.] Rufus Flügge, Prediger

z.Zt. San. Uffz. Flügge
Reserve Lazarett III
Königsberg Pr.-Maraunenhof

151

3.3. Stellungnahme von Jacob Köbberling

Die hier folgende Abschrift ist Köbberling von R. Kretzer mit Brief vom 14.6.1947 zugesandt worden.[257] Sie ist unterzeichnet mit „gez. Dr. Köbberling" und darf von Stil und Inhalt her als authentisch gelten. In seiner Antwort vom 22.6.1947[258] geht Köbberling gleich auf seine Erwiderung zu Paul Schmidts Schrift „Unser Weg" ein, die 1946/1947 fertig wurde. Die hier vorliegende Ausarbeitung von 1945 scheint eine Art Vorarbeit zu seiner späteren Schrift zu sein. Sie geht die Bekenntnisfrage grundsätzlich an und lehnt die Anpassung des offiziellen Baptismus an den NS-Staat scharf ab.

Abschrift einer Arbeit von
Dr. Jakob Köbberling, Holzminden/Weser
Evangelisches Krankenhaus 1945[259]

Über Bekenntnis und Verfassung des Bundes evgl. freikirchlicher Gemeinden

Die Verfassung des „Bundes evgl. freik. Gemeinden" liegt mir nicht vor; ihr Inhalt kann daher nicht in den Betrachtungskreis hereingenommen werden. Bekenntnis- und Verfassungsfragen hängen eng miteinander zusammen. Jede kirchliche Verfassung fußt auf einem bestimmten Bekenntnis. So die Verfassung des Bundes der früheren Baptisten Deutschlands, die 1930 zur Anerkennung als Körperschaft öffentlichen Rechtes durch das preußische Staatsministerium führte, auf dem alten Glaubensbekenntnis der Gemeinden gläubig getaufter Christen.

An seine Stelle ist das neue Bekenntnis vom 29.2.1944 getreten, das in der Einleitung der Erwartung Ausdruck gibt, dass es, nachdem es von den leitenden Brüdern in Einmütigkeit verfasst und beschlossen sei, nun auch von den Gemeinden als Ausdruck ihrer persönlichen Überzeugung nach der Schrift angesehen werde. Dies muss jedoch nach der Lage der Dinge verneint werden. Bekenntnis und Verfassung stehen damit auf einem schwankenden Grunde und bedürfen einer genauen Prüfung durch alle geeigneten Kräfte in den Gemeinden.

---

[257] S. III.2.3.15.

[258] S. III.2.3.17.

[259] Ursprünglich „1947", handschriftlich korrigiert in „1945"; dies stimmt mit der Bemerkung am Schluss überein: „Ich verweise auf die ausgezeichneten Untersuchungen von Prediger Flügge, Königsberg, die der Bundesleitung bereits seit einem Jahr vorliegen, die aber bis heute unbeantwortet geblieben sind." Das ergibt den Zeitraum Nov./Dez. 1945.

Wir haben zunächst zu fragen, wie es zu dieser bedauerlichen Fehlentwicklung gekommen ist. Ohne auf geschichtliche Erwägungen näher einzugehen, ist zu sehen, dass der deutsche Baptismus stets zu formulierten Bekenntnissen, wie sie in den großen Kirchen eine Rolle spielten, sich ziemlich uninteressiert zeigte. Das ergibt sich aus der Entstehungsgeschichte als Erweckungsbewegung. Man legte den entscheidenden Wert auf die innere Bewegtheit des einzelnen bekehrten Gläubigen und steht den als dogmatisch unlebendig empfundenen Bekenntnisstreitigkeiten der Kirchengeschichte eher ablehnend gegenüber.

Andererseits ist die baptistische Freikirche ihrem Wesen nach eine Bekenntniskirche, da sie sich mit einem bestimmten Bekenntnis als selbständige Gemeinschaft von anderen Kirchen abgrenzt. Hiermit grenzt sie sich auch von ähnlichen christlichen Gemeinschaften ab, die als Erweckungsbewegung innerhalb einer Kirche in Erscheinung treten.

Diese Bekenntnisgleichgültigkeit bzw. Ablehnung formulierter Bekenntnisse einerseits bei gleichzeitiger Notwendigkeit eines Bekenntnisses andererseits ist niemals als[260] Gegensatz so deutlich in Erscheinung getreten wie in dem neuen Bekenntnis von 1944. Hier hat eine kleine Gruppe leitender Männer ohne vorherige Befragung der Gemeinden, ohne Zustimmung in irgendeiner Form, es unternommen, ein neues Bekenntnis zu formulieren. Dieser Zustand wäre noch erträglich, wenn es nach Art und Inhalt als von berufenen Lehrern nach der Schrift verfasst, mit der vollen Zustimmung der Gemeinden rechnen könnte. Doch das ist bei entsprechender Belehrung der Gemeinden zweifellos nicht der Fall.

Bei der Frage nach der Ursache dieser Fehlentwicklung gehen wir nicht von den oben angedeuteten Wurzeln in der Geschichte des Baptismus aus, sondern müssen einsetzen in der Betrachtung des Jahres 1933. Nicht deshalb wird dieser Zeitpunkt gewählt, weil wir glauben, dass bis dahin alles in Ordnung gewesen sei und man heute da fortfahren könne, wo man 1932 aufhörte, sondern weil damals in aller Form ein Umbruch vollzogen wurde. Damals trat zum letzten Male in einer Bundeskonferenz alten Stils der deutsche Baptismus in Erscheinung. Damals wurde unter dem Motto „Organisationsfragen" eine grundlegende Verfassungsänderung beschlossen, die jedoch nicht von einer möglichst eingehenden Befragung der Gemeinden abhängig gemacht wurde, sondern von einer führungsmäßig bestimmten kleinen Gruppe getätigt werden sollte. Dagegen erhob sich damals kein wirklicher Widerspruch. Er wäre auch von vorneherein als unzeitgemäß demokratisch geächtet worden, als „Verrat an Gemeinden und Staat", um sich einer[261] damals geübten Ausdrucksweise zu bedienen. Die auf der Konferenz vorgezeichneten Linien sind ebenfalls nicht mehr durch Beratung der Gemeindevertreter, sondern auf Vorschlag einer kleinen Gruppe stillschweigend angenommen worden.

---

[260] Im Original „ein" statt „als".
[261] Im Original „der", handschriftlich korrigiert in „einer".

Diese Richtlinien gehen jedoch weit über das organisatorisch-verfassungsmäßige hinaus und führen vielmehr grundsätzliche Probleme an, die bekenntnismäßigen Charakter tragen. Man war sich auf dieser Konferenz darüber klar, dass damit „an der Schwelle der Jahrhundertwende" im Baptismus eine entscheidende Wendung vollzogen wurde. Man sah diese Wendung verursacht durch die geschichtliche Stunde Deutschlands, ein damals ganz allgemeines Bewusstsein in christlichen Kreisen. Verschieden war nur die Richtung, in der man den neuen Weg sah. Zweifellos war durch den Umbruch in der Geschichte unseres Volkes die Christenheit zu neuen Aufgaben aufgerufen.

Während aber die einen in einer Besinnung auf die Grundlage der Gemeinde Jesu Christi und in einer neuen lebendigen bekenntnismäßigen Erfassung ihres Glaubens ihre Aufgabe erkannten, sahen die anderen in einer möglichst starken Anpassung an die geschichtlichen Gegebenheiten ihren Weg. „Wir sollen uns in den Zug der Zeit schicken" heißt es in jenem Bericht[262] mit durchaus gefährlicher Übertragung eines Bibelverses von heilsgeschichtlichen auf weltpolitische Zusammenhänge.

Im Einzelnen legte man sich damals auf folgende Linien fest:

Man setzte voraus:

1. Eine klare absolute Stellung zum neuen Staat mit einem freudigen Ja.

2. Die Gründung einer evgl. Reichskirche mit einem Reichsbischof von Hitlers Vertrauen an der Spitze.

3. Zusicherung religiöser Freiheit seitens der Regierung, an deren Wahrhaftigkeit und Rechtschaffenheit man nicht zweifelte.

Daraus schloss man eine Notwendigkeit, mit der man sich abfinden müsse, dass man wahrscheinlich als Gemeindegruppe dem Reichsbischof unterstellt wurde, man aber im Übrigen anstreben müsse, als selbständige Körperschaft fortzubestehen.

Man beschloss ferner, mit dem Alten zu brechen, da es mit Individualismus, demokratischem und parlamentarischem Prinzip abgetan wurde, sich von der Zersplitterung der Kräfte abzuwenden und sich einem zentralisierten Bundessystem mit Führungsprinzip in Form von drei Bundesältesten[263] zuzuwenden. Das alles sah man nicht als Preisgabe einer biblischen Ordnung, sondern lediglich als eine Neuordnung äußerer Verhältnisse an. Die weitere Entwick-

---

[262] Bericht über die 28. Versammlung des Bundes der Baptistengemeinden in Deutschland, abgehalten in Berlin O, Gubener Str. 10, vom 26. bis 29.August 1933, Kassel 1933.

[263] Auf der genannten Bundeskonferenz in Berlin vom 26. bis 29. August 1933 wurden die drei Bundesältesten von einer kleinen Kommission gewählt und „ohne Diskussion und Widerspruch [...] von der Konferenz durch Erheben von den Plätzen angenommen": F.W. Simoleit, F. Rockschies und H. Fehr; vgl. G. Balders, „Heilige Gefolgschaft." Über das „Führerprinzip" im Bund der Baptistengemeinden am Anfang des Dritten Reiches, in: Theologisches Gespräch (1979) Nr. 3-4, S. 5-15, Zitat S. 7; vgl. auch A. Strübind, Die unfreie Freikirche, S. 103.

lung hat gezeigt, und es war damals schon für Einsichtige klar, dass diese Voraussetzungen falsch waren und der neue Weg keineswegs zu der angestrebten Neubelebung geführt hat. Die so bestellte Bundesführung steuerte, losgelöst vom Gemeindedenken, einen bewegten Zickzackkurs. Ohne auf die einzelnen Marksteine dieses Weges einzugehen ist andererseits ersichtlich, dass dieser Kurs darin eine klare Richtung hatte, stets so zu steuern, wie am wenigsten Widerstand seitens des Staates zu erwarten war. Durch die vollzogene Trennung zwischen Ordnungs- und Bekenntnisfragen, zwischen staatlich-weltlicher Ebene und christlich-gemeindlicher Ebene fühlte man sich in seinem innersten Glaubensleben ja nicht angetastet. Man konnte so dem Staat sehr weit entgegenkommen, der in sarkastischer Weise ja immer wieder betonte, die Kirche solle sich in ihr ureigenstes Gebiet, in die Seelsorge, am besten ins Jenseits zurückziehen. Man verkannte die Tendenz des totalen, religiös gefärbten Staates, der so, Schritt für Schritt vordringend, den christlichen Raum immer mehr einzuengen gedachte, um mit dem verbliebenen Rest dann so zu verfahren, wie er es in der Vernichtung der Juden gezeigt hat.

Zu solchem Fehlurteil einer Staatsbejahung und falschen Beurteilung der kirchlichen Lage hätte es aber schon 1933 nicht kommen können, hätte man damals vom Bekenntnis her gedacht und nicht nach der Macht des Staates und der Möglichkeit einer ihm hörigen Kirche geschielt. Eben dieses Schielen nach den Mächten dieser Welt statt des klaren einfältigen Blickes auf den Herrn Jesus Christus, den König aller Könige, hat die freie Verkündigung des Evangeliums gehindert. Gerade aber das ist der Sinn eines jeden lebendigen Bekenntnisses: der Anspruch Gottes in Jesus Christus in allen menschlichen Beziehungen.

Schon im Jahre 1933 war ersichtlich, dass der nationalsozialistische Staat in seiner Gleichschaltungstendenz bei der Kirche nicht haltmachen würde. Er respektierte die Freiheit und Selbständigkeit der Kirche nicht, sondern griff immer wieder in innerkirchliche Angelegenheiten ein. Es zeigte sich sofort ein Widerstand, der nicht aus politischen Gründen, sondern aus Besinnung auf die Grundlagen der Kirche Jesu Christi kam. So entstanden die Bekenntnisse der folgenden Jahre, die alles andere als tote Formulierungen waren, sondern aus Kampf und Leiden geborene frohe Erkenntnisse, die Gott der Christenheit in dieser Zeit neu geschenkt hatte. Man erklärte in diesen Bekenntnissen den sog. Arierparagrafen, das Führerprinzip und alle sonstigen Gesetze aus dem politischen Bereich für unvereinbar mit dem Wesen der Gemeinde Jesu Christi.

Der Kampf um diese Frage der protestantischen Kirche wird in oben erwähntem Konferenzbericht völlig negiert, obwohl er bereits in vollem Gange war. Man rechnete offenbar nicht mit einem ernstzunehmenden Aufbruch aus den Kräften des Evangeliums; nach dem Bericht muss man eher annehmen, dass man glaubte, der Staat würde mit der Gleichschaltung der Kirchen vollen Erfolg haben. Auch dagegen ist nirgends etwas von einem Protest zu spüren; man hofft eben auf eine andere Weise sich seine Selbständigkeit zu wahren.

Nun sind wir tatsächlich als selbständige Gruppe durch diese Zeit des sich immer mehr verschärfenden Kampfes hindurch gekommen. Das verdanken wir aber in erster Linie dem Widerstand in den großen Kirchen, der sich in der evangelischen Kirche am Bekenntnis entzündete. Das müssen wir beschämt anerkennen und nicht etwa glauben, dass eine geschickte kirchenpolitische Haltung der freikirchlichen Führung dies erreicht hätte. Im Gegenteil hat das Feilschen um Anerkennung in einem Staate, dessen antichristliche Züge immer deutlicher hervortraten, uns nach innen und außen sehr geschadet. Wir müssen uns von der Bekenntnistreue der Bruderkirche[264], von der wir mitgelebt haben, beschämen lassen. Bei uns ist in diesen Jahren des Kampfes niemals ein starkes gemeinsames Bekenntnis, das auf dem Boden unserer alten Grundlage durchaus möglich gewesen wäre, zustande gekommen.

Das Bekenntnis des Jahres 1944 ist kein Bekenntnis in diesem Sinne. Es ist nicht aus der Kampfes- und Leidenssituation entstanden, sondern offenbar aus ganz anderen Erwägungen. War man schon in den Jahren nach 1933 nicht zu einem Bekenntnis gekommen, so hätte man später bei dem Zusammenschluss mit den früheren Darbysten und anderen kleineren Gruppen ein klares Bekenntnis erwartet. Doch der Zusammenschluss ging offenbar auch ohne dieses Bekenntnis, ohne klare Herausstellung der neuen Grundlagen. Erst im Jahre 1944 aus nicht mehr klar ersichtlichem Anlass entsteht ohne Anteilnahme der Gemeinden ein Bekenntnis, das eigentlich keines ist.

Die erste Forderung, die man an ein Bekenntnis stellen muss, ist die, dass hier zum Ausdruck kommt, was zu allen Zeiten und an allen Orten gemeinsam von der Gemeinde Jesu Christi gesagt wurde. D.h. ein klares Bekenntnis zu Jesus Christus dem Herrn, zu dem Vater Jesu Christi und zu dem Heiligen Geiste, der von beiden ausgeht, als der allgegenwärtige Herr mit dem Vater und dem Sohne gemeinsam angebetet wird. Diese Fülle der Gottheit wird aber in dem Bekenntnisse des Jahres 1944 vermisst. Man hat sich dort vernunftmäßig angeglichen an einen philosophischen Herrengott, der sich auch in der Vernunft offenbart. Jesus Christus wird zwar noch der Sohn Gottes genannt, aber nicht mehr in der prägnanten Fülle, als der er von Anfang an war, der zur Rechten des Vaters regiert. Der Heilige Geist schließlich wird nur noch als eine Kraft bezeichnet.

Man sage nicht, das seien theologische Spitzfindigkeiten und es komme doch alleine nur auf den schlichten Glauben an bei uns. Nein! Um diese Erkenntnisse hat die Christenheit schon in den ersten Jahrhunderten gerungen, und so sind die heute noch gültigen ersten Bekenntnisse entstanden. Um diese grundlegenden Erkenntnisse geht der Geisteskampf um Christus zu allen Zeiten. Man kann sich also nicht ungestraft über die alten Bekenntnisse (Symbole) hinwegsetzen, wie das im Bekenntnis von 1944 geschah.

---

[264] Gemeint ist die Bekennende Kirche.

Weil diese zentralsten Anliegen des christlichen Glaubens nicht mehr klar bekannt werden, deshalb sind auch die anderen Artikel des Glaubensbekenntnisses irgendwie schief. Das kommt am deutlichsten in den Aussagen über Kultur und Staat zum Ausdruck. Dort wird in einer Ungebrochenheit von Kultur und Staat gesprochen, wie sie dem Christen, der sich ganz an den Herrschaftsanspruch Jesu Christi gebunden weiß, nicht möglich ist.

Nur ein Beispiel: „Dienst am Volk ist zugleich Dienst vor Gott". Dieser Satz in einem christlichen Bekenntnis im Jahre 1944 in Deutschland zeigt eine verheerende geistige Verwirrung an. Dieser Satz ist wortwörtlich die Quintessenz der Religion des Nationalsozialismus. Man wird dem entgegenhalten, das sei doch hier christlich zu verstehen und bekommt daher einen ganz anderen Sinn. Das ist aber gerade die Aufgabe eines solchen Bekenntnisses, dass es nach innen und außen möglichst unmissverständlich die entscheidenden Dinge zum Ausdruck bringt und nicht schillert! Es soll klären, scheiden, wecken und nicht verhüllen, einschläfern.

Weitere Einzelheiten kann ich mir ersparen. Ich verweise auf die ausgezeichneten Untersuchungen von Prediger Flügge, Königsberg, die der Bundesleitung bereits seit einem Jahr vorliegen, die aber bis heute unbeantwortet geblieben sind. Wir glauben, dass solche grundsätzlichen Fragen solche Gleichgültigkeit, solchen langen Aufschub nicht vertragen. Der ganze Fragenkomplex ist ohnehin um viele Jahre verzögert, viel zu spät in Angriff genommen worden. Inzwischen ist wiederum eine geschichtliche Wende in unserem Volke vollzogen. Auch unter den neuen Verhältnissen dürfen wir nicht unsern Weg in neuerlicher Anpassung an gegebene Machtverhältnisse suchen. Es geht hier um grundsätzliche Fragen, die nur grundsätzlich zu lösen sind, und Grundsätze sind hier keineswegs feststehende tote Dogmen, die man fürchtet, sondern es geht um die immer wieder sich neu bewährende Treue zu dem Herrn Jesus Christus.

gez. Dr. Köbberling

IV. Anhang

1. Kurzbiografie Dr. med. Jacob Köbberling[265]

Jacob Köbberling wurde am 14.8.1911 in Guxhagen an der Fulda in Hessen geboren. Er war der zweite Sohn des Kaufmanns Adam Köbberling und seiner Frau Anna, geb. Kraft. Er erinnert sich, dass er in der Judengasse geboren wurde und das Dorf einen starken jüdischen Bevölkerungsanteil hatte. Schon die Großeltern besaßen im Ort einen Dorfladen. Sein Vater eröffnete in Oberzwehren bei Kassel ein Einzelhandelsgeschäft und die Familie zog dorthin. Vermittelt hatte dies Bäckermeister Theis, der mit seiner Familie die einzigen Baptisten am Ort waren und über seiner Backstube einen Betsaal gebaut hatte.

Kindheit und Jugend verbrachte Jacob Köbberling in Oberzwehren und Kassel. Dort wurde er, wie schon vorher sein Vater, Baptist und Mitglied der Gemeinde Kassel-Oberzwehren. 1917-21 besuchte er die Volksschule in Oberzwehren, danach ein Realgymnasium in Kassel. Seit 1921 wurden sie mit Familie Flügge bekannt. Der aus Hamburg kommende Baptistenpastor C.A. Flügge übernahm in diesem Jahr die Leitung der Christlichen Traktatgesellschaft im Oncken-Verlag in Kassel. Nach dem Abitur begann Köbberling ein Studium der Medizin, zunächst von 1931-33 in Marburg, wo er Mitglied im DCSV, der Deutschen Christlichen Studenten-Vereinigung, wurde. In diesen Studentenkreisen lernte er als Freikirchler

---

[265] Quellen: Autobiografische Aufzeichnungen sowie Mitteilungen von Tochter Eva-Maria; Nachruf von Annegret Drüke (Gemeinde Holzminden); sämtlich aus dem Familienarchiv von Eva-Maria Mascher; Zeitzeugeninterview vom 11.4.2001 (Oncken-Archiv Elstal); Nachruf in: Die Gemeinde Nr. 17 (2005), S. 25.

viele Landeskirchler kennen. Mehrere Reisen führten ihn nach England und Schottland. 1933 bis 1936 setzte er sein Medizinstudium in Berlin fort. Hier erlebte er den Regierungsantritt der Nationalsozialisten. 1934 nahm er an einer Theologenkonferenz des Studenten-Weltbundes in Lund/Schweden teil. 1935 organisierte er mit anderen die Studenten-Missionskonferenz in Halle an der Saale und in Basel besuchte er eine Studenten-Missionskonferenz.

Nach dem Staatsexamen 1936 arbeitete er als Medizinalpraktikant an der Berliner Charité, Psychiatrische Klinik, unter Leitung von Geheimrat Karl Bonhoeffer, der auch sein Doktorvater war. Ostern 1937 übersiedelte er nach Ostpreußen, wo er im Krankenhaus Bethanien in Lötzen als Medizinalpraktikant und darauf als Assistenzarzt tätig war. Seit seiner Studentenzeit hielt er sich zur Bekennenden Kirche. Mit dem späteren Bischof Hanns Lilje, damals Generalsekretär des DCSV, kam er in eine freundschaftliche Beziehung. Durch diese Kontakte, die dem offiziellen Baptismus missfielen, und durch Lektüre der Schriften von Karl Barth schulte er sein theologisches Denken. Er wurde zu einem scharfsinnigen Kritiker des offiziellen Baptismus, den er sich vergeblich an der Seite der Bekennenden Kirche wünschte.

Am 28.12. 1937 heiratete er Milka, die jüngste Tochter der Familie Flügge in Kassel. Schwiegervater C.A. Flügge hielt die Traupredigt.

Im Frühjahr 1938 war er zwei Monate Soldat in Lyck/Ostpreußen. Im April 1939 wurde er zum Militär einberufen und zur Besatzungstruppe nach Polen eingeteilt. Herbst 1940 wurde er freigestellt zum Dienst am Zivilkrankenhaus Lötzen. Gegen Ende des Krieges waren die Eltern Flügge, zeitweise mit deren Tochter Lydia, bei ihnen evakuiert. 1944 beobachtete und verhörte ihn die Gestapo und verurteilte ihn zu einer „Geldbuße." Sein Chef am Krankenhaus versetzte ihn nach Osterode, um ihn vor weiteren Denunziationen zu schützen. Vier Kinder wurden in Ostpreußen geboren, später nach dem Krieg noch zwei weitere Kinder. Ende Januar 1945 konnte er als verantwortlicher Arzt für die evakuierten Schwerstkranken des Osteroder Krankenhauses mit einem der letzten Züge aus Osterode entkommen und gelangte nach Bärenstein im Erzgebirge. Ostern 1945 fuhr er nach Einbeck, wo die Familie wegen der Bombenangriffe auf Kassel bei Schwägerin Elisabeth Flügge untergebracht war. Am 2.Januar 1946 erhielt er eine Berufung als leitender Internist ans Evangelische Krankenhaus in Holzminden. Im gleichen Jahr gründete er mit anderen zusammen die Zweiggemeinde Holzminden der EFG Stadtoldendorf und diente der Gemeinde in der Verkündigung.

Gleich nach dem Krieg engagierte er sich in der Evangelischen Akademikerschaft. Er initiierte mit Peter Dienel in Holzminden die missionarische Brennpunktwoche der evangelisch-freikirchlichen Studenten und arbeitete mit bei den Medizinertagungen in Rothenburg im Haus der Begegnung. Neben seinem Arztberuf und der Mitarbeit in der Gemeinde übte er auch eine intensive Kommunaltätigkeit aus, zunächst als Kreistagsabgeordneter (1957-1977), später zugleich als Ratsherr in Holzminden (1961-1991). 1977 wurde er pensioniert.

1981 wurde er zum Bürgermeister in Holzminden gewählt und blieb es zehn Jahre lang. Seine Frau Milka starb 1983. Am 24.6.2005 ist er im Alter von 93 Jahren verstorben.

2. Bericht über Podiumsgespräch mit Jacob Köbberling vom 15.9.1989[266]

Der Arbeitskreis „Gemeinde und Weltverantwortung" des BEFG veranstaltete im September 1989 in Hannover eine Konferenz unter dem Motto „Erinnerung schafft Zukunft" zur Rolle der Baptistengemeinden in der NS-Zeit. Diese wurde im März 1990 gemeinsam mit der „Initiative Schalom" in Dortmund fortgesetzt. Die erste Tagung in der EFG Hannover-Süd begann mit einem Podiumsgespräch, bei dem Historiker und geladene Zeitzeugen das Verhalten als Christen im „Dritten Reich" reflektierten. Auch Jacob Köbberling nahm an diesem Gespräch teil (vgl. Anhang 3.). Der nachfolgende Bericht stammt von Kim Strübind.

„Erinnerung schafft Zukunft"

[...] „Im Grunde haben wir keine Ahnung, aber wir reden darüber"
(W. Eisenblätter)

Der Begriff der „Erinnerung" hat im Zusammenhang einer populären biografischen Literatur zumeist einen nostalgischen bis sentimentalen Beigeschmack: Politiker, Künstler und nicht zuletzt Theologen „erinnern" sich in Monographien, in denen oft ein von Altersweisheit und Lebenssattheit strotzendes Ich die Summe des eigenen Lebens zieht und denen, die einem das Leben schwer machten, großzügig Generalpardon gewährt. Auch unsere je eigenen Erinnerungen erzählen wir gerne in diesem plaudernden, jovialen Unterton, in dem eine geläuterte Vergangenheit Revue passiert.

Erinnerungen ganz anderer Art bewegten die Teilnehmer der 2. Konferenz des Arbeitskreises „Gemeinde und Weltverantwortung" in Hannover-Süd, die des Weges unserer Gemeinden durch die Zeit der nationalsozialistischen Gewaltherrschaft gedachten. Bestimmend war nicht nur der unschöne Anblick einer „chronique scandaleuse", der sich dem in die Vergangenheit Blickenden bieten konnte, schwerer noch lastete ein latenter Konflikt um den sach-

---

[266] „Erinnerung schafft Zukunft. Der Weg unserer Gemeinden in der NS-Zeit". 2. Konferenz des Arbeitskreises „Gemeinde und Weltverantwortung" im BEFG in Deutschland, 15.-17. 9.1989 in der EFG Hannover-Süd; Bericht von Kim Strübind im Rundbrief 1/1990 des Arbeitskreises, Oncken-Archiv Elstal, Bestand D 12 AK Gemeinde und Weltverantwortung.

gemäßen Modus dieser Erinnerungen auf der Konferenz, der wohl in der Sache erhellend und klärend, vom Ergebnis her allerdings als unbefriedigend empfunden werden konnte und es fraglich sein lässt, ob diese bemerkenswerte (wenngleich mit 80-120 Teilnehmern nur mäßig besuchte) Veranstaltung eines Arbeitskreises unseres Bundes ihr ehrgeiziges Ziel erreichte: Zukunft durch Erinnerung zu schaffen. Der enge zeitliche Rahmen drohte, das synthetische Motto der Tagung zur Alternative werden zu lassen und die Teilnehmer in unsinniger Weise zu polarisieren: „Erinnerung" oder Gestaltung der „Zukunft"? Doch dazu später.

Zeitzeugen berichten

Eröffnet wurde die Konferenz durch einen Gottesdienst, gefolgt von dem Grußwort einer Teilnehmerin aus der DDR. Höhepunkt des Abends war ein Podiumsgespräch von Pastor G. Mahler mit den „Zeitzeugen" H. Sierich[267], W. Hörmann (Pastor i.R.) und Dr. J. Köbberling. Mit von der Partie waren zwei „Experten" für baptistische Zeitgeschichte, G. Balders und A. Strübind (meine Frau), die über die Motive ihrer Beschäftigung mit der jüngsten Geschichte berichteten und mit Detailkenntnissen die Reminiszenzen der Zeitzeugen bereicherten.

Dieses, vom Gesprächsleiter ursprünglich als „warming up" (Aufwärmphase) konzipierte Gespräch war sicherlich ein Höhepunkt der ganzen Veranstaltung. Die Berichte der Zeitzeugen über ihre Erlebnisse und Erfahrungen während der NS-Zeit in den Gemeinden machten nachdenklich. Bruder Sierich wusste von tobenden Straßenkämpfen zwischen Kommunisten und Nazis auf Hamburgs Straßen zu berichten, ohne dass die Gemeinde davon Notiz genommen habe: Man machte halt weiter wie bisher. - Bruder Hörmann erinnerte sich an die Macht der nationalen Begeisterung und der am Horizont sichtbaren neuen Einheit des damals innerlich zerrissenen Deutschland. Dieser Faszination seien er und viele andere in der Gemeinde zunächst erlegen, wie er freimütig bekannte. Wie ein „Drachenei" habe sich die braune Herrschaft im Nachhinein erwiesen. Die moralische und nationale Erneuerung des neuen Regimes verdeckte den Blick für die Ideologie eines antichristlichen Regimes, dessen Ausgeburt mehr und mehr dem „Drachen" aus Off. 12 ähnelte. Der Historiker sieht diese Einschätzung der Lage durch die Quellen bestätigt: auf die nationale Begeisterung der Jahre 1933/34 folgte die Zeit der Ernüchterung (1935/36), die vom täglichen Kleinkrieg und Kompromiss mit Gestapo, Innenministerium und HJ um die Abhaltung von Gemeindeveranstaltungen geprägt war.

Dr. Köbberling unterhielt während seines Studiums in Berlin enge Kontakte zur „Bekennenden Kirche", die er vergeblich für unseren Gemeindebund zu nutzen versuchte. Es war damals unsäglich schwer, zusammen mit der Bekennenden Kirche, die die freikirchliche Alternative verworfen hatte, „Jesus Christus als das eine Wort Gottes" (Barmer Erklärung 1934)

---

[267] Hugo Sierich, Hamburg-Eimsbüttel, vgl. dessen Zeitzeugen-Interview vom 9.8.2012 mit Nachtrag vom 16.8.2012, s. Oncken-Archiv Elstal, Bestand D 31 AK Zeitzeugenbefragung.

trotz der gemeinsamen Verpflichtung auf das Evangelium zu bezeugen. Bruder Köbberling musste vielmehr die Erfahrung machen, aus dem Kreis der eigenen Geschwister denunziert zu werden und der Gestapo Rede und Antwort stehen zu müssen. Beeindruckend war, wie die Erinnerungen daran ohne Verbitterung und falsches Pathos zur Sprache kamen. Nein, ein Held sei er nicht gewesen und das Bekenntnis vor den Chargen des Systems, die ihn fragten, warum er nach seinen Predigten nicht für den „Führer" gebetet habe, ist kein Musterexemplar für ein Märtyrerhandbuch: Taktik, Klugheit und Geschick bestimmten die Verteidigung, die Helfershelfer des Regimes vernahmen Doppeldeutiges aus dem Munde eines Geängstigten.

Die Konferenz der Zuhörer war ob des Freimutes der Zeitzeugen nachdenklich geworden und widerstand einer von verschiedenen Seiten vorgebrachten Versuchung, aus Zeitzeugen „Zeitangeklagte" zu machen. Die „Parresia", d.h. der Freiraum des Evangeliums, wäre sonst zerstört, das Publikum zum Staatsanwalt geworden. So aber schloss der Abend versöhnlich mit einer Meditation von Schwester U. Zapf, die uns anbot, die „Schuld anzusehen", weil uns das Evangelium dazu befreit. [...]

3. Zeitzeugeninterview mit Jacob Köbberling vom 11.4.2001 (Auszug)[268]

Der BEFG startete 1998 ein Projekt „Zeitzeugenbefragung". Eine Arbeitsgruppe, die vom Oncken-Archiv in Elstal betreut wird, führt lebensgeschichtliche Interviews mit Persönlichkeiten des BEFG durch. Am 11. April 2001 besuchte Hans-Volker Sadlack, damaliger Bundesarchivar im Oncken-Archiv Elstal, den hochbetagten Jacob Köbberling in Holzminden und zeichnete dessen Lebensgeschichte auf. Die Transkription wurde später von seiner Tochter Eva-Maria Mascher durchgesehen, korrigiert und ergänzt. Der folgende Auszug aus dem Interview wurde von Eva-Maria Mascher zur Veröffentlichung freigegeben.

J. Köbberling: [Paul] Schmidt interessierte sich von Anfang an sehr für Politik und landete in der Vorhitlerzeit [beim Christlich-Sozialen Volksdienst[269]]. Der war im Grunde noch gegen Hitler gedacht, die Evangelischen wollten nicht Zentrum wählen, und dann hat man gesagt, die Evangelischen müssen eine Heimat haben und haben den Christlich-Sozialen Volks-

---

[268] Auszug aus Zeitzeugeninterview von Hans-Volker Sadlack mit Jacob Köbberling am 11.4.2001 in Holzminden, Transkription S. 9.35 bis 11.16 und 18.1 bis 21.10, mit Ergänzungen und Korrekturen seiner Tochter Eva-Maria Mascher; leicht sprachlich geglättet; s. Oncken-Archiv Elstal, Bestand D 31 AK Zeitzeugenbefragung.

[269] Der Christlich-Soziale Volksdienst (CSVD) war eine protestantisch-konservative Partei in der Weimarer Republik (1929 bis 1933).

dienst [gegründet], und der hatte ad hoc – das spricht für die Gegnerschaft [zu] Hitler noch damals –, der hatte mehrere Sitze im [Reichs]tag, und einen hatte Paul Schmidt! Auf einmal hatte man einen Freund, der im [Reichs]tag war, das war für Kasseler bürgerliche Verhältnisse kaum denkbar. Na ja, und das ist eben meine Meinung, dass ihn das später geprägt hat. Schmidt hat dann mit seinem überraschenden Einzug in den Reichstag – ich glaube es waren zwanzig Abgeordnete, die sie damals plötzlich überraschend in den Reichstag kriegten – unmittelbar erlebt, wie die Nazibrut hochkam, da waren die Nazis plötzlich von 100 auf 200 gesprungen, das hat er unmittelbar erlebt, wie die von ganz anderer Art waren, wie sie versuchten niederzubrüllen und so. Und das hat ihn sehr wohl geprägt. Er war von Anfang an der Meinung, wir können mit der Bekennenden Kirche nicht zusammenarbeiten, das ist viel zu gefährlich für uns, dann werden wir sofort verboten. Hat er wahrscheinlich gar nicht so unrecht gehabt. Nur wenn ich sage, dann gäbe es heute keine bekennenden Menschen mehr, wenn wir uns nur so [verhalten] – aber er dachte: Du darfst ja ruhig, aber ich bin der Hirte meiner Gemeinde. Das war es. Dass er aber damit gezwungen war, [zeigt] sich auch in seiner Rechtfertigungsschrift – er hat ja dann meines Erachtens eine Torheit gemacht und diese Schrift [verfasst]. Darin brüstet er sich mit einem guten Verhältnis zur Geheimen Staatspolizei. Na, ich höre Stolpe, nicht? (lacht) Das war eben die Linie. Wenn sie die mit der DDR vergleichen, war er also ein Stolpe-Typ. Aber das hat nichts mit klarem Bekenntnis zu tun, das war das Gegenteil. Und dadurch machte er die Lüge mit in unseren Gemeinden, das hat mich ja so geärgert, die Lüge war doch: Die Bekennende Kirche – denen geschieht ganz recht, das ist alles nur, weil die Volkskirche, weil die Staatskirche sind, da darf der Hitler das. [Aber] uns doch nicht, wir sind doch sowieso hitlertreu – so ungefähr, das war dieser schreckliche Zyklus. Und das war eben wirklich eklatant geworden durch diese Oxforder Geschichte, dass er mit dem [methodistischen Bischof] Melle mit ausdrücklicher Genehmigung [zur Weltkirchenkonferenz 1937 nach Oxford reiste], weil die ganzen alten Ökumeniker von Lilje bis (?) alle natürlich keinen Reisepass bekommen haben. Und dann brachten sie es in der deutschen Presse, in unerhörter Weise würden die Leute in Oxford sagen, in Deutschland herrsche eine Christenverfolgung, aber jetzt kommen die [beiden] und sagen vor der Weltöffentlichkeit: Nein, das stimmt alles nicht, uns geht es gut, wir haben volle Freiheit der Verkündigung! Das habe ich dann in der Schrift mal ein bisschen auseinandergenommen Und weil ich eben auch noch glaubte, Paul Schmidt könnte man überzeugen, auch die Leute könnte man überzeugen, habe ich damals [den Text] an alle, von denen ich so Adressen hatte, versandt. Samisdat nennen sie das in Russland, also illegal war das ja. So, und damit kann ich gleich Ihre Frage beantworten, wie durchweg die Einstellung war: Ich schätze, es waren ein paar hundert [Exemplare], die ich versandt habe, davon gab es keine zehn Prozent Antworten von Zustimmenden. Die meisten haben nicht geantwortet, [...] vielleicht nicht, weil es zu gefährlich war. Aber einige haben geschrieben, die meisten: Das geht uns nichts an, treten sie mal schnell aus dem Baptismus aus! Sie wissen ja, wo sie hingehören, gehen da zu der Bekennenden Kirche.

H.-V. Sadlack: Sie meinen die Schrift, die Sie nach Kriegsende...

J. Köbberling: Nein, ich meine die, die ich damals 1938 geschrieben habe, die, worauf sich [Andrea] Strübind gründet[270]. Das war Samisdat. Nach dem Kriegsende habe ich eine [Schrift verfasst], die war viel länger und gründlicher. Sie ist ganz verschollen gewesen, weil sie daran nun überhaupt nicht mehr interessiert waren. Ich habe darin eigentlich nur analysiert, was der Schmidt da wieder von sich gegeben hatte, und herausgestellt, dass das doch eine [nachträgliche] Rechtfertigung war, die so nicht geht, völlige Geschichts[klitterung]. Da merkte man eben, er hatte nach dem Kriege, um juristisch zu sprechen, kein Unrechtbewusstsein gehabt. Er fand das alles wohl ganz richtig so. So trat er jedenfalls auf. Aber dies hatte keine gute Wirkung gehabt, denn es verwässerte doch irgendwie die Verkündigung.

[...]

H.-V. Sadlack: Nach dem Krieg haben Sie sich selber mit einer Schrift in die Aufarbeitung dieser Bundespolitik während des Dritten Reiches eingeschaltet. (**J. Köbberling:** Ja, völlig ergebnislos.) Können Sie darüber noch etwas erzählen, was Sie dazu veranlasst hat, wie damit umgegangen wurde?

J. Köbberling: Also, da ist was geplatzt, und zwar buchstäblich ein Reifen geplatzt. – Ich hatte die [Schrift] verfasst, an sich einfach als eine Antwort auf diese Rechtfertigungsschrift von Paul Schmidt, die veröffentlicht worden ist. Eine Antwort, leider außerordentlich ausführlich, ich glaube, es waren zwanzig Schreibmaschinenseiten eng betippt, Sie müssen sich vorstellen, damals gab es noch keinen Foto[kopierer]. Na ja, und die damalige Bundesleitung hat das natürlich offiziell bekommen, und die hat eine Aussprache mit Paul Schmidt gewünscht. Und der saß damals noch in Pyrmont mit seinem Bundeshaus, und ich bin da hingefahren und habe mit Schmidt darüber gesprochen. Und der verstand mich auch wie früher in Berlin nicht richtig, sondern er redete so drum herum, über die Wirkung. Also, er war natürlich gegen diese meine Schrift. Er wollte von mir [wissen]: Was wollen sie damit bewirken? Sage ich, was ich immer bewirken wollte: aufmerksame Gemeinden für die Wahrheit. Und da sagt er plötzlich ganz erleichtert: Ach so, ich habe schon gedacht, sie wollten Rache für ihren Schwiegervater[271]. Also, das Wort Rache gebrauchte er nicht. Ich sagte: Nein, das nicht. Da hat er mir buchstäblich gesagt: Also dazu wünsche ich ihnen Glück, mit so etwas kommen sie bei unseren Gemeinden nicht an. Daraufhin bin ich nach Hamburg bestellt worden zu ei-

---

[270] Andrea Strübind, Die unfreie Freikirche. Der Bund der Baptistengemeinden im „Dritten Reich", Neukirchen-Vluyn 1991, S. 244.

[271] C.A. Flügge, vgl. seinen Kurzbrief an K. Jägemann von 1996 (s. III.2.3.22.).

ner Sitzung der Bundesleitung, um über diese Sache zu berichten. Ich war da im Krankenhaus beschäftigt und wollte mit dem Auto hinfahren. Aber da gab es ehe ich losfuhr buchstäblich eine Panne, und es war nicht möglich hinzufahren. So, und das hat einen ganz
schlechten Geschmack [hinterlassen], das hat mir [Hans] Rockel später erzählt, der war
auch in der Bundesleitung, sonst hätte ich das nicht erfahren. Die haben dann zur Kenntnis
genommen, dass ich leider nicht konnte, und dann hat Paul Schmidt darüber mit kurzen
Worten berichtet, er habe sich mit mir ausgesprochen über die Sache und wir wären vollständig klar. Fertig. Und die Bundesleitung, ja, die schrieb mir zu dieser Schrift: Sehen sie
davon ab das zu veröffentlichen, das ist nur Streit, und sehen sie mal – [...] der war Fabri-
kant – nein, das möchten sie doch nicht, das ist doch Streit, und wir haben doch genug davon. Und die Begründung war sogar: Sehen sie mal die Gewerkschaften, die wollen wieder
mit uns streiten – [...] der war ein typischer Arbeitgeber. Und die Bundesleitung hat es damals nicht für nötig gehalten, mir eine Antwort zu schicken, und ich habe das dann vergessen. Ich habe gesagt, es hat keinen Sinn, die haben ja Recht, die deutschen Baptisten
möchten das nicht.

H.-V. Sadlack: Also, die Bundesleitung hat versucht, die Aufarbeitung dieser Zeit zu verhindern. (**J. Köbberling:** Ja.) Hat es denn sonst in anderen baptistischen Kreisen darüber Gespräche gegeben?

J. Köbberling: Nein, nein, nein. Dann hätte ich es ja erfahren, dass es Anlass zu einer Diskussion gegeben hätte. Hat es nicht gegeben. Die Bundesleitung war froh, dass ich so tö-
richt war und nicht mehr Lust hatte das zu veröffentlichen.

H.-V. Sadlack: Und war das sonst in den Nachkriegsjahren ein Thema – der Kurs des Bundes?

J. Köbberling: Also nicht mehr, die haben alle geschwiegen darüber. Der Schmidt war
nachher sehr bemüht, mit mir wieder menschlichen Kontakt zu bekommen. Er hat dann wei-
tergemacht und war ganz groß in der Allianz. [...]

H.-V. Sadlack: Also, unser Gesprächsthema ist die Bundespolitik des Dritten Reiches in den
Nachkriegsjahren.

J. Köbberling: Jetzt ist das auch schon wieder zehn Jahre her: [Ich war als Zeitzeuge eingeladen] vor einem Kreis in Hannover[272], das war ein Kreis zur Bewältigung der Vergangenheit, wie das heute so heißt. [...] Ich war damals noch im Amt als Bürgermeister und hatte mich schwer freigemacht, es ist mir schwergefallen [teilzunehmen]. Die haben zwei Tage getagt, und am ersten Tag am Abend [gab es ein Podiumsgespräch mit Zeitzeugen], und da saß [Andrea] Strübind als Koordinatorin und noch ein anderer Zeitzeuge aus der Hamburger Gemeinde[273], der das übliche [berichtete], der im Grunde nur dokumentierte: So richtig haben wir das Dritte Reich nicht wahrgenommen – also die Entschuldigung: Wir konnten ja gar nicht wissen, was daraus wird, das war nicht viel. Und ich habe dann diese Sachen mit der Geheimen Staatspolizei erzählt. Das ist aber gut angekommen in dem Kreis, die haben sich mehrfach darauf bezogen. Aber mir gefiel die Sache nicht, als ob man das jetzt nachholen könnte, ich hab es mehr so aufgefasst. Wenn sie sich für Zeitzeugen interessieren in dem Sinne, wie wir zu Anfang besprochen haben – das hat eben doch Sinn.

H.-V. Sadlack: Glauben Sie, dass der Ausfall der Auseinandersetzung mit der Geschichte des Bundes im Dritten Reich, dass das weitreichende Folgen gehabt hat für die Bundesgeschichte?

J. Köbberling: Das, wovon wir jetzt gesprochen haben? Nein, weitreichende Folgen für die Bundesgeschichte hatte nach meiner Meinung die Tatsache, dass man das nicht sofort nach dem Krieg gemacht hat. Da habe ich resigniert. [Günter] Balders kam ja damals zu mir und sagte: Sagen Sie mal, ich habe da irgendwie im Archiv gelesen, Sie hätten eine Schrift gemacht und die Bundesleitung habe Sie aufgefordert, diese nicht zu veröffentlichen. Das muss ja etwas ganz Schlimmes gewesen sein. Haben Sie die noch? Und ich wusste nicht mehr, wo ich die hatte. Ich habe sie zum Glück gefunden. [...] Dann hat er mir nur noch geantwortet: Schade, dass wir das nicht vorher hatten, das ist ja ein Goldfund. Habe aber nie wieder was von ihm gehört.

H.-V. Sadlack: Aber Sie sagten, dass es Folgen gehabt hat, dass man sich in den ersten Jahren nach dem Krieg nicht damit auseinander gesetzt hat?

---

[272] „Erinnerung schafft Zukunft. Der Weg unserer Gemeinden in der NS-Zeit". 2. Konferenz des Arbeitskreises „Gemeinde und Weltverantwortung" im BEFG in Deutschland, 15.-17. 9.1989 in der EFG Hannover-Süd; Bericht von Kim Strübind im Rundbrief 1/1990 des Arbeitskreises (s. Anhang IV.2.).
[273] Der Zeitzeuge aus der Hamburger Gemeinde war Hugo Sierich, Hamburg-Eimsbüttel, vgl. dessen Zeitzeugen-Interview vom 9.8.2012 mit Nachtrag vom 16.8.2012, s. Oncken-Archiv Elstal, Bestand D 31 AK Zeitzeugenbefragung.

J. Köbberling: Damals war man geschwächt, weil man sich irgendwie in dem ganzen [neu orientieren musste]. Also, es gab nach dem Krieg einen ungeheuren Hunger nach dem Worte Gottes, würde man sagen, überall. Und ich glaube, dass, wenn man schon im Dritten Reich mehr die Linie einer klaren Gegnerschaft gehabt hätte, hätte man auch hinterher daraus geschöpft. Denn die Kirchen haben daraus geschöpft, und die ganze Ökumene hat daraus geschöpft. Die hat gesagt, das hat uns ja gerade bewiesen, dass es das heute noch gibt, dass auch in Ländern mit einer Diktatur eine Kirche nicht mir nichts dir nichts mundtot gemacht werden kann.

4. Kurzbiografie Paul Schmidt[274]

Paul Schmidt wurde am 13.10.1888 in Kalkofen im Oderbruch geboren. Er stammte aus einer kinderreichen Familie, die in wirtschaftlich bedrängter Situation lebte. Der Vater war Landarbeiter. Die Eltern gehörten zur Baptistengemeinde Eberswalde. Dort wurde Paul Schmidt 1903 getauft.

---

[274] Quellen: Hans Luckey, Paul Schmidt und der Bund, in: Die Gemeinde Nr. 12 (1970), S. 5-12; G. Balders, Kurzbiografie Paul Schmidt, in: G. Balders, Ein Herr, S. 358f.; A. Strübind, Unfreie Freikirche, S. 7-10; K.H. Voigt, Art. Schmidt, Paul, in: Biographisch-Bibliographisches Kirchenlexikon Bd. IX (1995), Sp. 473-476.

In Berlin begann er eine Kaufmannslehre und schloss sich der Baptistengemeinde Berlin-Charlottenburg an. Von 1911 bis 1914 studierte er am Predigerseminar der deutschen Baptisten in Hamburg. Wegen der Teilnahme am Ersten Weltkrieg konnte er das Studium erst 1919 abschließen. Er heiratete Maria Weerts, deren Vater Pastor und Vorsitzender der Bundesverwaltung der Baptisten war. Sein erster Gemeindedienst geschah in Breslau, wo er bis 1924 Pastor war. 1924 folgte er einem Ruf der Baptistengemeinde Zürich. Dort studierte er neben dem Pastorendienst als Gasthörer sechs Semester Philosophie und Theologie. Er freundete sich mit dem Kirchenhistoriker Walter Köhler an. In dieser Zeit übernahm er die Schriftleitung der Jugendzeitschrift „Der Jungbrunnen." 1928 wurde er an das baptistische Verlagshaus nach Kassel berufen und wurde 1930/1931 Schriftleiter des „Wahrheitszeugen" und des „Hilfsboten." Er engagierte sich auch politisch im Christlich-Sozialen Volksdienst und vertrat die Partei als Abgeordneter des Reichstages von September 1930 bis 1932.

Auf der Königsberger Bundeskonferenz 1930 hielt er ein bedeutendes Referat über „Die Stellung der Gemeinde zum Staatsleben der Gegenwart", womit er die Baptistengemeinden zur Wahrnehmung politischer und gesellschaftlicher Verantwortung zu öffnen versuchte. Grundsätzlich waren für ihn Gemeinde und Staat getrennte Bereiche, jedoch die Gemeinde dabei „das Gewissen des Staates". Der aufkommenden NS-Bewegung stand er kritisch gegenüber. 1935 wurde er als Leiter des Bundeshauses der Baptisten nach Berlin berufen und blieb als Bundesdirektor 24 Jahre lang bis 1959 in der Leitung des Bundes und so an allen wichtigen Entscheidungen beteiligt. Auch im Vorstand der Vereinigung Evangelischer Freikirchen arbeitete er mit von 1929 bis 1959, wo er sich gut mit dem methodistischen Bischof Otto Melle verstand. Er war Teilnehmer und Redner auf den baptistischen Weltkongressen in Berlin 1934 und Atlanta 1939.

Die im Lauf der NS-Zeit erfolgende „Akkommodation" (Andrea Strübind) hatte für ihn das Ziel, die baptistische Freikirche vor existenzbedrohenden Eingriffen des totalitären Staates zu schützen. Diesen Anpassungskurs rechtfertigte er auf der Bundeskonferenz 1946 in Velbert mit seinem Bericht „Unser Weg als Bund Evangelisch-Freikirchlicher Gemeinden in den Jahren 1941-1946." Er förderte den nur teilweise gelungenen Zusammenschluss der freikirchlichen Bünde, um dem NS-Staat möglichst geschlossen gegenüberzutreten. Eine Schuldfrage zum Verhalten in der NS-Zeit verneinte er.

Nach dem Zweiten Weltkrieg war er am Wiederaufbau der Evangelischen Allianz beteiligt. Er war Gründungsmitglied der Europäischen Baptistischen Mission und 1953 bis 1959 deren Generalsekretär. Von 1958 bzw. 1961 bis 1966/1967 war er Vorsitzender der Deutschen und der Europäischen Evangelischen Allianz und leitete in dieser Zeit auch den Zentralausschuss für die Großstadtevangelisationen mit Billy Graham. Am 28.1.1970 starb er in Bergisch-Gladbach.

Literaturverzeichnis

Ackermann, Michael, Baptismus und NS-Staat in Deutschland und in der Oncken-Gemeinde 1933-45, in: D. Lütz (Hg.), „Die Bibel hat die Schuld daran ..." Festschrift zum 175. Jubiläum der Oncken-Gemeinde Hamburg 2009, 353-368.

Balders, Günter, Kurze Geschichte der deutschen Baptisten, in: ders. (Hg.), Ein Herr, ein Glaube, eine Taufe. 150 Jahre Baptistengemeinden in Deutschland 1834-1984. Festschrift, Wuppertal u.a. (1984) 3. verbesserte und mit Literaturnachträgen versehene Auflage 1989, S. 17-167.

Balders, Günter (Hg.), Festschrift Hundert Jahre Theologisches Seminar 1880-1980, Wuppertal u.a. 1980.

Beyreuther, Erich, Der Weg der Evangelischen Allianz in Deutschland, Wuppertal 1969.

Boyens, Armin, Kirchenkampf und Ökumene 1933-39. Darstellung und Dokumentation, München 1969.

Fleischer, Roland, Baptistengemeinden in der Zeit des Nationalsozialismus (1933-1945), in: Auferstehungskirche Hamburg-Fuhlsbüttel. Festschrift zum 125-jährigen Jubiläum, Hg.: Evangelisch-Freikirchliche Gemeinde Hamburg-Fuhlsbüttel 2009, 19-24.

Flügge, Carl August, Die Botschaft der Baptisten im Echo der Presse. Erklärungen führender Männer über religiöse Duldsamkeit im Neuen Deutschland, Christliche Traktatgesellschaft Kassel o.J. (1934, 3. Aufl. 1935).

Greschat, Martin und **Krumwiede**, Hans-Walter (Hg.), Das Zeitalter der Weltkriege und Revolutionen (Kirchen- und Theologiegeschichte in Quellen, Bd. V), Neukirchen-Vluyn 1999.

Jahrbuch 1937 des Bundes der Baptistengemeinden in Deutschland. Im Auftrag der Bundesleitung herausgegeben vom Bundeshaus. Verantwortlich: Paul Schmidt, Kassel o.J. (1938).

Kretzer, Hartmut (Hg.), Quellen zum Versammlungsverbot des Jahres 1937 und zur Gründung des BFC, Neustadt 1987.

Liese, Andreas, Verboten-geduldet-verfolgt, Die nationalsozialistische Religionspolitik gegenüber der Brüderbewegung, 2. durchgesehene Aufl., Hammerbrücke 2003.

Luckey, Hans, Bekenntniskirche oder Bekennende Kirche?, in: Der Hilfsbote (1937) H. 9 (September), S. 189-192.

Ders., Unsere Stellung zu Oxford, in: Der Hilfsbote (1937) H. 10 (Oktober), S. 216-218.

Ders., Paul Schmidt und der Bund, in: Die Gemeinde (1970) Nr. 12, S. 5-12.

Popkes, Wiard, Die Organisation des deutschen Baptismus von 1924 bis zum Ausgang des 2. Weltkrieges, in: SZ (Semesterzeitschrift) 18, Kassel 1969, 18-20.

Rockel, Hans, Mutiges Bekennertum, in: Der Jungbrunnen (1936) Nr. 10, S. 183f.

Schmidt, Paul, Die Stellung der Gemeinde zum Staatsleben der Gegenwart, Kassel 1930.

Ders., Die deutschen evangelischen Freikirchen in Oxford, in: Der Wahrheitszeuge (1937) Nr. 34 vom 22.8.1937, S. 267-269.

Ders., Unser Weg als Bund Evangelisch-Freikirchlicher Gemeinden in den Jahren 1941-1946. Bericht an den Bundesrat in der Sitzung vom 24.-26. Mai in Velbert, Stuttgart 1946.

Strahm, Herbert, Die Bischöfliche Methodistenkirche im Dritten Reich (Münchener Kirchenhistorische Studien Bd. 3), Stuttgart, Berlin, Köln 1989.

Strübind, Andrea, Die unfreie Freikirche. Der Bund der Baptistengemeinden im „Dritten Reich", Wuppertal u.a. (1991) 2. korrigierte und verbesserte Auflage 1995.

Dies., Die deutschen Baptisten und der Nationalsozialismus, in: ZThG 7 (2002), S. 177-194.

Dies., Keine dauerhafte, vertretbare Neuordnung – Die Entstehung des Bundes Evangelisch-Freikirchlicher Gemeinden (BEFG) 1941/42 (aus baptistischer Sicht), in: R. Assmann/A. Liese (Hg), Unser Weg – Gottes Weg? Der Bund Evangelisch-Freikirchlicher Gemeinden in Deutschland – eine historische Bestandsaufnahme. Studientag Kassel 2014 (Baptismus-Dokumentation 5), Hammerbrücke/Wustermark 2015, 7-38.

Szobries, Heinz, Schuldbekenntnisse aus dem Bund Ev.-Freikirchlicher Gemeinden und anderen Kirchen in Deutschland nach 1945. Zeugnisse von Schwachheit und Kraft beim Einstehen für die Vergangenheit (Baptismus-Dokumentation 3), Oncken-Archiv Elstal 2013.

Voigt, Karl Heinz, Freikirchen in Deutschland (19. und 20.Jahrhundert) (Kirchengeschichte in Einzeldarstellungen III/6), Leipzig 2004.

Ders., Ökumene in Deutschland. Internationale Einflüsse und Netzwerkbildung – Anfänge 1848-1945 (Kirche-Konfession-Religion Bd. 62), Göttingen 2014, bes. 239-246 (Bischof Melle und Bundesdirektor Schmidt in Oxford).

Zehrer, Karl, Evangelische Freikirchen und das „Dritte Reich" (Arbeiten zur Geschichte des Kirchenkampfes, Ergänzungsreihe Band 13), Göttingen 1986.

Abkürzungsverzeichnis

BEFG   Bund Evangelisch-Freikirchlicher Gemeinden

BfC   Bund freikirchlicher Christen

BK   Bekennende Kirche

DC   Deutsche Christen

DCSV   Deutsche Christliche Studentenvereinigung

DEK   Deutsche Evangelische Kirche

EFG   Evangelisch-Freikirchliche Gemeinde

EKD/EKiD Evangelische Kirche in Deutschland

K.d.ö.R. Körperschaft des öffentlichen Rechts

NS   Nationalsozialismus

NSDAP   Nationalsozialistische Deutsche Arbeiterpartei

ÖRK   Ökumenischer Rat der Kirchen, Genf

VEF   Vereinigung Evangelischer Freikirchen in Deutschland

Baptismus-Dokumentation

Schriftenreihe
herausgegeben vom Oncken-Archiv des BEFG in Elstal
Editionen von Quellen und Materialien zur Geschichte des Baptismus und des BEFG

Band 1
Armin Weist, Baptistische Archivalien aus den Gebieten östlich von Oder und Neiße in genealogischen und staatlichen Archiven
Elstal / Norderstedt 2011, 79 Seiten, Paperback (Books on Demand), Schutzgebühr 5,90 €
ISBN: 978-3-844-81208-4
Der vorliegende Band ist ein Wegweiser zu Archiven vor allem im osteuropäischen Raum, in denen Unterlagen ehemaliger Baptistengemeinden vor 1945 zu finden sind – ein wichtiges Hilfsmittel sowohl für freikirchliche historische Spurensuche als auch für die Familienforschung.

Band 2
Marc Schneider, Die Diskussion im deutschen Baptismus um die 68er Bewegung
Elstal / Norderstedt 2012, 84 Seiten, Paperback (Books on Demand), Schutzgebühr 5,90 €
ISBN: 978-3-8482-2251-3
Dieser Band gibt einen Überblick auf die Ereignisse der Studentenbewegung in Deutschland von 1967 bis 1972 und ihre Auswirkungen im deutschen Baptismus. Aufgezeigt wird insbesondere die Wahrnehmung der 68er Bewegung in der baptistischen Presse und Studentenarbeit sowie die Diskussion in den Gemeinden. Dokumentiert wird die Masterarbeit des Autors, Absolvent des Theologischen Seminars Elstal (FH).

Band 3
Heinz Szobries, Schuldbekenntnisse aus dem Bund Ev.-Freikirchlicher Gemeinden und anderen Kirchen in Deutschland nach 1945
Elstal / Norderstedt 2013, 128 Seiten, Paperback (Books on Demand), Schutzgebühr 6,90 €
ISBN: 978-3-7322-9120-5
Der Autor beschreibt und dokumentiert die Diskussionen im Baptismus nach dem Krieg über ein Schuldbekenntnis zum Verhalten in der NS-Zeit. Die 50 veröffentlichten Textdokumente, eingeschlossen sind Vergleichstexte aus anderen Kirchen und Freikirchen, u.a. auch zur DDR-Zeit, machen diesen Band zu einem wichtigen Nachschlagewerk.

In Vorbereitung:

Schrifttumsarbeit des BEFG-DDR (Arbeitstitel)
Einführung (Wilfried Weist) / Dokumentation der Gedenkveranstaltung zum 25-jährigen Jubiläum 1971 / Bibliografie aller Publikationen des Verlages O. Ekelmann Nachf. Versandbuchhandlung.